把握公司命脉
管理者必修
财务课

全新版

朱菲菲◎编著

中国铁道出版社有限公司
CHINA RAILWAY PUBLISHING HOUSE CO., LTD.

内 容 简 介

本书是一本立足于企业管理者角度来了解财务工作的书籍，书中全面介绍了管理者应该掌握的财务知识，从全局出发看待企业的财务工作。

全书共 12 章，主要包括管理者应掌握的基础财务知识、如何看懂各种财务报表以及财务数据背后潜藏的信息和风险等内容，不仅从几大报表出发全面介绍了财务管理工作，还从数据的由来和数据异常中分析企业存在的经营问题。

本书采用很多实际案例，同时选取了有说服力的真实数据来增加内容的实用性，让读者在看书的过程中能身临其境地感受企业管理者是如何进行财务管理工作的。本书的主要读者群定位于企业管理者，包括即将晋升为管理者的读者也能从本书中学到很多有用的财务知识和工作方法。

图书在版编目（CIP）数据

把握公司命脉，管理者必修财务课：全新版 / 朱菲菲
编著 . —2 版 . —北京：中国铁道出版社，2019.6
 ISBN 978-7-113-25535-0

Ⅰ . ①把… Ⅱ . ①朱… Ⅲ . ①企业管理－财务管理
Ⅳ . ① F275

中国版本图书馆 CIP 数据核字（2019）第 027861 号

书　　名：**把握公司命脉，管理者必修财务课**（全新版）
作　　者：朱菲菲　编著

责任编辑：张亚慧	读者热线电话：010-63560056	
责任印制：赵星辰	封面设计：MXK DESIGN STUDIO	

出版发行：中国铁道出版社有限公司（100054，北京市西城区右安门西街 8 号）
印　　刷：三河市宏盛印务有限公司
版　　次：2019 年 6 月第 1 版　2019 年 6 月第 1 次印刷
开　　本：700mm×1000mm　1/16　**印张**：20.5　**字数**：236 千
书　　号：ISBN 978-7-113-25535-0
定　　价：59.00 元

前言

钱是经营企业必需的重要物质资源，因此财务是管理企业必须要学会的知识。一个企业如果缺乏资金支持，则运营困难，发展缓慢甚至停步不前。可以说，财务是企业发展的命脉。

然而，懂财务不仅仅是公司财务人员的必备素质，更是企业领导者管理好公司的前提条件。因此，为了做好企业管理，领导者必须学习财务课。

管理者学习的财务知识与一般的财务人员有所不同，除了要了解一些基础的财务知识外，更重要的是学会如何从管理者的角度看待财务问题，进而帮助自己做出正确的经营决策。

在这样的需求下我们编著了本书，希望通过本书介绍的财务知识，帮助管理者或即将成为管理者的读者解决当下财务知识不牢固、财务观念不准确的问题，让管理者学会如何看懂财务报表，如何分析数据存在的异常，如何从异常数据中看到企业经营存在的问题，以及如何对症下药，采取有效措施和做出财务决策。

本书包括 12 章内容，具体章节的内容如下所示：

◎ 第一部分：第 1 章

  本部分主要介绍管理者需要了解的财务常识和一些基本的财务知识，如报表编制的流程和管理者的财务工作重点知识等。

◎ 第二部分：第 2~6 章

  本部分主要介绍资产负债表、利润表、现金流量表和所有者权益变动表等重要报表，讲解管理者如何看报表，如何从报表中找到异常数据以及如何从异常数据中分析出企业经营存在的问题。

◎ 第三部分：第 7~11 章

  本部分重点讲解财务制度、税务问题、项目投资涉及的财务知识和报表中反映的财务风险等内容。跳脱出财务报表，站在更全局的角度帮助管理者学习如何做好财务管理。

◎ 第四部分：第 12 章

  最后一部分重点罗列了一些管理者在财务工作中容易遇到或忽略的问题，是对前面知识的补充和丰富。

本书语言严谨，整个创作过程都紧紧围绕实际财务工作来进行，书中列举的案例都经过了严格的数据真实性与合理性考察，以期为读者营造一个更加真实的学习氛围。书中穿插的小栏目起到补充知识的作用，让读者可以全方位掌握财务管理工作。本书中所述的"员工"均为财务或税务工作人员。本书读者群主要集中在企业管理者，即将成为管理者的人员也能参考本书内容。

最后，希望所有读者能够从本书中收获想学的知识，在实际工作中发挥作用。

编　者
2019 年 3 月

目 录

C O N T E N T S

第1章　企业管理者要知道的财务常识

作为企业管理者，不仅要掌控整个公司的运营节奏，还要时刻关注企业的财务状况，这样才能避免企业因为资金危机而面临倒闭或破产的危险。而在了解财务状况之前，管理者必须要懂得一定的财务常识，才能更好地分析财务状况。

第2章 通过资产负债表了解真实家当

作为公司的管理者，要想经营好自己的企业，必须清楚企业的情况，尤其是资产和负债。这两方面的数据和相关信息，关系着企业的偿债能力和运营能力，通俗点说，资产和负债不仅代表了企业拥有多少家当，还预示着企业的发展是否正常，是否有破产的前兆。

第 3 章 资产负债表中的数据异常

作为企业管理者，不仅要看懂资产负债表所要传达的信息，还应学会发现资产负债表中数据的异常，具体到每一项数据发生异常所传达的信息，进而通过数据异常来了解企业经营过程中出现的各种实际问题，使管理者不用到处走动就能了解企业资产负债的现状。

第 4 章　看利润表掌握公司的盈亏情况

企业能否有足够的资金用于经营和周转，很大程度上取决于企业的盈利状况。而企业管理者需要通过利润表来了解公司经营活动的盈亏，进而确定企业是否需要调整经营策略。利润表中的数据如果真实且好看，说明企业的经营比较成功。

第 5 章　现金流量表反映公司短期生存能力

现金流量表反映了企业每天资金的来龙去脉，最能体现企业资金的详细动向。管理者看懂现金流量表，可以查出日常经营活动中资金的使用情况，同时也能了解企业在投资和融资方面的详情。而现金流量表传达的信息，能指导管理者提高企业短期生存能力。

第 6 章　通过所有者权益变动表了解股东动向

所有者权益变动表中的数据反映了企业的所有者权益增减情况，而所有者权益在一定程度上反映了企业股东的股份份额。管理者通过分析所有者权益变动表可以了解股东权益的变化，进而发现企业股东的去留行为和增资减资等情况。

第 7 章　为员工创造健全的财务制度

要想提高企业财务管理水平，使得员工能脚踏实地、得心应手地完成财务工作，管理者需要为员工建立健全财务制度，不仅能规范员工和管理者的行为，还能为员工的行为提供法律保障，让员工做事更加恪尽职守，管理者了解企业财务状况更加容易且准确。

第 8 章　公司与税务机关的关系

企业经营离不开税收，这正是企业管理者、企业员工和全社会的共识。而作为管理者，更应该深入知晓自身企业与税务机关的关系，以及企业日常税务往来，毕竟税务会直接影响企业的盈利。管理者正确了解税务导向，可以避免走上偷税漏税的误区，以致毁掉公司。

第 9 章　如何从报表中看出并防范风险

为了避免有些不自觉的员工损害公司利益，企业管理者需要从财务报表中看出存在的端倪，找出员工在财务数据上动的手脚，或者从财务数据中预测企业经营过程中可能存在的风险，结合这两方面的分析，做出有利于企业发展的风险防范措施。

第 10 章 项目与财务密不可分

企业经营过程中，少不了要通过投资渠道赚取部分营运资金。而这一经济活动的收支也需要通过企业的财务来实现，所有与投资项目有关的金钱来往都会在财务报表中体现，目的就是要全方位地控制企业的资金运营。接下来就来了解项目与财务之间的"纠葛"。

第 11 章　公司并购、重组、破产和清算

一个企业在不断发展的过程中，有可能面临并购、重组、破产和清算等问题。这些事情都会影响企业的资本结构，所以与财务工作息息相关。另外，这些事情的发生关系着股东的切实利益，所以是管理者必修的财务知识。

第 12 章 管理者经常遇到的财务问题

作为管理者，了解财务知识的细节固然重要，但最关键的是要学会从整体局面掌控企业的财务现状。同时，从全局出发分析企业发展的有利因素和不利影响，进而做出对企业发展大局有帮助的决策，这也能帮助管理者查漏问题，真正从各个方面做好企业管理。

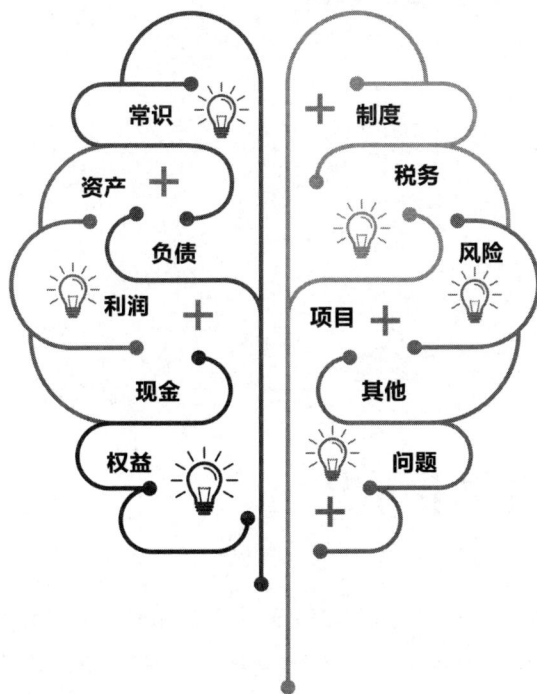

第1章

企业管理者要知道的财务常识

作为企业管理者，不仅要掌控整个公司的运营节奏，还要时刻关注企业的财务状况，这样才能避免企业因为资金危机而面临倒闭或破产的危险。而了解财务状况之前，管理者必须要懂得一定的财务常识，才能更好地分析财务状况。

入门概念不可少

生活和工作中的各种实战操作都源于对理论知识的验证，而企业管理者要想随时掌握公司的发展情况，尤其是财务状况，不得不了解一些财务基础知识。财务也是老板特别关心的一个问题，这关系到企业的经营是否赚钱。接下来，就从简单的入门概念着手，逐步学习财务知识。

会计是财务的基础

会计是核算和监督一个企业或组织经济活动的一种经济管理工作，也就是对企业各项资金来往情况进行登记结算。这项工作要以诸多凭证作为依据，要借助专门的技术方法，对企业的资金运行进行全面、综合、连续且系统的核算与监督，旨在提高企业的经济效益。

我国《企业会计准则》中对会计核算的目标做了明确规定：会计的目标是向财务会计报告使用者提供与企业财务状况、经营成果和现金流量等有关的会计信息，反映企业管理层受托责任履行情况，有助于财务会计报告使用者做出经济决策。那么，会计的具体职能有哪些呢？如图 1-1 所示。

第一点　反映职能

从数量方面反映企业的各种经济活动情况，最后通过核算，为财务报表以及经济管理提供数据资料。

第二点　监督职能

利用会计资料和信息反馈，对经济活动的全过程加以控制和指导。除了有货币监督以外，还有实物监督，从企业经济效益出发，对经济活动的合理性、合法性、真实性、正确性和有效性进行全面监督。

第三点　参与经营决策职能

决策必须建立在科学预测的基础上，而管理者在预测和做出决策时都需要掌握大量的财务信息，这些财务信息必须依靠会计提供。因此，会计不仅是财务的基础，也是管理者做出经营决策的重要依据来源。

图 1-1

会计是一个部门或机构资产往来问题的处理者，而会计学是对这些行为理论和规律进行总结。企业管理者需要通过学习会计学对经济活动的总结，来更好地经营自己的企业，所以了解会计知识是不可或缺的事。

会计六要素

相关工作人员将企业经济业务按照交易或事项的特征进行分类，便于企业统一规范记录这些经济活动，增加会计资料的效用，而会计要素就由此产生。我国《企业会计准则》将会计要素归纳为资产、负债、所有者权益、收入、费用和利润这六大类，系统有序地反映企业的财务状况和经营成果等情况。

（1）资产是一个企业的底子

资产是指企业拥有的或控制的财产物资，预期会给企业带来经济利益的资源。简单来说，就是企业的家底。会计中的资产类科目有很多，如现金、银行存款和固定资产等，具体内容将在第 2 章详细讲解。

从另一个方面来讲，资产就是企业从事经营活动所需的经济资源，可以帮助企业赚钱的"本金"。

资产的特征就是存在，并用于赚钱，必要时可转化为现金或现金等价物。比如企业生产加工产品，通过购置材料和机械设备等，加工过后对外出售，然后获得现金或银行存款收入。

财务小贴士

一些不能给企业带来经济利益的项目，不能作为企业的资产。当然，之前已经确认为资产的，但当前已不能为企业带来经济利益，此时，该项目也不能再作为企业的资产。

另外，要作为企业的资产，必须证明企业对其拥有所有权，或者企业控制了这些资产的所有权。如果既不为企业所有，又不为企业所控制，则不能确认为企业的资产。

（2）负债是企业的债务

负债是企业过去的交易或事项所形成的现时义务，主要引起企业经济利益流出。负债实际上是企业使用了别人的资金，到期后要依法偿还或支付。如果是未来才会发生的交易或事项形成的义务，不属于现时义务，也就不能确认为负债。如应付账款是企业已经发生了的交易，只不过需要未来支付，这一会计科目属于负债，但像"盈余公积"这样的科目，只有在企业一个会计周期结束后才发生相应的义务，因此不属于负债。另外，不能导致企业经济利益流出企业的，也不能确认为负债。

（3）所有者权益是企业及股东的收益

所有者权益也称股东权益，通常是企业资产扣除负债后，企业股东所拥有的剩余权益，也是企业的净资产，反映股东在企业资产中享有的经济利益。

从管理者的角度出发，所有者权益可以看成企业经营所需资金的另一来源。企业所有者权益的增加或减少主要视经营业绩好坏而定，经营亏损，所有者权益减少；反之，所有者权益增加。需要注意的是，所有者权益还包括企业因非日常活动所形成的利得和损失。

（4）收入是企业通过经营而获得的资金

收入是企业在日常经营活动中销售商品、提供劳务或让渡资产等形成的经济利益流入。收入反映了企业的经营业绩好坏，会导致所有者权益增加或减少，因此管理者需要特别注意。

只有企业日常经营活动获得的收益才是收入，而非日常经营活动获得的收益要计入利得而不是收入。同时，不会导致企业所有者权益增加的经济利益流入不能确认为收入。如企业向银行借入一笔款项，虽然也导致了经济利益流入企业，但所有者权益没有发生改变，而是企业承担了一项债务，因此确认为负债而不是收入。

（5）费用是企业经营活动中使用的资金

与收入相对，费用是企业在日常经营活动中发生的经济利益流出，会导致所有者权益减少，但与所有者分配利润无关。使所有者权益减少的科目不一定都属于费用，如企业所有者抽回投资或向所有者分配利润导致所有者权益减少，此时分配利润或抽回投资不属于费用。

费用有一定的时间性，如企业为了销售商品或提供劳务等日常经营活动所发生的经济利益流出。而成本是对象化的费用，是企业为生产产品或提供劳务而发生的各种资金耗费。

（6）利润是企业的经营成果

利润是企业在一定会计期间的经营成果，是收入扣除费用后的剩余收益。一般来说，企业实现利润，所有者权益将增加，经营情况良好；若企业发生亏损，即没有利润，则表示所有者权益将减少，经营不善。

利润是评价企业管理者业绩的一项重要指标，也是投资者和其他报表使用者进行决策时的重要参考。企业要确认利润，首先要确认收入、费用、利得和损失。

什么是财务管理

财务管理是指企业在一定的整体目标下，关于资产的购置（投资）、资本的融通（融资）、经营中现金流量（营运资金）和利润分配的管理。财务管理是企业管理工作的一部分，根据财经法规制度，按照财务管理原则，组织企业财务活动，处理财务关系，是一项经济管理工作。

财务管理工作主要是前期的会计工作，统计并分析数据，然后通过数据反映的企业情况制定出财务规划，包括设立财务目标、调整目标及做出经营决策等。如图 1-2 所示的是企业的 5 个财务目标。

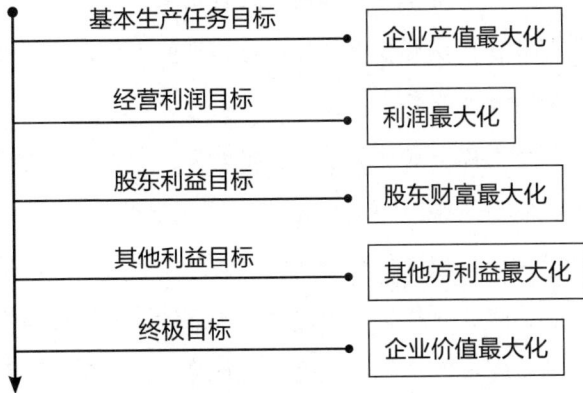

```
基本生产任务目标 ———————→ 企业产值最大化

经营利润目标 ———————————→ 利润最大化

股东利益目标 ———————————→ 股东财富最大化

其他利益目标 ———————————→ 其他方利益最大化

终极目标 ——————————————→ 企业价值最大化
```

图 1-2

（1）财务管理工作的重点

管理者需要明确财务管理工作的重点，这样才能全局性地了解企业的财务状况，进而做出有利的发展决策；

加强企业内各部门与财务的统筹协调和配合，明确企业经营预算的支持方向和重点；

构建企业财务管理能力认证体系，提升企业财务管理能力，推动企业强化内部约束和财务管控，实现财务管理创新；

借鉴其他企业的财务管理经验，明确不同财务人员的地位、作用、职责权限和工作要求；

做好财务控制和财务预算，从而实现财务管理循环。而实现财务管理循环主要包括如下所示的一些环节。

◆ 针对企业的各种财务问题制订行动方案，即项目计划。

◆ 针对计划期内的各项生产经营活动拟定用具体数字表示的计划和标准，即期间计划。

◆ 对企业实际的资本循环和周转进行记录，即会计工作。

◆ 根据变化了的实际情况计算出应达到的工作水平，如"实际业务量"的预算限额。

◆ 对比实际数据与应达标准，确定差额，考虑例外情况。

◆ 对足够大的差异进行深入调查研究，从而发现产生差异的具体原因。

◆ 根据产生的原因采取行动，纠正偏差，使经营活动按既定目标发展。同时，对经营活动的执行人业绩进行评价和考核。

◆ 根据评价与考核结果对执行人进行奖惩，然后预测财务管理过后经济活动发生的变化，根据新的经济活动状况重新预测，为下一步决策提供依据。

（2）财务管理工作原则

除此之外，为了防止在做出决策之时犯错，管理者还需清楚地认识如表1-1所示的财务管理工作原则。

表1-1 财务管理工作原则

原则	解释
风险收益原则	对额外的风险需要准备额外收益进行补偿
货币存在时间价值	今天的钱比明天的钱更值钱
价值的衡量	考虑的是现金而不是利润
不盲目追求收益	在竞争市场上，没有利润特别高的项目
利益可能不一致	管理人员与所有者的利益可能不一致
纳税对业务有影响	企业纳税行为也会影响业务决策
风险的不可避免	风险有很多种，有的可以避免甚至消除，有的只能降低
恪尽职守	保持良好的职业操守和道德，不打法律擦边球

尽管企业管理者精通财务管理的各种理论，但也免不了在进行财

务管理时会出现问题，重视这些问题才能时刻提醒自己不在财务管理上犯错。而在企业经营过程中，可能出现的财务管理问题如图 1-3 所示。

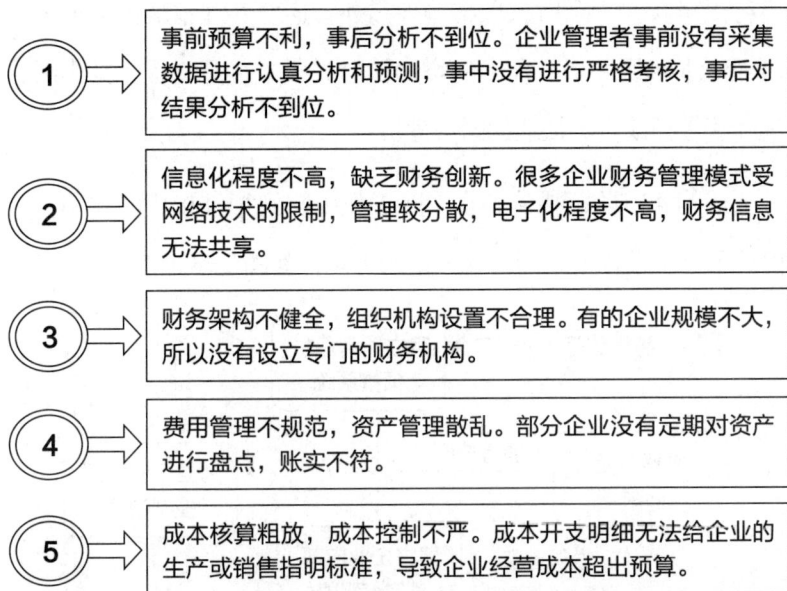

1 → 事前预算不利，事后分析不到位。企业管理者事前没有采集数据进行认真分析和预测，事中没有进行严格考核，事后对结果分析不到位。

2 → 信息化程度不高，缺乏财务创新。很多企业财务管理模式受网络技术的限制，管理较分散，电子化程度不高，财务信息无法共享。

3 → 财务架构不健全，组织机构设置不合理。有的企业规模不大，所以没有设立专门的财务机构。

4 → 费用管理不规范，资产管理散乱。部分企业没有定期对资产进行盘点，账实不符。

5 → 成本核算粗放，成本控制不严。成本开支明细无法给企业的生产或销售指明标准，导致企业经营成本超出预算。

图 1-3

（3）财务管理防范措施

针对这些财务管理中容易出现的问题，可以参考如下所示的一些防范措施，促进管理者协助财务人员做好企业的财务管理工作。

建立财务危机预警系统。可以预知财务风险征兆，发现财务异常时发出警告，提醒经营者早做准备或采取对策以减少财务损失。

建立企业内部控制制度。如对企业的货币资金控制、采购与付款控制、销售与收款控制以及对外投资控制等。

建立企业内部监督制度。比如企业内部审计，评价企业经济活动和管理制度是否合规、合理和有效。

培养财务风险意识。管理层要时刻关注宏观政策的变化，对企业投资项目、经营项目、筹借资金和经营成本等方面可能产生的负面效应进行提早预测，及时采取措施。另外，还要关注市场供需关系，防止企业成本费用和资金需求的增加使财务成本上升和资金链中断，而出现经营亏损或资不抵债的财务危机。

上述的 4 点防范措施，在实际工作中起到相辅相成的作用，与其在管理工作中发挥的作用存在一定的关系，如图 1-4 所示。

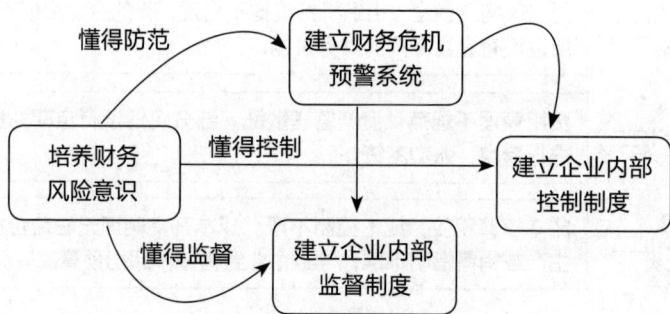

图 1-4

了解了财务管理的目标、工作重点、原则和防范工作出错的措施以后，管理者还需知道财务管理的大致内容，有如下所示的四大类。

◆ **筹资管理**：对企业为了经营活动而进行的筹资行为进行管理。

◆ **投资管理**：企业发展业务，向企业以外的公司或单位投入资金，而企业要对这些投入资金进行管理。

◆ **营运资金管理**：对企业与经营活动有关的流动资产和流动负债的管理。从某种意义上来说，这种管理最终的结果体现在现金流量表上。

◆ **利润分配管理**：企业在盈利的情况下，要对已实现的净利润在企业和投资者之间的分配进行管理。

什么该做，什么不用做

企业管理者作为领导员工经营公司的人，不需要事事亲力亲为，应适当放权，让员工发挥自己的能力为企业效力。管理者应需要明确自己该做的事是什么，什么事情可以不用自己动手完成而交给下属就行。这样不仅可以减轻自己的工作负担，还能提高企业经营效率。

财务章与公司公章要分开

公司公章在所有企业印章中具有很高的效力，是法人权利的象征。在现行的立法和司法实践中，审查是否盖有法人公章（公司公章）成为判断民事活动是否成立和生效的重要标准。

除了法律有特殊规定的外（如发票的盖章），均能以公章代表法人的意志。一般用来签订对外合同和其他法律文件，凡是以企业名义发出的信函、公文、合同、证明或公司其他资料，都可以使用公章。

而财务章的用途是为企业办理会计核算和银行结算业务等。财务章也被称为财务专用章，主要有 3 种类型，分别是正方形财务章、圆形财务章和椭圆形财务章。

不同的财务章需要经过不同程序申请备案。正方形财务章是对外使用需要备案的章，要到中国人民银行预留公司公章的印鉴和该财务章印鉴，并到公安机关备案。而内部使用的财务章只是在公司内部使用，不需到中国人民银行预留印鉴，但需到公安部门申请备案。

通常情况下，企业财务章由出纳或财务主管保管；而企业公章的保管采取专人制，一般由公司行政办的专人专柜保管。企业公章保管信息应做详细记录，如公章名称、收到日期、启用日期、领取人、保管人、批准人和图样等信息。从保管方式上可以看出，公章比财务章更重要。

企业公章一般不能随意私自带出企业，若因特殊情况需要带出的，需进行书面申请，经过公司的领导人批准，再经行政部确认后才可带出。公章带出人需要对公章的使用后果承担相应的责任。遇到公章保管者由于突发事件离开公司的，需要将公章交予上级领导指派的人进行代为保管，不可私自委托他人保管，同时还需要专柜加锁保管。

财务小贴士

无论是公章还是财务章，当保管者离职时，都需要办理相应的移交手续，并在移交报告中注明相应的移交人、接交人、监交人、移交时间和图样等信息。若保管者在年末时仍在职，保管者需要将公章及财务章的全年使用情况的登记表相应复印件交予行政办进行存档。

分清财务人员的工作职责

中小型企业可以设置财务主管、财务人员、会计和出纳，具体一些财务人员的工作职责如表 1-2 所示。

表 1-2 常见财务人员的工作职责

财务人员	工作职责
现金出纳	1）负责企业资金的管理和分配，完成日常收支和记账工作； 2）办理各种支票和汇票等的收付款业务； 3）负责库存现金、发票和空白支票等重要票据的管理； 4）负责企业现金、银行结存工作和日记账的编制管理
日常会计核算	1）负责企业会计账务处理工作； 2）负责编制、解释和分析企业统一的财务报表体系，分析并报告企业经营指标和业绩； 3）负责企业日常税务申报工作； 4）企业各类资产的核算及管理工作，定期组织财产、债权及债务的清算工作
财务审计	1）对企业经营成果和效益状况的真实性与合规性进行审计； 2）及时处理违反财务纪律的事件，发现重大问题及时上报并提出处理意见
投融资管理	1）根据董事会及总裁指示，做好企业项目投资的成本和盈利分析，参与企业投资项目的决策； 2）根据董事会及总裁指示，做好资金筹集、供应和使用管理工作； 3）与相关金融机构保持密切联系，积极开拓融资渠道，为企业建立有效的融资途径
税务	1）及时了解并掌握国家有关税务政策，收集相关信息； 2）规范并组织企业依法纳税工作，掌握和检查纳税情况
财务总监 / 经理	主持制定企业财务管理、会计核算、会计监督、预算管理、审计监察和库管等工作的规章制度和工作程序，经批准后组织实施并监督检查落实情况；负责组织全企业的经济核算工作，组织编制和审核会计报表和统计报表等

企业管理者只有明确各财务人员的工作职责，才能更有效地安排

工作，并在出现问题时能够准确问责，提高办事效率的同时也要提高员工的责任感，防止一些员工隐瞒事实、不负责任。

管理者的工作是监督和维护

管理者作为引导员工为企业效力的重要人物，其工作重点不是在细小的财务日常工作上，而是负责监督和维护企业的财务工作。需要管理者监督和维护的工作也很多，比如财务人员的工作进度。

（1）财务总监

财务总监的上级是董事长，下级是整个财务部，主要起到的监督维护作用有如下所示的职责。

◆ 主持制定企业财务方面的规章制度和工作程序，经组织审批后实施并监督检查落实情况，保障企业合法经营，维护股东权益。

◆ 根据董事会和企业的经营要求，疏通融资渠道，筹集企业运营所需的资金，同时审批企业重大的资金流向，维护与金融机构的良好关系。

◆ 组织领导企业的财务工作，定期进行财务工作考核、督促和检查，提高企业的经济效益和工作效率。

◆ 执行董事会有关财务方面的决议，审批相关预算计划，控制各项费用的使用，监控大宗资金的运作。

◆ 定期分析并预测企业经营状况，提出财务改进方案，向董事会提交财务分析和预测报告。

◆ 组织、制订并实施年度审计工作计划，管理、考核和监督财务人员的各项工作，做好财务部的行政事务的处理工作。

财务总监管理职位并非所有企业都设立，只有较大型企业中才设有财务总监这一职位。普遍的中、小型企业财务部门，最高管理职位只设置到财务经理。所以，当没有财务总监职位时，其要做的工作就会相应地由财务经理来完成。

（2）财务经理

财务经理的上级是财务总监，下级是财务部所有员工。其主要起到监督和维护作用，与财务总监职责类似，只在某些细微的工作上有区别。如图 1-5 所示的是财务经理的工作内容。

1. 协助财务总监组织制定企业财务方面的规章制度、工作程序和考核办法，组织实施和监督财务工作。

2. 组织编制各项财务收支及资金计划，落实和检查计划的执行情况，分析并上报财务总监或总经理。

3. 组织财务部编制财务预算，上报领导后组织实施，审核费用支出，进行成本预测、控制和分析等，适时提出成本控制方案并监督实施。

4. 负责组织全企业的经济核算工作，组织编制各类财务报表，督促财务人员做好各项财务工作。

5. 定期或不定期组织财务分析，提交分析报告，对新投资项目做好财务预测和风险分析，并参与公司重大财务问题的决策，提出意见。

6. 协助财务总监设定企业财务工作的考核标准，严格监督各项业务收支情况，协助财务总监实施财务审计工作。

7. 依据企业对日常资金的需求量，协助财务总监寻找和疏通融资渠道，做好资金筹集、供应和使用管理工作。

8. 负责企业财务人员队伍的建设、选拔和配备，组织员工进行财务培训，指导并监督员工工作状况，对其进行业绩考核。

图 1-5

当公司设有财务总监这一职位时，财务经理的大多数职责定位在协助财务总监的工作，若没有设立财务总监，则财务经理的职责主要就是独立监督和维护企业的财务工作。

（3）各类财务工作的主管

主管是经理的下属，负责协助财务经理实施财务工作。但不同业务的主管，其工作内容存在差异。

预算主管主要建立、改进和完善预算管理体系，建立相应的执行、控制机制，起草和修订配套的规章制度，监督财务人员做好财务预算方面的工作，最后将财务预算分析报告上交给财务经理。

会计主管协助财务总监或财务经理管理好企业财务工作，随时掌握企业在各个银行的存款情况，拟定企业有关会计核算的各项规章制度，设置与掌管总分类账簿，建立会计凭证传递程序，严格认真地复核财务人员所做会计凭证的完整性。另外，还要负责编报"现金流量表""资产负债表""损益表"等报表，组织填制"经济效益月报表"和"统计报表"，每月按时上报。最重要的是，做好会计档案的保管工作。

成本主管主要编制成本核算制度，并上报领导审批后贯彻执行，协助财务经理编制有关成本的管理制度，然后组织实施。在财务经理的直接领导下负责企业各部门的经济核算业务，审核成本会计编制的全部会计凭证和原始凭证，负责制定企业各部门成本费用指标，进行严格检查和控制，分析成本升降原因，找出问题，提出改进意见和措施，编制成本报告和控制经营成本方案，经批准后执行。

审计主管拟定内部审计制度、程序和细则，上报财务经理、财务总监、总经理和董事会审批。组织各项财务收支、专项资金使用和经营成果的审计工作，对经批准即将离任的企业领导的工作进行客观公正的全面审计。配合外部审计机构进行必要的调查取证工作，且在每项审计工作结束后及时撰写审计报告，上报企业领导，指出问题所在，提出处理或改进意见或建议，做好相关的审计资料、文件归档、保管和借阅管理工作。

各级管理者和半管理者只需向普通员工传达上级指示，然后按照指示指导员工完成相应工作即可，无须亲身完成细微工作内容。

老板只看报表，不看账簿

任何财务方面的工作情况和企业经济状况都将汇总成财务报表呈现在老板面前，老板不需要明白报表的数据由谁统计，报表的数据来自何处，也不需要了解制作出报表花费了多少人力、物力，只需从报表中发现问题，然后做出决策并解决问题。老板要看的财务报表有如下所示的一些内容。

◆ 财务人员向企业内部管理部门提供财务报表和向企业外部有关方面提供财务报表，意在掌握企业的真实财务情况，完善企业在公众心中的形象；

◆ 资产负债表、利润表、现金流量表、月度报表、季度报表和年度报表；

◆ 总公司财务报表和基层单位的汇总财务报表；

◆ 分公司或子公司的合并财务报表。

账簿是编制财务报表的依据，是保存会计资料的重要工具，主要用来记载和储存会计信息，记录企业发生的经济业务，包括各项资金的运动，一般是一些比较烦琐的基础工作，管理者无须花时间了解这些基础工作的执行，所以通常不看企业账簿，而是直接查看报表。

当管理者发现公司财务问题时，也只需对下属下达审核和检查的指令，而具体实施审核或检查工作的是主管或相关财务工作人员，最后获得主管及经理汇报的情况，然后做出奖惩措施，规范企业财务人员的工作态度，提出提高工作效率的要求。

熟悉并调整财务结构

财务结构是指企业如何筹集全部资金、资产负债项目如何构成及它们之间的比例关系。财务结构的合理性是企业生存和发展的重要条件，是企业管理者必须要了解和掌握的工作。

财务结构中与企业密切相关的是资金结构，是公司各种资金的构成和比例关系。财务结构会对企业很多方面造成影响，比如公司的财务状况、资产结构、信用评级和营业能力等。如表 1-3 所示的是企业财务结构中涉及的比率及其含义。

表 1-3 财务结构中的各项比率

比率名称	含义
负债比率	总负债占总资产的比重
长期负债对总负债比率	长期负债占总负债的比重
长期资金比率	长期负债和所有者权益占固定资产的比重
营业利润率	利润总额占营业收入的比重
资本报酬率	利润总额占资本的比重

比率名称	含义
固定资产报酬率	利润总额占固定资产的比重
利息保障倍数	税息前利润占利息费用的比重
股东权益比率	股东权益总额占资产总额的比重
资本负债比率	负债总额占股东权益总额的比重
资本化比率	长期负债占长期负债和股东权益总额之和的比重
有息负债比率	短期借款、一年内到期的长期负债、长期借款、应付债券和长期应付款的总额占股东权益总额的比重

合理的财务结构有利于企业优化筹资结构，改善财务状况，降低财务风险，还能降低企业经营成本，所以建立合理的财务结构非常重要。而不合理的财务结构对公司造成的影响反映在资产与负债的结构不合理、销售利润率及各项费用率的比例不合理、现金流量表的结构不合理等方面。

企业需要调整不合理的财务结构，使其更加合理，帮助企业更好地经营。对此，管理者要通过分析企业财务结构中的不同比率和它们之间的关系，进而发现其中的不合理之处，然后做出及时的改进措施。

1）负债比率衡量企业总资本中究竟有多少资金依赖于外部资金，与股东权益比率的总和恰好为 100%。而一般而言，负债比率以不超过50% 为理想状态，但没有绝对的标准。如果负债比率超过了 50%，说明企业负债总额过多，管理者要采取措施减少企业负债，避免企业负债过多引起还不起债务的风险。

2）股东权益比率显示企业总资本中属于企业自有资本的有多少，

从这一比率可以看出企业基本财务结构是否稳定。一般而言，比率高表示财务结构属于低报酬、低风险；比率低表示财务结构属于高报酬、高风险。因此，企业如果想规划出低风险、高报酬的财务结构，需要找到两个极端结构的临界点，从而保证企业稳步发展。

3）长期负债对总负债的比率过低，说明企业短期负债金额过大，企业很可能面临短期偿债压力，因此需要重点解决短期负债问题。

4）长期资金比率过高，说明企业面临固定资产不足以支撑企业安稳经营，需要管理者想办法为企业资产保值。

5）营业利润率高说明企业经营成本和收入之间达到了很理想化的平衡状态，也是企业经营效率高的表现；而营业利润率低，除了有营业收入低的可能外，还可能说明企业经营成本过高，此时管理者需要做出相应决策，降低经营成本，提高收入。

6）资本报酬率体现了资金的赚钱能力，该比率高说明资金的使用非常有效；反之，企业资金没有得到有效利用，出现闲置和贬值等让企业利益受损的情况。此时，管理者要减少企业的闲置资金，同时学会将闲置资金用在对企业经营有利的地方，比如投资。

7）固定资产报酬率反映固定资产的使用效率，该比率高，说明其创造的价值高；反之说明创造的价值低，固定资产没有得到有效利用。此时，需要管理者调整企业固定资产的结构。

8）利息保障倍数反映利润和费用的关系，该比率越低，说明企业的费用支出过大，同时产生的利润不乐观。此时，需要管理者控制企业内部各项费用的收支情况，防止员工利用企业经费资源乱报销。

9）资本负债比率反映企业资金来源的变化情况，该比率越高，越说明企业通过客户或银行等方式获得的外来资金占比较多，而股东的投资资金较少，此时要避免企业偿还不了外债导致破产的情况；而该比率越低，越说明企业通过股东投资渠道获得的资金较多，企业自身力量比较强大，也是企业经营良好的另一表现。

10）资本总额比率反映长期负债与企业资金来源的关系，比率越高，说明企业长期负债获得的资金可能比股东投资资金多，表现出来的特征与资本负债比率相似。

11）有息负债比率反映企业各种需要支付利息的负债与股东权益的关系，该比率越高，越说明企业可能会面临资不抵债的困境，需要管理者采取减少有息负债的措施，避免企业遭遇太大的还债压力。

财务管理者要关注财务预算

财务预算是一系列专门反映企业未来一定预期内的企业财务状况和经营成果，以及现金收支等价值指标的工作，包括现金预算、预计利润表、与资产负债表和现金流量表等。

那么具体的财务预算有哪些呢？销售预算、生产预算、直接材料预算、应交税金及附加预算、直接人工预算、制造费用预算、产品成本预算、期末存货预算、销售费用预算、管理费用预算、经营决策预算、投资决策预算及现金预算都属于财务预算。这些预算都会在未来影响公司的资金结构（财务结构），因此管理者不得不关注。

例 1-1　不按预算走，钱不够花了

　　四川某食品生产企业由于业务的扩展，需要聘请更多的员工来按时完成订单。但问题来了，应聘者嫌弃该企业规模小，不愿意到公司上班。

　　企业为了完成手头上重要的订单，于是决定扩建厂房，提升企业在应聘者心中的形象，从而更容易及时地为企业找到劳动力。如此一来，企业花了将近 30 万元扩建厂房，又增添了一部分设备，还把原来的厂房又粉饰了一遍。果不其然，在厂房建造的过程中，企业向来应聘的人承诺了企业正在扩展，发展潜力无限，而应聘者也确实看到企业在扩建厂房，于是很容易地就聘到了员工。

　　在厂房快要扩建成功之际，企业的几笔重要订单也在陆陆续续交货。可等到企业要向员工计发工资时，又出现了问题，没钱了！员工工资发不了！没办法，公司对员工说明货款还未收回，将推迟发放工资。这一消息在员工当中引起了骚动，有的员工开始怀疑公司的财务出了问题。

　　而实际上，管理者从财务人员给出的报表中也确实发现了资金短缺的困难。原本企业是有 30 万元的银行存款，预算目标指定这笔钱用来发放员工工资，但为了扩建厂房，没有考虑预算这回事，轻易地动用了这笔钱，导致员工工资不能按时发放。而为了平息员工的情绪，企业不得不向银行申请贷款。

　　所以，管理者要为企业制定出完善的预算制度和方法，为员工在进行财务预算时做好指导工作。比如，财务预算的方式可以是结合固

定预算和弹性预算，既为企业预算出准确的资金使用情况，又为企业发展过程中可能出现的资金使用突发情况做好准备。

除此之外，企业还可以采用的预算制度有增量预算、零基预算、定期预算和滚动预算，其具体含义如下所示。

- ◆ **增量预算**：在基期成本费用水平的基础上，结合预算期业务量水平及有关降低成本的措施，通过调整原有关于成本费用项目而编制预算的方法。

- ◆ **零基预算**：在编制预算时，所有的预算支出以零为基础，不考虑以往的预算情况，从实际需要和可能出发，研究分析各项预算费用开支是否必要且合理，综合平衡确定预算费用。

- ◆ **定期预算**：以会计年度为经济周期编制各类预算。

- ◆ **滚动预算**：又称永续运算，不将预算期与会计年度挂钩，而是始终保持 12 个月，每过去一个月就根据新的企业状况进行调整和修订后几个月的预算，并在原预算基础上增补下个月的预算，逐期向后滚动。

其中，增量预算比较容易编制，员工的工作较轻松，但容易造成预算冗余，不能很好地控制一些不必要的费用；而零基预算能对环境变化做出较快反应，容易紧密地复核企业的成本情况，但耗时巨大，员工工作量大，参加预算的员工需要进行培训，且需要全员参与。

而定期预算或固定预算对发展平稳的企业而言比较有利，但发展不稳定的企业就适合滚动预算或弹性预算，防止企业出现突发状况影响资金周转。

管理者修习财务课的理由

管理者有修习财务课的必要性，了解企业的财务状况以及解决财务问题的方法，可使管理者更加精通于企业的经营，减少管理者做出错误决策的可能性。另外，修习财务课还可以帮助管理者更好地了解财务人员，防止员工违规违纪做出损害公司利益的事情。

老板为什么要懂会计学

对于很多老板来说，一提到会计就直接搬出企业的会计人员，而把关系到企业会计方面的业务全部交给员工或下属，自己却抱着一笔"糊涂账"，这显然是不可取的。要清楚企业的财务状况，管理者就必须懂得会计学，懂得财务处理方面的知识。

会计对企业来说很重要，是财务管理的基础。会计信息反映了企业的财务状况和经营成果，从会计反映的数据可以看出企业的经营好坏、企业是否盈利、费用成本有没有过高以及企业在经营过程中存在哪些漏洞和不足,而管理者要验证这些不足是不是造成企业利润率低的原因。因此,会计数据成了管理者进行决策时的重要依据。

管理者熟悉了财务会计报表中反映的各项企业信息后,就可充分了解企业的运营状况,进而做出及时的应对措施。如果管理者不懂会计学,就无法对企业的现状有一个全面而准确的认识,也就无法判断影响企业获取利润的因素,导致企业在规划和决策时过于盲目或做出错误决定,这会在无形中增加企业的经营成本和风险。

有些企业的"寿命"很短,大多数原因在于管理者或老板对自家企业的财务状况掌握不到位,管理不当,导致资金运用不当,运营效率低,出现资金周转问题。如果管理者连基本的会计知识都不懂,显然财务报表也就看不懂,也就不能从报表中发现企业经营方面存在的问题,更不用说做出及时的补救措施。

例 1-2　不懂财务的管理者注定走不远

20 世纪中后期,刚刚改革开放的时候,一些"头脑灵活"的人逐渐开办起了砖瓦厂、服装厂和机械厂等小型企业。这些人成了我国最早的一批"万元户",短暂地拉动了当时的国家经济。但到了 20 世纪 90 年代,这些小工厂只有少部分得以继续生存下来,大部分企业在激烈的竞争浪潮中被淘汰。

其中重要的原因就是这些"老板们"自己不懂会计,财务管理工作一塌糊涂,被后来的人说成"暴发户"。

对他们来说，一旦企业员工过百，生产材料的来源地变多、买家赊账和存入准备的现象太多，企业很容易就被债务压垮。

由此可见，一个负责任的管理者有必要懂得会计知识，掌握企业财务情况。

清楚财务动向，把握发展方向

管理者通过学习财务会计知识，可以将其运用到企业管理工作中，了解企业财务状况和资金动向，从而把握企业的发展方向，进而做出利于企业进步的战略目标和计划决策。

在财务知识中，各种比率数据可以反映企业的资产、负债和所有者权益等情况，比率的变化代表着资产、负债和所有者权益的金额改变，管理者可从这些改变中了解企业资金动向，进而改变策略，引导企业向好的方向发展。

看懂企业财务报表，学会分析报表中的数据，做到利用数据就能统观企业的整体运营状况，将不必要的实地考察工作转化为数据分析工作，既省时又省力，提高办事效率。学习财务课可以培养管理者对财务管理的兴趣，从而积极主动地管理好企业的财务工作。

如果管理者从报表中看出企业利润率不高，甚至有下滑的迹象，则表示企业的经营出现问题，如果不及时改变销售策略或者控制生产成本，企业可能面临经营不善，甚至出现严重亏本的现象。

反之，如果管理者从报表中看出企业利润率逐渐升高，说明企业的经营策略适合企业的发展，然后需要管理者在此基础上不断完善经营策略，以期获得更高的利益，促进企业快速发展。

报表是怎么编制出来的

作为企业管理者，虽然不用考究财务报表的得来都有哪些员工的功劳，但需要了解报表编制的一般步骤和流程，然后从报表反映出的情况找到可能出现问题的环节，进而有目标地下达任务，指导相应员工改正错误，提高员工日后的办事效率和质量。如图 1-6 所示的是报表的编制流程。

1 财务部门员工核实企业的资产、清理债务、复核成本，完成本月记账凭证的编制工作，过程中要检查原始凭证和入账票据的有效性。

2 相关人员进行记账凭证的审核，然后进行内部调账、试算平衡，进而完成月末结账工作。

3 编制科目汇总表，登记总账，然后整理并汇总所有会计资料，根据总账编制损益表、资产负债表、利润表和纳税申报表等财务报表。

4 整理所有报表，编制月度会计报表，制定出财务分析报告，最后向有关部门或领导报送会计报表和财务分析报告。

图 1-6

如果管理者发现会计报表中数据有问题，就可以从录入数据的员工和发生经济业务的事项上下手，确认是数据录入错误还是有员工故意做了损害公司利益的事。此时，管理者可以下达复核原始凭证和记账凭证的通知，如果报表中的数据确实来源于这些凭证，且没有录入错误，则很可能是有员工在盗用公司的资源。

如果从财务分析报告中发现错误，检查出的原因是在利用报表数据时出现错误，则管理者需要警醒制作分析报告的员工做事要更加认真仔细，因为财务分析报告可能会误导管理者做出错误的决策。

总的来说，管理者明确财务报表和分析报告等资料的制作流程，可以尽快找出负责人，从而提高报表或报告的修改效率。

承担会计法律责任，更好地经营公司

管理者学习财务课，不仅要学习财务方面的操作知识，还会学习经济法有关内容。一个企业的经营活动离不开钱，而钱离不开经济这一概念范畴，很多企业管理者都在不断追求发展的过程中触犯了经济法，导致公司被迫查封或者破产，大半辈子的心血就这样付诸东流。

因此，管理者修习财务课，要学会如何承担法律责任。了解其中的利害关系，从而更好地督促员工，清楚员工可能在哪些财务工作环节犯错，同时做好防范和补救措施，避免因为员工的失误给自己和公司带来不必要的麻烦。

从法律责任的轻重程度来看，有民事责任、行政责任和刑事责任。不同的责任将承担不同的后果，企业经营过程中一定要明确哪些事情能做，哪些事情不能做。

有些企业老板在公司发展的过程中，欲望不断膨胀，通过一些暗手法动用企业的资产，而员工在做账时没有发现其中的问题，一旦审计部门在对公司的账务进行检查时查出端倪，企业老板就会承担触犯法律的后果，情节严重时将直接影响公司的继续经营。只有管理者学会经济法等财务知识，才能更好地经营公司。

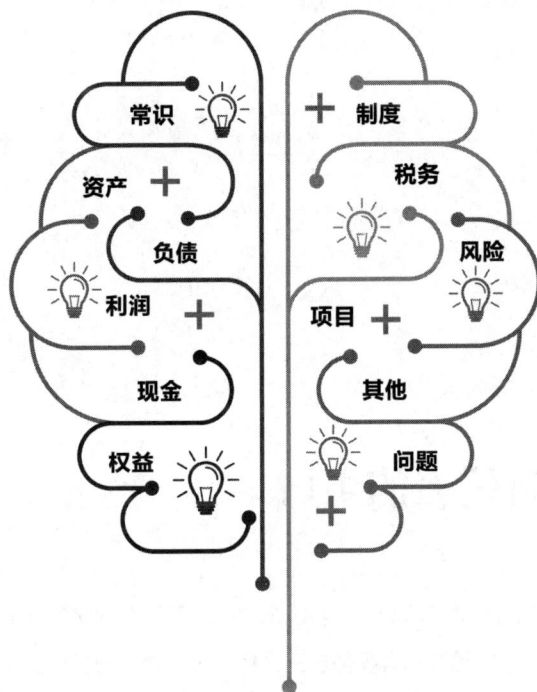

第 2 章

通过资产负债表了解真实家当

作为公司的管理者，要想经营好自己的企业，必须清楚企业的情况，尤其是资产和负债。这两方面的数据和相关信息关系着企业的偿债能力和运营能力，通俗来说，资产和负债不仅代表了企业拥有多少家当，还预示着企业的发展是否正常，是否有破产的前兆。

资产负债表的组成

资产负债表亦称财务状况表，表示企业在一定时期的财务状况，其中包括对企业资产、负债和所有者权益这三大板块总体情况的反映。作为管理者，不需要了解各板块当中涉及的细小会计科目，但要学会看懂资产负债表总结出的数据，以此来了解企业的资本和债务。

资产的结构

在资产负债表中，企业通常将资产按照流动性大小进行分类，如流动资产、长期投资、固定资产、无形资产和其他资产。而管理者不用了解细微的资产情况，只需关注流动资产合计与非流动资产合计。

从流动资产合计数据上看，管理者可以了解企业能在短时间（一个会计年度或一个营业周期内）使用的资金有多少；而非流动性资产的数据会让管理者明白企业有多少不能随意动用的资金。两者之和是企业资产的总和，分别知道两者的情况可避免管理者过度使用流动资产，两者之总和让管理者明白自身的真实家当。如表 2-1 所示是中小型企业资产负债表中的资产涉及的种类。

表 2-1 资产负债表中的资产结构

流动资产	期初数	期末数	非流动资产	期初数	期末数
货币资金（或库存现金）			可供出售金融资产		
以公允价值计量且其变动计入当期损益的金融资产			持有至到期投资		
衍生金融资产			长期应收款		
应收票据及应收账款			长期股权投资		
预付款项			投资性房地产		
其他应收款			固定资产		
存货			在建工程		
持有待售资产			生物性生物资产		
一年内到期的非流动资产			无形资产		
其他流动资产			其他非流动资产		
流动资产合计			非流动资产合计		

管理者不用仔细查看资产中的各种具体会计科目的数据，但必须清楚这些资产会计科目有哪些，从而对企业资产有所了解。

很多管理者一谈到企业的资产，马上想到的是固定资产，如房产、设备、银行存款、库存现金和各种对外投资等，往往忽略了一些重要的无形资产，如员工、专利权和企业文化。员工实力强劲、有自身企业的专利权以及对企业发展有利的文化，都将成为重要的资产。其中，员工这一资产可能被外界竞争者抢夺，所以有必要引起管理者的关注；而专利权和企业文化也有被复制的可能，致使资产受到威胁，管理者也需要重视这两种资产。

负债的内容

资产负债表中的负债反映在某一特定日期，企业所承担的、预期会导致经济利益流出企业的现时义务。和资产类似，按是否流动性分为流动负债和非流动负债。

流动负债的数据可以让管理者知道，企业预计在一个正常营业周期中清偿或主要为交易目的而持有的资金；而非流动负债就是除流动负债以外的其他负债。管理者也只需特别关注流动负债合计和非流动负债合计数据，掌握企业负债的总体情况。如表 2-2 所示的是中小型企业资产负债表中负债涉及的科目。

表 2-2 资产负债表中的负债结构

流动负债	期初数	期末数	非流动负债	期初数	期末数
短期借款			长期借款		
应付票据及应付账款			应付债券		
应付账款			其中：优先股		
应付职工薪酬			永续债		
其他应付款			长期应付款		
持有待售负债			预计负债		
一年内到期的非流动负债			递延所得税负债		
其他流动负债			其他非流动负债		
流动负债合计			非流动负债合计		

通俗地讲，企业的负债即表示企业欠别人多少钱需要偿还。和资产相似，流动负债表示企业在短期内要还给别人的资金情况，而非流动负债表示能长时间过后再还给别人的资金情况。通过了解流动资产合计数据，管理者可以知道企业急需偿还的债务，防止企业因没钱还债而影响声誉的事情发生；非流动负债则提醒管理者，除了眼前债务需要承担外，企业还有长期债务需要偿还，要做好偿债准备。

虽然管理者不用细致到查看各负债科目，但还是应该清楚公司业务具体会涉及哪些负债项目，这样才能全面掌控公司的负债情况。

很多管理者只看到了短期借款、长期借款、应付票据、应付职工薪酬、应付股利和应交税费等表面上就看出是负债的债务，忽略了一些隐性的债务。

隐性负债的危害后劲大

隐性负债虽不记录在资产负债表中，但随着时间的推移或某种因素的改变，会在未来某个时间显性化。这种负债的显性化可能会造成长时间内企业盈利能力逐步下降，也可能在短期内带来企业资产的突然损失。因此，管理者有必要对隐性负债引起重视。

隐性负债难以用货币进行计量，主要有企业技术落后、人才匮乏、设备陈旧和法人治理结构不健全等原因。隐性负债可能会增加企业交易风险，严重时可能导致企业破产。因此，作为管理者需要了解防止隐性负债可能给公司带来损失的方法。

（1）站在战略高度，纵览全局

企业在市场上的竞争，一定程度上是企业管理者战略智慧的竞争，管理者要分析研究企业经营战略如何更好地适应内外部环境。这其中就包括对财务的监管，使企业战略在环境变化时不受影响或较少受到影响。

（2）及时掌握市场需求竞争，调动企业内部资源

首先，及时捕捉市场需求的变化，安排公司员工收集、传递、加工和处理市场需求与竞争方面的信息。管理者对分析结果做出明确的总结和应对措施，然后让员工具体实施，防止技术落后成为企业的隐性负债。

其次，管理者和企业要掌握市场技术方面的信息，特别是国内外同行业技术研究进度、科研成果及目前已销售产品的技术含量。管理者通过对比总结出自身企业产品在技术方面与同行业先进技术之间的差距，防止设备陈旧和技术落后成为企业的隐性负债。

再次，管理者要时刻监督人才的培养、引进和使用，企业的发展离不开人才，管理者可通过工资薪酬和奖金福利等吸引人才，或利用制度与文化等的魅力招揽人才，防止人才匮乏成为企业隐性负债。

最后，建立有效的法人治理机制。管理者要懂得企业所有权如何在复杂的经济事务中合理配置，以及分散的权力如何协调，比如在工作中放权可以，但不能放任。常见的法人治理结构主要有股东大会、董事会、监事会以及经理人员。法人治理结构在管理上可以起到相互制衡作用，这样可以避免法人治理结构不健全成为企业隐性负债。

所有者权益的构成

资产负债表中的所有者权益是企业扣除负债后的剩余权益，反映企业在某一特定日期时，股东（投资者）拥有的净资产总额，主要包括实收资本、资本公积、盈余公积和未分配利润这 4 类，如图 2-1 所示。

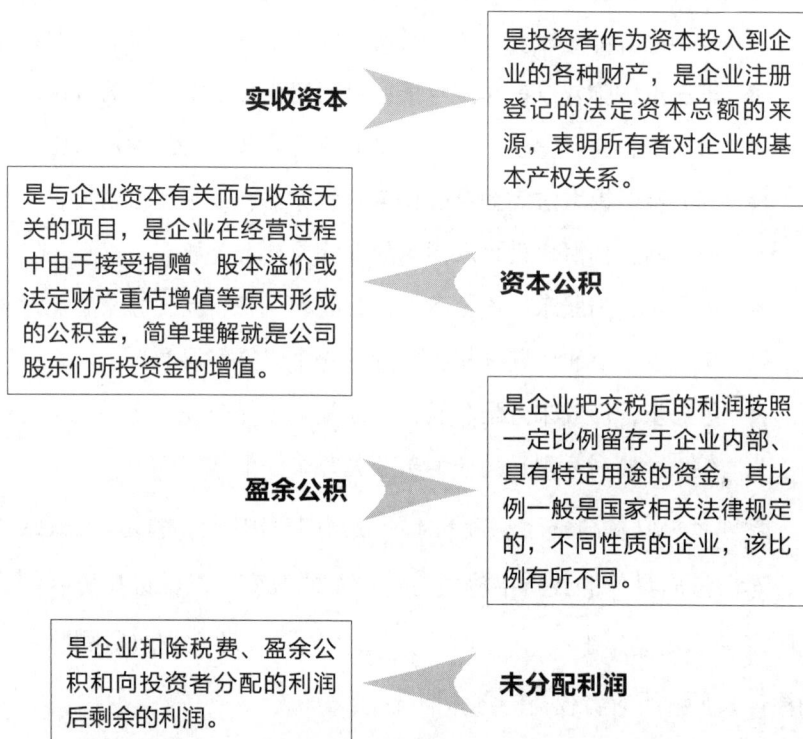

实收资本 ➤ 是投资者作为资本投入到企业的各种财产，是企业注册登记的法定资本总额的来源，表明所有者对企业的基本产权关系。

是与企业资本有关而与收益无关的项目，是企业在经营过程中由于接受捐赠、股本溢价或法定财产重估增值等原因形成的公积金，简单理解就是公司股东们所投资金的增值。 ◄ **资本公积**

盈余公积 ➤ 是企业把交税后的利润按照一定比例留存于企业内部、具有特定用途的资金，其比例一般是国家相关法律规定的，不同性质的企业，该比例有所不同。

是企业扣除税费、盈余公积和向投资者分配的利润后剩余的利润。 ◄ **未分配利润**

图 2-1

财务小贴士

中国企业法人登记管理条例规定，除国家另有规定外，企业的实收资本应当与注册资本一致。当企业实收资本比原注册资本数额增减超过 20% 时，应持资金使用证明或验资证明，向原登记主管机关申请变更登记。

作为管理者，不仅要考察所有者权益的各项数据是否正确、合理，还要了解所有者权益涉及的项目是怎么得来的，其具体操作如下。

◆ **第一步，确认实收资本**：该步骤在企业创立时有一个具体的数据，若在经营过程中有投资者增资或者退股，则实收资本的数据会有增减。

◆ **第二步，资本公积的由来**：企业实收资本或财产产生的增值部分，也有可能出现负值，表明实收资本或财产贬值。

◆ **第三步，弥补以前年度亏损**：用利润弥补以前年度的亏损。

◆ **第四步，交所得税**：弥补亏损后的利润部分缴纳相应所得税。

◆ **第五步，提取法定盈余公积金**：扣除弥补亏损和缴纳所得税后的利润，按照比例提取形成的部分为盈余公积。

◆ **第六步，向股东（投资者）分配股利**：将扣除弥补亏损、所得税和盈余公积的部分按投资者投资比例分配股利。

◆ **第七步，形成未分配利润**：扣除弥补亏损部分、所得税、盈余公积和股利分配后剩余的部分就是未分配利润。

管理者可以从净资产总额的 4 项数据中看出所有者权益的大致情况，然后做出具体的经营措施或方针政策的改变，以保证投资者在公司所享受的权益。那么，管理者可以通过对这 4 项数据进行哪些方面的检查来了解所有者权益的具体情况呢？

首先要确保这 4 项数据的真实性，只有在真实有效的情况下进行分析，得出的结论才会尽可能地准确；然后要判断 4 项数据的合理性，如果数据真实，但不合常理，则其中可能存在问题，指引管理者深究数据的来源；最后从数据的变动分析投资者的可能动向，比如实收资本的增减很可能代表了公司投资者的人员变动，未分配利润的增减在一定程度上表明企业的盈利能力等。

管理者眼中的资产负债表

管理者不论是在阅历、经验和能力等方面,都与一般员工有明显的区别和差距,因此,很多东西在管理者眼里的形象与在普通员工眼中的形象有所不同。比如资产负债表的内涵。管理者并不会因为资产增多而认为是件好事,也不会因为负债增多而认为是件坏事。管理者在意的是资产与负债的结构是否合理,资产和负债的比例达到什么值才是对公司发展最为有利。

资产是公司资金的占有

在管理者眼中,资产负债表中的资产项目不是企业拥有的东西,而是企业资金的占有。如果按照普通的思维,将资产理解为企业所有,则会觉得资产越多越好。但是作为管理者,换位思考一下,资产全部都是对公司资金的占有,比如房产 20 万元,代表的是房产对公司资金的占有是 20 万元。同理,银行存款若为 50 万元,代表银行存款对公司资金的占有为 50 万元。

站在企业自身角度，资产在资金供求关系中处于"供"的位置，可通俗地理解为"钱到哪里去了？"下面对部分科目进行简单的解释。如表2-3所示。

表2-3 管理者如何理解资产类科目

科目名称	含义
货币资金	钱被放在保险柜和银行
应收账款	钱在客户那边，以后要讨回来
预付账款	钱先付给供应商，之后才能提货
存货	钱已经用来生产产品，但产品还在仓库的库存里没有出库
固定资产	钱压在厂房和设备等大型机械和建筑上
无形资产	钱投在研发上了，并取得了专利或者知识产权

这样一来，管理者眼中的资产好像并不存在于公司内部，都投到其他地方去了。所以，资产越多，说明公司对资产的占有越多，不利于企业对资产的控制，很可能出现坏账或者折旧等使资产贬值的情况。所以在资产类会计科目中也会看到坏账准备、累计折旧和固定资产减值准备等会计科目。

企业经营目的是让经营的核心资产能够增值，也就是让资金在被占有的过程中获得收益。比如货币资金是银行占有了公司的钱，那么公司要从银行获得利息；而应收账款是客户占用了公司的钱，一般这笔账没有任何增值可能，客户只需要到期偿还，所以应收账款过多，或者回收期较长，对公司的经营会有影响。同理，企业管理者都要从这样的角度分析资产，预测企业可能面临的风险以及企业存在的盈利点，为企业的发展保驾护航。

所有者权益是管理者所投资金

说到所有者权益，很多人都会把它看成公司股东在未来可能获得的利益，一旦所有者权益减少，股东们就会心慌，害怕自己的投资会亏损。但作为公司的股东，当然应该从管理者的角度看待所有者权益，此时要将所有者权益看成各股东对企业的投资，具体数据代表的股东投资资金的多少。

管理者要明白，假如某股东最初投资 50 万元，那么到一个会计年度或企业破产清算时，拿到的资金不一定就是 50 万元，可能比 50 万元多（企业盈利），也可能比 50 万元少（企业亏损）。原因就是所有者权益的分配是按照股东投资比例进行的，如张先生投了 50 万元，蔡女士投资 20 万元，华先生投了 30 万元，则 3 人的投资比例为 50%、20% 和 30%，如果用来分配股利的资金为 120 万元，则张先生可拿到 60 万元，蔡女士拿到 24 万元，而华先生拿到 36 万元。

由此看来，站在企业的角度，所有者权益处于资金供求关系中"求"的位置，可简单理解为"钱从哪里来？"下面来认识这些所有者权益类科目的简单含义，如表 2-4 所示。

表 2-4 管理者如何理解所有者权益类科目

科目名称	含义
实收资本	钱是按照注册资本比例金额投入的，从投资者手中获得
资本公积	钱是后面来的股东溢价投入的，也来自投资者
盈余公积	钱是累计赚的钱的 10%，来自企业的利润
未分配利润	钱累计赚的钱的 90%，主要来自扣除盈余公积和所得税后的剩余资金

所有者权益是企业资产扣除负债后的剩余，表示老板（股东）所有的，这其中包括两个部分，一是股东最初所投的；二是企业经营期间股东赚的。所以，所有者权益就是在解释股东最初投了多少钱，累计收益如何，赚了还是赔了。

例 2-1　溢价投入计入资本公积

假设公司最开始由张先生、蔡女士和华先生各出资50万元、20万元和30万元开立，出资比例为50%，20%和30%。随着公司发展势头良好，吸引了很多投资者的目光，有一位姓施的女士想要投资35万元到公司。那么，该如何分析所有者权益的变动呢？

假定公司针对施女士投的35万元承诺分配比例为30%，与华先生的分配比例一样，而对应的金额为30万元，所以施女士有5万元的溢价投资，此时的5万元将计入公司的资本公积科目。

有时因为后来增加的投资者或者原有投资者追加投资，使企业不得不重新调整股东对自身权益的要求权比例。比如按照上述案例中的情况来分析，当施女士投入35万元后，公司总的实收资本变为135万元，而张先生、蔡女士、华先生和施女士的出资比例为10:4:6:7，按照这一比例重新规划股东的要求权，最终情况将会是张先生37%、蔡女士15%、华先生22%和施女士26%。

不同的公司可以根据自身情况决定溢价投入的真正去向，只要资产负债表中的权益类项目数据真实合理，不违反相关法律。

负债是公司资金的其他来源

普通思维认为负债就是企业欠下的债务，是对企业不利的因素。但管理者要从管理思维出发，因此会把企业所欠的负债看成公司资金除了投资者投资外的其他来源。比如短期借款 20 万元，表示这 20 万元来自银行，应付账款 5 万元，表示这 5 万元来自供应商，为什么呢？这 5 万元本来是要付给供应商的原材料或者其他业务对应的价款，但现在是"应付"，还没有付给供应商，可以看成供应商将这笔钱先存在我们的公司。

站在企业自身角度，负债在资金的供求关系中处于"求"的位置，可通俗地理解为"钱从哪儿来？"下面依旧从简单易懂的角度分析企业负债类科目的含义，如表 2-5 所示。

表 2-5 管理者如何理解负债类科目

科目名称	含义
应付账款	钱是占用供应商的，拿到货以后要"还"给供应商
预收账款	钱是向客户预收的，只有这样才能把货卖给客户
应付职工薪酬	钱是占用员工的，到了发工资的时候要"还"给员工
应交税费	钱是占用国家的，到了交税的时候要"还"给国家
短期借款	钱是在短期内占用银行的，到还款日要将钱原封不动给银行
长期借款	钱是长期占用银行的，在钱发挥了使用价值以后要还给银行

如果管理者把负债看作企业的债务，一旦负债增加，管理者就会认为企业欠下的债务变多，就会担心以后还不起钱，所以就会觉得负债越少越好。但作为管理者，应该把负债看成企业资金的来源，这样

就能客观看待企业的负债，如果负债较少，说明企业资金的来源单一，不利于业务的扩展；若负债较多，说明企业资金来源广泛，但太广泛也不行，容易出现一些信誉问题而影响公司经营，比如长期借款较多，银行会对公司的偿还能力持怀疑态度，进而约束企业对长期借款的持有行为，导致企业资金周转等出现问题。

虽然负债少不一定好，但负债过多也会对企业不利。虽然管理者可以把负债看成企业资金的其他来源，但这些资金来源都只是暂时的，到了一定的期限，企业需要把这些资金归还给资金来源方，通俗点理解就是，企业延迟归还资金。如果在延迟归还的期间内企业出现资金问题，那么到期时企业很难归还资金，因此会影响公司的信誉。

管理者还要提高警惕，隐性负债会影响资产负债表中记录的负债项。比如生产设备陈旧，会导致企业更换新设备，此时公司就会联系设备供应商，向其购买设备，如果金额较大，则企业不会马上付钱，那么就会相应增加企业资产负债表中负债类科目的应付账款；如果是人才匮乏，公司就需要招新，新人也需要发工资，此时也会增加资产负债表中负债类科目的应付职工薪酬。所以从某种意义上来讲，隐性负债也是资产负债表中负债项的影响因素。

总的来说，资产负债表的左侧是企业资金的占用部分，属于企业所有的，而资产负债表的右侧是资金的来源。负债是不真正属于企业或管理者的资金来源，而所有者权益是属于管理者的资金来源。换句话说就是，负债不能给企业带来安全感；而所有者权益比较稳定，其变化有一定的规律可循，能够带给管理者一定的安全感。

资产负债数据给予管理者的信息

资产负债表的重要作用就是将整合的数据展示给管理者看，管理者通过数据了解公司的经营情况，从中获得有用的信息，作为经营策略、方针和制度等改善的指导方向。下面就来具体介绍资产负债表的数据能够给管理者带来怎样的信息，从而帮助管理者经营好企业。

哪些数据表现公司的经营效率

管理者要想知道企业的经营效率，首先需要知道哪些数据可以表现企业的经营效率。一般来说，可通过 3 个方面的周转率和两个方面的比例来衡量和评判企业的经营效率即存货周转率（存货周转天数）、应收账款周转率（应收账款周转天数）、总资产周转率和成本比例、费用比例。其中，只有经营效率高的企业才会快速地成长并壮大。下面来看看这 3 个周转率和两个比例的具体含义和表现，如表 2-6 所示。

表 2-6 表现公司经营效率的数据

数据名称	含义与表现
存货周转率	该周转率是企业在一定时期销货成本与平均存货余额的比率，反映存货的周转速度。存货周转率越高，表明企业存货资产变现能力越强，存货及占用在存货上的资金周转速度越快。通过分析存货周转率可以促使企业在保证生产经营连续性的同时，提高资金的使用效率，增强企业的短期偿债能力。 存货周转率（次）＝营业成本 ÷ 平均存货 ×100% 存货周转天数（天）＝ 365 ÷ 存货周转率
应收账款周转率	该周转率是企业一定时期销售收入净额与平均应收账款的比率，反映企业应收账款的周转速度。一般情况下，应收账款周转率越高越好，而周转率高表明收账迅速，资产流动性强。企业在分析应收账款周转率时，应将企业当期指标和前期指标、行业平均水平或其他类似公司的指标做对比，判断该周转率的高低。 应收账款周转率（次）＝销售收入净额 ÷ 平均应收账款 ×100% 应收账款周转天数（天）＝ 365 ÷ 应收账款周转率
总资产周转率	该周转率是企业在一定时期销售收入净额与资产总额的比率，反映公司整体资产的营运能力。总资产周转率越高，说明资产周转速度越快，销售能力越强。如果企业总资产周转率长期处于较低状态，则管理者要积极采取措施，从而提高资产利用率和企业销售收入。 总资产周转率（次）＝销售收入净额 ÷ 总资产 ×100%
成本和费用的比例	成本比例主要指主营成本比例，费用比例主要指营业费用比例、管理费用比例和财务费用比例。成本和费用反映公司获得销售收入时付出的成本和代价，降低成本和费用对公司的经营效率至关重要。把成本和费用与销售收入做比较，就可得出主营成本比例、营业费用比例、管理费用比例和财务费用比例。如果与同行业做比较，这些比例的值越低，表明公司在控制成本方面占据优势，反之表明企业在控制成本方面有所欠缺。 需要管理者注意的一点，企业在平稳经营期间，营业费用和财务费用在内的费用与收入的相对比例一般不会发生巨大变化，若发生较大变化，企业管理者就要引起重视

财务小贴士

管理者在检查这些经营效率数据时要明白，周转率的单位是"次数"，而不是"百分比"。对于这种细节问题，管理者一定不能出现低级错误。

作为企业的管理者，在看待存货周转率时，要将其理解为库存存货会产生多少倍的销售成本。比如，存货周转率为 5 次，代表企业账上的每 1 元存货将带来 5 倍的营业成本。而存货周转天数表示完成一次存货周转需要多少时间，比如存货周转天数为 15 天，说明一年中企业每 15 天就可完成一次存货周转。

管理者理解的应收账款周转率应是一定时期内企业应收账款转换成现金的次数。比如，应收账款周转率为 6 次，表示企业账上的每 1 元应收账款平均会带来 5 次的现金收入。而周转天数表示收回一次应收账款需要的时间，比如周转天数为 15 天，说明企业一年中每 15 天就可完成一次应收账款的回收。所以，周转天数少或周转率高，则表示公司收账效率高，坏账概率小，资金变现能力强。

而总资产周转率则表示公司的整体运营能力，周转率高或周转天数少，表示企业总资产的使用率高，运营能力强。

提高公司经营效率的关键点

提高公司的经营效率是企业管理者最关心的问题之一，而企业的经营效率好坏可由多个方面的指标进行判定。下面从表现经营效率的各个周转率和比率出发，了解提高公司经营效率的关键点，帮助企业管理者更好地经营公司。

（1）与存货周转率有关的关键点

首先，管理者要明确判断企业存货周转率高低的方法：将企业的存货周转率与同行业的平均存货周转率相比较，若高于同行业平均水平，则表示公司运营较好，在行业内有较强的竞争力，反之表明企业竞争力较差，需要管理者采取措施提高经营效率。

另外，管理者也可以用本公司前后期存货周转率做比较，得出产品竞争力强弱。比如企业当期存货周转率大于前期存货周转率，说明企业销量比前期好，产品竞争力越来越强；反之，销量下降，产品越来越不具市场竞争力。所以，提高经营效率的关键点有如下两点。

◆ 提高产品的竞争力，进而提高销量，增加企业可用资金。

◆ 减少公司存货，能够有效利用的资金增多。

那么，企业存货周转率低就一定不好吗？通常企业的存货周转率越高，代表企业存货销售速度越快，反之表示销售速度慢。但也有例外的情况，比如服装生产商，在换季之前存下大批的产品，等到换季时第一时间抢占市场；或者有些企业预测自己的商品会供不应求，往往会提前存下大量商品，以防因缺货而造成的收入损失。

这样看来，企业管理者在评估存货周转率是否合理时，应该与市场供应相结合，这样才能准确提高企业的经营效率。

（2）与应收账款周转率有关的关键点

由于应收账款周转率越高，代表公司的收账效率越高，应收账款的变现能力越强，反之收账效率越低，应收账款的变现能力越弱。一般情况下，应收账款周转率高的企业，经营绩效良好、进出货顺畅，相应的存货周转率也会比较高。

管理者需要掌握判断企业应收账款周转率好坏的方法：将本企业应收账款周转率与同行业的平均周转率做比较，也可以将本企业前后期的应收账款周转率做比较，分析企业的变现能力。若高于同行业应收账款周转率，则说明企业在市场中的收账效率处于优势地位，面临坏账损失的风险较小，经营过程可以比较顺利，反之坏账损失风险较大，经营过程很可能出现问题。

另外，公司当期的应收账款周转率大于前期应收账款周转率时，说明企业的变现能力越来越强，收账效率在提升；反之变现能力在下降，收账效率在降低，企业管理者应当采取措施提高经营效率。所以，管理者此时提高经营效率的关键点如下所示。

◆ 规范企业收款制度，防止客户或供应商等故意赖账。

◆ 提高员工催账收账能力，保证拿出去的钱能够顺利收回来。

◆ 选择信誉良好的客户，确认其还款能力。

◆ 适当提高赊账的标准，减少赊账的客户数量，进而减少坏账损失风险。

对一般的中小型企业来说，应收账款周转率越高越好，但有时应收账款周转率并不能真实反映企业的实际销售情况。比如有些企业只以收现方式销售，或者应收账款的高低会随着季节变化而呈现季节性。

所以，管理者在判断企业应收账款周转率指标的好坏时，要先将公司内部前后期应收账款周转率指标做对比，然后再与同行业其他企业的指标做对比，这样可以更加准确地做出提高企业经营效率的方案。

（3）与总资产周转率有关的关键点

不同行业的总资产周转率各不相同，通常情况下，企业会以同行业中的平均总资产周转率作为标准来评估自身企业的资产周转率好坏以及资产是否被有效运用。

另外，企业还可以将本公司前后期的总资产周转率做对比，判断企业资产运用效率的高低。

公司当期总资产周转率大于前期周转率，说明公司资产的使用效率越来越好。反之，资产的使用效率在下降，而管理者必须马上采取措施，有效提高经营效率，具体的关键点有如下几点：

◆ 保证资产充分性，促进销售能力的提高，增加销量。
◆ 降低营运费用，充分利用资产，提高营运效率。
◆ 提高产品竞争力，帮助企业提高销售收入。
◆ 重点抓主营业务的获利，提高其获利能力。

（4）与成本和费用的比例有关的关键点

由于成本和费用的比例主要是主营成本、营业费用、管理费用和财务费用等比例。因此，要提高企业经营效率，还可以从以下两个方面入手。

首先，降低主营成本、营业费用、管理费用和财务费用的支出，也就降低了企业资金使用率，让企业有足够的资金用于周转和经营销售活动。

另一方面，可以增加销售收入，扩大企业能够使用的资金范围和数量，保证企业经营过程中有足够的可用资金。

什么指标可以分析公司的偿债能力

偿债能力，顾名思义就是企业用其资产偿还长期债务和短期债务的能力。它反映了公司的财务状况和经营能力，通过分析偿债能力可以考察企业持续经营的能力和风险，所以偿债能力是企业是否能健康生存和发展的关键。

因此，作为企业的管理者，要先知道哪些指标可以用来分析公司的偿债能力，进而分析公司能否健康生存和发展。如果偿债能力弱，要学会积极采取措施提高偿债能力，保证企业正常经营。那么，哪些指标可以帮助管理者分析公司的偿债能力呢？如表 2-7 所示。

表 2-7 用于分析企业偿债能力的指标

指标名称	含义
流动比率	流动比率=流动资产合计 ÷ 流动负债合计 ×100%； 用来衡量企业流动资产在短期债务到期以前，可以变为现金用于偿还负债的能力。了解流动比率，管理者可以掌握公司流动资产的金额，判断公司是否能够偿还短期债务
速动比率	速动比率=速动资产合计 ÷ 流动负债合计 ×100%； 速动资产=流动资产－存货或速动资产=流动资产－存货－预付账款－待摊费用； 用来衡量企业流动资产中可以立即变现偿还流动负债的能力，了解速动比率，管理者可以掌握企业中可立即变现的流动资产金额，判断企业是否能保证在日常经营中有充足的现金流转
利息保障倍数	利息保障倍数=（税前净利润＋利息费用）÷ 利息费用 ×100%； 又称已获利息倍数，用来衡量企业获取利润以支付负债利息的能力。了解利息保障倍数，管理者可以掌握企业的息税前利润总额，判断企业是否具有长期偿债能力，衡量债权的安全程度
现金比率	现金比率=（货币资金＋交易性金融资产）÷ 流动负债 ×100%； 了解现金比率，管理者可以知道企业现金用于偿还负债的能力

将公司涉及偿债能力的比率与同行业公司的同期比率相比，以及将公司前后期的比率相比，不仅可以知道公司偿债能力在同行业中的排名，还可以知道企业偿债能力是增强了还是减弱了。

（1）流动比率

该比率用来衡量企业流动资产偿还短期债务的能力。流动比率过高，意味着企业可能存在大量的闲置资金；流动比率过低，意味着企业可能出现资金短缺，甚至周转不灵的状况。

通常情况下，流动比率的标准是 200%。若高于 200%，表示公司支付短期债务的能力不存在问题，但过高则表示企业短期资金的使用效率不高，管理者可以考虑将闲置资金用于投资。若低于 200%，表示企业短期偿债能力出现了问题，管理者需要尽快回笼资金，避免企业经营出现资金链断裂和周转不灵的情况，而流动比率过低则意味着企业可能面临倒闭的危机，管理者需要马上做出有效的应对措施。

财务小贴士

流动资产占总资产的比率需要管理者特别注意，因为当企业流动比率很高而流动资产比率很低时，企业的短期偿债能力仍然不高。也就是说，流动比率较高的企业，并不一定具有很强的短期偿债能力。

（2）速动比率

速动比率用来衡量企业中可随时变现的流动资产的偿还短期债务的能力，比流动比率更加直观可信地反映短期偿债能力。因此，速动比率是流动比率的补充和完善，它弥补了流动比率中流动资产不计为偿还支付的不足之处。

对于一家发展顺利的企业来讲，速动比率应在 100% 以上。高于 100%，表示企业偿还短期债务的能力较强，其中可变为现金的资产比较充足。若低于 100%，表示企业短期偿债能力不理想，管理者需要想办法提高短期偿债能力，避免公司出现资金周转不灵的情况。

（3）利息保障倍数

该倍数用来衡量企业的长期偿债能力和企业获利支付负债利息的能力。利息保障倍数越大，说明企业支付利息费用的能力越强，债权人获得利息保障的安全系数越高；反之，支付利息费用的能力越弱，债权人获得利息保障的安全系数越低。

不同行业的利息保障倍数标准不尽相同，但一般来讲，这一倍数至少要大于 1，只有这样，企业才能从负债经营中获得利润。但通常情况下，利息保障倍数大于 5 才是衡量企业经营状况是否良好的标准，大于 1 只是底线。

（4）现金比率

该比率用来衡量企业的资产流动性，也是最能直接反应企业偿付流动负债能力的指标。一般来说，现金比率在 20% 以上最好，但如果太高，就意味着企业流动负债未能得到合理运用，负债经营效率低，现金类资产的获利能力弱；反之，现金比率如果太低，意味着企业流动负债可能不能被及时偿还，负债经营会出现资金链断裂情况，现金类资产不足，从而偿付流动负债的能力较低。

所以，现金比率不仅可以反映企业偿还流动负债的能力，还能反映现金类资产的供给是否充足，公司的资金周转会不会出现问题等。

财务小贴士

反映公司偿债能力的重要指标还有清算价值比率，用以衡量公司清偿所有债务的能力。一般情况下，清算价值比率越大，表明企业的综合偿债能力越强，公司经营效果越好，预示着发展前景越好。

如何提高偿债能力

要掌握提高企业偿债能力的办法，首先需要清楚企业的偿债能力类型，主要分为短期偿债能力和长期偿债能力。短期偿债能力是指企业以流动资产对流动负债及时且足额偿还的保证程度；而长期偿债能力是指企业偿还长期债务的本金和利息的能力及偿还债务的保证度。

（1）透过流动比率提高偿债能力

从前面的知识中我们已经知道，流动比率高于200%时，说明企业的偿债能力较强，财务状况良好，而低于200%时，说明企业的偿债能力较弱，财务状况不良，资金周转不畅；如果低于100%，说明企业的短期偿债能力很不理想，需要管理者及时做出决策，应对短期偿债困难问题，避免短期偿债不及时或偿还不了债务影响公司声誉和经营。

与同行业相比，若企业的流动比率高于平均水平，则说明企业短期偿债能力强、有闲置资金，资金未能充分利用、不会出现财务危机以及应对突发事件的能力强。反之，说明企业短期偿债能力弱、资金短缺，甚至面临倒闭、影响投资者减少投资以及企业的债权人可能要求提前还款。

影响流动比率的因素主要有营业周期的长短、应收账款的回收期限和存货的周转速度等。所以，管理者可以参考如下所示的一些方法提高企业偿债能力。

◆ 缩小营业周期时间，防止周期过长资金无法回笼的情况发生。

◆ 缩短应收账款的回收期限，避免出现坏账损失。

◆ 提高存货的周转速度，增加企业流动资金，加大偿债的可能性。

◆ 合理增加企业闲置资金，保证企业不会出现资金短缺问题。

◆ 增加流动资产在总资产中所占的比例，换句话说就是增加流动资产的总额。

◆ 积极寻找投资人，为企业的经营提供充足的资金支持。

◆ 适当减少流动负债，减轻企业偿还债务的压力，从而提高企业的偿债能力。

（2）透过速动比率提高偿债能力

速动比率是流动比率的补充，因为流动比率高不一定代表公司的偿债能力强，流动资产在总资产中的占比（流动资产比率）也会影响公司偿债能力。

与同行业相比，若速动比率高于平均水平，说明企业应付突发事件的能力较强，企业可变现资金比较充裕，偿债能力强；若低于平均水平，说明企业短期偿债能力薄弱，管理者需要及时检查公司现金是否能够应付公司短期资金运转。一般来说，影响速动比率的主要因素是应收账款的变现能力，即应收账款的回收及时程度。因此，管理者可参考下面一些方法提高企业的偿债能力。

◆ 与信誉良好的客户合作，保证企业的应收账款能及时回收。

◆ 减少存货，增加企业可随时变现资产的总额。

◆ 减少流动负债总额，为企业降低还债压力，进而提高偿债能力。

◆ 增加企业流动资金，保证企业资金周转顺畅。

（3）透过利息保障倍数提高偿债能力

利息保障倍数有 1 和 5 两个界限，利息保障倍数要高于 1 是企业经营底线；高于 5 表明企业支付利息和偿债能力很好；高于 1 低于 5 表示支付利息和偿债能力还可以；一旦企业利息保障倍数低于 1，说明支付利息和偿债能力非常差。

与同行业相比，若利息保障倍数高于平均水平，则企业债权人（投资人）的利益很有保障，债权安全程度很高；若低于平均水平，则债权人企业投资人的利益安全度较低。而能够影响利息保障倍数的因素主要是企业的盈利情况，所以管理者可以参考下面一些措施提高公司的偿债能力。

◆ 增加企业的盈利额，主要方式有提高销售额、增加单笔业务的盈利，或者采取薄利多销的手段增加盈利。

◆ 降低企业经营成本，支出减少，收入增多，利润自然会增加。

◆ 减少生产产品的成本，或提高产品的销售价格，进而增加盈利。

◆ 减少企业利息费用的支出，换句话说，要减少企业负债。

◆ 适当减少长、短期借款，从而减少利息支出。

（4）透过现金比率提高偿债能力

根据现金比率的计算公式可以看出，影响现金比率的因素有货币资金、交易性金融资产和流动负债。所以管理者可以参考如下所示的一些方法。来提高企业的偿债能力。

◆ 增加企业货币资金或交易性金融资产的总额，使企业有足够的资金用来偿还债务。

◆ 减少流动负债，减少偿债压力，提高偿债能力。

除了要了解这些细微的提高偿债能力的方法外，管理者更要从企业经营的全局出发，掌握一些全局性的提高偿债能力的措施。

第一，注重资产总额与负债总额的比例。一般来说，资产总额应大于负债总额，但也可适当少于负债总额。平时加强对存货的管理与应收账款的管理，还要谨慎投资。

第二，衡量举债的各个方面，降低财务风险。企业举债时要考虑各种举债方式的优缺点、借款的多少、负债的期限、紧迫性和可承担利率的高低等，选择风险最好的举债方式，降低偿债风险。

第三，制订合理的偿债计划。对财务报表数据的准确性做出明确的规定和监控，根据相关的债务合同、企业实际经营情况和资金收入，将每笔债务的支出做好规划，尽量使有限的资金通过时间上的转换达到及时偿债的目的。

通过资产负债表看要求权

作为企业的管理者，要时刻站在股东的角度经营和管理企业，维护好股东的权益，给自己争取事业上的好帮手。而在整个经济市场中，其实没有准确的要求权这一概念，企业经营过程中，所谓的要求权就是股东有权知晓、质疑和要求更改对企业盈利分配所具有的权力。下面来通过一个具体的案例了解要求权。

例 2-2　资产负债表体现股东的要求权

某中小企业是一家创业公司，最初创业时由袁先生出资 80 万元、江先生出资 50 万元及靳先生出资 20 万元共同组建了该公司，也就是在公司的资产负债表中，所有者权益类科目的实收资本为（80 + 50 + 20）= 150 万元。因此，当时按照出资比例划分每位股东的要求权，分别是 8/15、1/3 和 2/15。

需要股东和管理者注意的是，当把钱投资建立公司后，这部分资金不再属于 3 位投资者，而属于法人，也就是公司。如果公司经营效益很好，资产增值到 200 万元，则 3 位股东对应的所有者权益增长为 200 万元，但每个人对应的要求权比例不变，仍然是袁先生 8/15、江先生 1/3 和靳先生 2/15。要求权只是代表股东在企业资产中所占的份额，并不代表具体拥有的财富。

上述案例说明的是初始投资是要求权的确定方法，如果在经营过程中又有投资者加入，则公司原来股东的要求权可能随着新股东的加入而有所变化。具体如何改变，要根据不同公司的实际情况而定。

要求权在某种程度上相当于股东对股利进行分配的比例，在公司每个营业周期或一个会计年度后，可能按照要求权比例给股东进行相应的股利分配。但从实质上理解，要求权和股利分配比例完全是两个概念，管理者要特别注意。

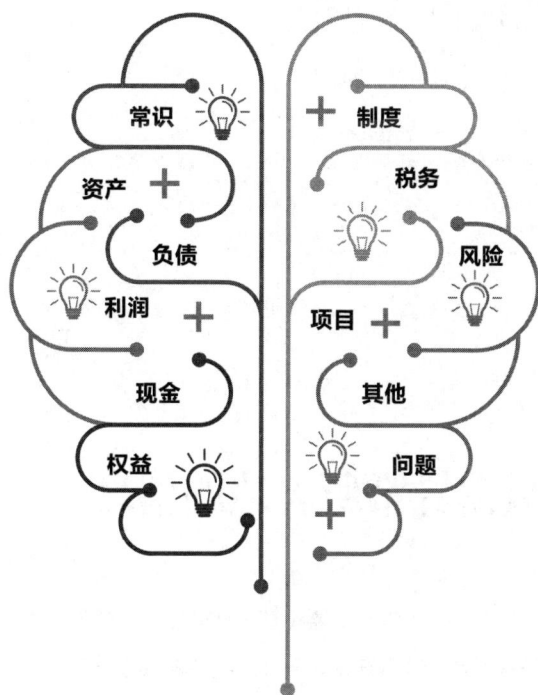

常识		制度
资产		税务
负债		风险
利润	项目	
现金	其他	
权益		问题

第 3 章
资产负债表中的数据异常

作为企业管理者，不仅要看懂资产负债表所要传达的信息，还应学会发现资产负债表中数据的异常，具体到每一项数据发生异常所传达的信息，进而通过数据异常来了解企业经营过程中出现的各种实际问题，使管理者一表在手，就能掌握企业资产负债现状。

资产数据异常所表达的信息

工作再仔细认真的人，都无法避免在工作中出错，录入数据时手指不小心按错了键而没有发现，或者在审查凭证时稍微转移了一下注意力而刚好错过了有错误的数据等，都会造成财务报表中的数据出现错误或者异常。而企业的资产项目很多，数据异常可以说明很多问题，管理者要学会发现这些异常的资产数据，然后分析找出数据异常的原因和所传达的信息。

固定资产的投入是否被充分使用

固定资产的价值是在整个使用期间内慢慢释放出来的，固定资产在使用期间内是否被充分利用，将决定固定资产的周转情况。反之，管理者通过对报表中的固定资产周转情况可以看出固定资产是否被充分利用，涉及到的数据有固定资产周转率、销售收入和固定资产平均净值等。

（1）固定资产净值率也会失去意义

固定资产净值率是指企业固定资产净值与固定资产原值的比率，用来反映固定资产的新旧程度。该指标值越大，表明公司的经营条件相对较好；反之，则表明公司固定资产比较陈旧，需要进行维护和更新，经营条件相对较差，但也可能是企业过度计提折旧导致该比率值较低。因此，管理者可以从固定资产净值率看出企业计提固定资产折旧是否合理，从而改变计提策略，调整资产结构到合理状态。

当企业属于劳动密集型企业时，固定资产净值率就没有太大的意义。劳动密集型企业是指生产需要大量的劳动力，产品成本中活的劳动量消耗占比重较大。在劳动密集型企业中，平均每个员工的劳动装备本来就不高，所以没有办法评估固定资产的使用效益。

（2）固定资产周转率受固定资产净值率影响

固定资产周转率，俗称固定资产利用率，它的由来需要通过产品销售收入与固定资产平均净值的相互运算。

$$固定资产周转率 = 产品销售收入 \div 固定资产平均净值$$

因此，如果产品销售收入不变，固定资产平均净值较高时，表示企业对固定资产的周转率较低，可能影响企业的获利能力。而固定资产平均净值较高，则可能是因为企业固定资产较新，或者是企业计提折旧较少。

所以，很多企业会在前几年大力计提企业的固定资产折旧，目的是降低固定资产平均净值，从而提高固定资产周转率，在财务报表中给外界社会人士一种企业经营运转速度快的假象。

从公式上不难看出，固定资产周转率这一指标的分母采用固定资产净值，因此指标值将受到折旧方法和折旧年限的影响，管理者在通过固定资产周转率分析固定资产的投入使用是否充分时，要注意其中的可比性问题。

另外，固定资产周转率主要用于分析厂房和设备等固定资产的利用效率。比率越高，说明利用率越高，管理水平越好；反之，固定资产的投入可能没有被充分使用。

资产负债表包括所有资产吗

不同的企业，因其构成不同，资产、负债和所有者权益等具体项目也就会有较大的差异。不仅如此，很多大型企业由于经济业务复杂，企业拥有的资产较多，有时不会完完全全把资产项目都罗列在资产负债表中。

中小型企业的资产负债表会有很复杂的情况。理论上来说，呈给公司领导看的资产负债表数据是完整且真实的，因为企业老板自己要了解清楚企业的真实情况，然后做出相应的决策或制订计划来使公司运营得更好。而企业为了让社会大众看到一个经营良好、充满希望且前途光明的企业形象，可能会在真实财务报表不"美观"之处动一些手脚，让报表以理想中的"良好状态"呈现在大众面前，以此获得消费者的支持和认可。

即使如此，在呈现给企业管理者的报表中，也有可能不包括企业的所有资产。下面来看一个具体的实例。

例 3-1 　企业的钱私用，固定资产不是企业的

　　成都市的钱先生曾是一名创业者，如今的公司就是 10 年前自己白手起家创办的。随着企业的壮大，钱先生的公司实力逐渐强大，资产过千万。出于私心，钱先生觉得自己打拼了那么些年，功劳和苦劳足够让自己享受一下，自己的公司、自己的钱，自己应该有处置它们的权力。于是，钱先生决定用公司的钱给自己买一辆车。

　　钱先生并不贪心，只买了一辆 70 万元的奥迪，也向财务部说明是企业工作所需的商务用车。但实际上，该车登记的车主却是钱先生的名字。

　　按理说，这种行为属于挪用公款，但这辆车也确实都用在公司的工作上，其他人也不好说什么。不过，因为车主登记的是个人的名字，在财务账面上不能记为企业的资产，只能以管理费用的形式登记入账。

　　这样一来，公司的财务报告中就出现了资金利润率从 12% 降低到 11% 的情况。其实不难理解，钱先生动用了公司的资产购买车辆，并没有给企业创造多余的价值。因此，从两个方面来说，用来创造价值的资金减少了，创造的价值也就减少，而且资产到最后不再属于企业，相当于企业的损失。

　　时间久了，很少有人还会记得这件事，此时钱先生也就可以顺理成章地将车占为己有。

目前社会上，不乏有些老板像上述案例中的钱先生一样，用企业

的钱给自己买房、买车，而对财务部的说辞就是利用这笔资金进行了外交合作或者谈生意出差用了。而财务人员也就直接将这笔费用计入企业的管理费用项目中，反正最终报表会给管理者或是老板查看。

从企业资金去向的角度出发，老板用企业的钱购买的房产或轿车应当属于企业所有，而不是老板的私人资产，但因为其中的手段使这一"资产"不可能出现在资产负债表中。如果企业股东之间"合谋"做了这样的事，那被查出来的概率很小；如果股东们没有参与到这样的事情中，这一行为很可能在审核财务报表和报告时被暴露出来。

由于企业为了规范资产负债表的制作过程和方法，所以会规定一些主要的资产科目供财务人员登记入账，这样从报表的账面上就很难得知一些小额的资产情况。所以没有办法确定类别的资产都会统一归到"其他固定资产"或"其他流动资产"科目中，数额的统计没有问题，但很多资产就会成了没名的"主儿"。

另外，当企业自行建造厂房时，会计分录中会涉及一个名叫"在建工程"的科目，如果企业对资产的定义比较狭义，那么很可能使"在建工程"不计入企业报表中的资产类科目中。这样一来，资产负债表就没有包括企业实际拥有的所有资产。

还有一种资产无法计入资产负债表中，便是员工中的人才和员工的能力，这些都算是企业的无形资产，但却无法在报表中表现出来，而且企业也认为没有必要表现出来。一是因为这样的无形资产不能量化；二是因为这样的无形资产不稳定。

所以，作为一种规范性的文件，资产负债表没办法将这些概念性的资产列入其中，而管理者要做的就是在进行企业管理和经营过程中不要忽视对这些资产的利用，使其发挥效益，从而提高账面资产的利用效益，为企业树立一个良好的形象。

无形资产是否对有形资产造成影响

无形资产是指企业拥有或控制的没有实物形态的可辨认非货币性资产。广义的无形资产包括金融资产、长期股权投资、专利权、商标权和商誉等，它们没有物质实体，而是表现为某种法定权利或技术。另外，企业的员工和品牌效应也算是无形资产。

管理者需要明确的是，企业自创商誉和内部产生的品牌及报刊名等，因其成本无法可靠计量，所以在入账时不应确认为企业的无形资产。

（1）无形资产摊销降低有形资产价值

对无形资产进行摊销是因为无形资产使用过程中的价值在降低，为了明确地表现无形资产的价值，企业要进行摊销。无形资产应摊销的金额为无形资产的初始价值减去预计残留价值的差额，而使用寿命有限的无形资产，其残值一般视为零（除了一些特殊情况外）。

无形资产的摊销金额一般计入当期损益（管理费用和其他业务成本等），而有些无形资产所包含的经济利益通过所生产的产品或其他资产实现，其摊销金额要计入相关资产的成本。

无形资产的摊销从账面上来看与有形资产没有联系，单从管理的角度来分析，由于无形资产的摊销会影响企业经济利益的流入和经营成本，进而影响企业的盈利，长远的发展过程中，会影响企业通过利润增加的有形资产的纳入。

还有，像品牌效应、商誉和专利权等无形资产受到影响时，如商誉受损、品牌效应不好，甚至专利权到期等，会影响评估机构对企业厂房和办公楼等的价值评估，从而影响固定资产的公允价值；而专利权的到期还会影响企业的生产，进而影响企业的经济利益流入，像存货等有形资产也会受到影响。

（2）无形资产报废处理对有形资产的影响

无形资产预期不能为企业带来经济效益的，应当将无形资产的账面价值进行转销和报废处理。

当企业的专利权或商标权的有效期限届满后，企业的财务处理就要对这些无形资产进行价值转销或彻底做报废处理，账面上将不再有无形资产摊销科目，这样会减少企业费用的数额，进而提高企业的盈利率。而盈利的增加会导致企业的未分配利润增加。从某种程度上来讲，若把这些利润提现为有形的货币资金，也算是影响了有形资产。

相关技术的专利权或者产品的商标权到期进行"报废"处理，则技术要想再使用，或者产品要想再贴上相关的商标，则需要企业另想办法。如果想不出解决办法，则要用到这些技术和商标的产品可能会停销，造成企业存货增加，资金周转率下降，企业将处于经营困难的境地。这时，"存货"这一有形资产不但不能给企业带来经济利益流入，反而会阻碍企业经济活动的正常运行，导致经济利益不能流入企业，反而使经营成本增加，经济利益流出企业。

负债数据异常说明什么

资产负债表作为企业财务报表中的主要资料，其包含的信息有很多。不仅是资产数据可能出现异常，负债数据也可能存在问题。而企业的负债对企业的影响，往往比资产对企业的影响还要大，因此管理者更要重视对资产负债表中负债数据的检查和分析。

融资渠道的变化

融资的另一种通俗说法为"借钱"，而企业负债其实就是向外界借钱，也算是企业营运资金的另一种来源方式。应付账款是企业向供货商借的钱，占用了供货商的资金；预收账款是企业向客户借的资金，是企业在客户付全款之前先使用一部分客户应付给企业的货款，而原本客户可以在收到货物之后再支付这笔钱，但现在企业急需用钱，所以提前向客户"借用"部分资金。这些都是企业的特殊融资手段，这些手段可以使企业获得应急资金。

然而，企业负债项目中最常见的是短期借款和长期借款，一般融资渠道是银行等金融机构。这些融资渠道多样化，可以表明企业喜欢利用别人的资金来经营企业，同时让企业的资金用到其他更容易创造效益的用途上。表面上来看企业非常聪明，但这样的融资渠道过多，也会对企业经营造成不利影响。

负债较多，甚至超过了企业总资产的70%，那么企业很可能面临资不抵债、经营不善而面临破产的问题。一般来说，负债总额占资产总额的40%～60%为宜。超过60%时，管理者要检查企业负债的项目，对可以减少的负债进行及时的偿还；低于40%时，管理者要明白，此时企业经营对自有资产的占有比重较大，不利于企业资金的周转，很可能使企业的资产投入得不到应有的经济利益流入，降低经营效率。

（1）负债数据高，特殊融资渠道多

负债数据高表现在整体负债金额大或者负债项目多而繁杂，具体可能的情况有如下一些。

◆ 应付账款增加，总是向供货商赊账，以此节约企业的资金用于其他经济活动使用。

◆ 短期借款和长期借款增加，看到银行借款利率下降，企业就想在可以付出更少利息的时候充分利用银行的资金来经营企业，减少企业经营成本。

◆ 为了让资金较早地得到利用，企业向客户要求预收部分货款。但从相反角度考虑，企业可能存在资金周转问题，所以才向客

户要求预收货款。

◆ 应付票据的增加，由于企业向供货商买货，但当下没有足够的
资金支付这笔货款，而供货商又怕企业以后还不了这笔"账"，
于是要求企业开出相应票据，承诺到期支付，增加安全感。

（2）负债数据小，融资渠道少

负债数据低同样也表现在负债总额小和负债项目少两方面。一种
可能是企业管理者看到前期企业的负债较高，所以采取相应的有效措
施降低了企业的负债总额；另一种可能是企业管理者从一开始就是一
个保守的人，不喜欢外债太多，害怕企业遭遇偿还不起债务的窘境。

债务少确实能让管理者省心，不用特别关注企业的偿债能力，但
债务较少，说明企业融资渠道单一，不利于企业利用外来资金进行经
济活动，反而加重企业利用自身资金的经济负担，一旦企业资金周转
不过来，企业资金链很可能断裂，企业将无法继续正常经营。

公司的金钱来往有问题

当长期借款或者短期借款一直处于增加状态时，企业可能在不断
地向银行借钱，但也有可能是相关财务人员在借款科目中动了手脚。
但是，一般的企业，负债数据出现异常的原因很可能是财务人员在录
入数据时出错，或是在入账时不仔细，具体可能有如下一些情形。

（1）借款利息的计入方式不对

如果企业向银行借款，承诺一次性还本付息，此时借款利息应计
入"长期借款—应计利息"科目，从报表上反映在"长期借款"科目中；

如果向银行承诺一次还本，分期付息，则借款利息要计入"应付利息"科目，在财务报表中反映在负债类科目的"应付利息"上。

如果财务人员不小心将一次性还本付息的利息登记成了分期付息，则长期借款的金额会减少。相对地，应付利息金额会增加，最后导致账实不符。

（2）税费异常

企业应交的增值税、附加费用和所得税费用异常低，而与收入和利润的增长幅度不匹配，甚至出现负相关，说明税费数据异常，企业很可能存在故意提高费用支出的情况。

很多企业为了少交税费，会在会计报表中提高各项费用的支出，因为应交税费都要在扣除所有经营成本和费用后，从剩余的利润中扣除。一旦费用支出增加，则剩余的利润减少，按照交税标准就可缴纳较少的税。所以，报表中虽然体现了收入和利润都在大幅增长，但税费不一定会随之增加。

例 3-2　业务收入涨了，税费少交了，是好事儿吗？

某大型货车生产企业，凭借多年的良好信誉和口碑，在客户群中有着相当高的评价和地位，业务量也是越做越大，收入也是蹭蹭往上涨。

俗话说，人的欲望永无止境，得到的越多就越想获得更多。对于企业来说，为了能获得更多的利润，会利用各种手段和方法增加费用的支出项目，以致于降低要用于纳税的金额，从而税费减少了，企业的实际利润变多了。

于是，该货车生产企业也和其他一些企业一样，想尽办法增加企业的费用支出，从而减少应税收入。最后的结果就是，业务收入涨了，应交税费却减少了，相应的利润也就增加了。如表 3-1 所示为某财务报表的部分科目及数据。

表 3-1　某财务报表的部分科目及对应数据

财务指标	2014/12/31	2015/12/31	2016/12/31	2017/12/31
主营业务收入（万元）	56 519.74	77 010.09	91 984.62	50 669.21
主营业务增长率	—	36%	19%	−45%
经营费用（万元）	8 242.88	11 434.06	14 852.66	10 561.72
管理费用（万元）	5 765.35	7 297.01	8 988.65	5 144.55
经管费用总额（万元）	14 008.23	18 731.07	23 841.31	15 706.27
经管费用率	25%	24%	26%	31%
利润总额（万元）	33 142.33	47 264.77	54 300.3	27 856.91
所得税（万元）	3 906.52	6 200.67	6 984.53	4 177.05

从上表中可以看出，2016 年统计出的经管费用率为 26%，比 2015 年的经管费用率（24%）高出 2%，说明 2016 年的经管费用占营业收入的比重比起 2015 年有所增加；而另一方面，2016 年的经管费用总额（15 706.27 万元）却比 2015 年的经管费用总额（18 731.07 万元）少了 3 000 万元左右。也就是说，虽然 2016 年的经管费用占营业收入的比重在增加，但其实际经管费用总额却在减少。

所以，要想经管费用率如上表所示的一样处于增长状态，就说明

2016 年的营业收入应该比 2015 年的有所降低。但实际上，2016 年的营业收入依然高于 2015 年的营业收入，导致 2016 年的利润总额（54 300.3 万元）比 2015 年的（47 264.77 万元）高出 7 000 多万元。相应地，2016 年的所得税费用比 2014 年的高。

因此，该报表中 2016 年的营业收入比起 2015 年有所增长，而通过经管费用率推断出的营业收入应该处于下降状态，所以数据之间有异常，导致最后的利润总额和所得税数据不可靠。如此看来，税费异常并不一定是好事，它可能引起很多数据的不可靠，从而影响企业管理者做出正确的判断。很让管理者看不到企业的实际情况，容易耽误企业发展的正确时机。

（3）现金支出与营业成本的增幅不匹配

当企业现金支出较少而营业成本支出较大时，可以推断企业有很多应付账款或者应付票据负债项目，而应付账款或应付票据的增加，很可能是企业中的现金不足，资产负债结构可能出现了问题，管理者需要重新审视企业的财务结构。

例如，某企业在 2018 年 9 月份时现金流量表中显示支出流量小计为 5 万元，而利润表中的营业成本却高达 11 万元，两者之间虽然可能存在差异，但差异也太大了。最后分析查出企业有很多应付账款和应付票据。究竟是企业没有能力支付营业成本，还是企业把资金投入到了其他地方，暂时拿不出钱？

资产负债表中的数据可以反映很多信息，企业管理者需要在工作中不断摸索，学会从异常的负债数据中找出企业经营存在的资金问题，进而做出及时的补救措施或者防范策略。

负债的合理化和均衡性

大多数人认为，企业负债越少越好，这样企业可以安稳地发展，但考虑货币的时间价值和通过膨胀等问题后才发现，企业合理负债反而会更赚钱，经营效率可能会更高。

合理化负债要分清楚负债的好坏，坏的负债就是不符合企业偿债能力的负债额；而好的负债就是在企业的偿债能力范围内能给企业带来经济利益流入的负债。

- ◆ 企业本身规模不大，处于发展初期，但却急于求成，大力拉拢投资者，想要通过增加企业自身资本来快速发展业务，但却不能获得足够的利润供投资者分配。
- ◆ 企业资产少，但希望通过快速发展业务来增加资本，所以向供货商等"借"了很多钱，应付账款大到无法偿还。
- ◆ 企业按照一定的标准控制自身的资产负债结构，从而控制负债的总额范围，避免负债超过企业的承受能力。
- ◆ 通过一定的负债为企业解决资金紧张的问题，缓解资金周转不灵的情况，这就使负债成为企业的好负债。通过经营活动，这些负债将为企业创造经济利益。

负债合理化的另一个表现就是均衡性，负债总额不能太多，也不能太少，负债均衡意味着资产负债率要在一定的范围内变动，超过范围，企业的负债将失去均衡性，造成企业财务结构不合理。

不仅如此，企业负债的均衡性还体现在各种负债项目之间。对于企业来说，短期负债不能太多，否则容易使企业处于较大的还款压力中；但长期负债也不能太多，否则会给企业增加过多的利息支出，进而造成资金利用不充分的后果。反之，短期借款也不能太少，否则无法帮助企业完成短期资金周转；当长期借款过少，需要短期借款来弥补融资时，就会给企业带来短期还款压力，所以长期借款也要控制在合适的范围内。除此之外，诸如应付账款、应付票据和其他应付款等负债也需要制定合理的变动范围，防止负债失去均衡性导致企业负债累累。

供货商的合作意愿

企业的应付款项减少时，大多数是因为企业及时支付了供货商货款，或者按时偿还了应付的款项，但不能排除有些时候企业想要从供货商处进货，但供货商不愿意合作，导致企业不用再支付应付款，进而应付的金额下降。而应付账款增加时，可能是企业供货渠道增加，愿意与企业合作的供货商增多所致。

管理者若查明应付账款减少（增加）的原因是与企业合作的供应商减少（增加）而使企业应付账款被动地减少（增加）后，就需要分析供货商不肯继续合作或者想要达成合作关系的原因以及减少（增加）对企业的货物供应缘由。

1）企业存在拖欠供货商货款的情况。若企业前期存在严重拖欠供货商货款的事，则企业应付账款减少除了因为偿还前期欠款的原因外，还可能是有供货商不愿再供货给企业，导致企业应付账款减少。

2）企业信誉良好，合作伙伴络绎不绝。企业在对待供货商或者客户时都很讲究信用，按时出货，按时还款，则其他供货商为了保证自身的利益，就会寻找这样信用良好的企业合作，同时愿意先给企业发货，再收货款，这样一来，企业的应付账款就可能随之升高。

3）供货商对收益的要求标准提高。任何做生意的人都希望获得收益，当供货商在与企业的合作中不再能获得其想要的收益，就会与企业解除合作关系，转而与其他企业合作。与此同时，企业的供货渠道减少，被动地降低了应付账款。

4）其他企业恶意挖走供货商。在竞争激烈的市场经济中，企业都有自己的竞争对手，为了抢占先机，双方会使出可行的办法阻碍对手的经营活动或加强自身的关系网。以供货商来说，企业的竞争对手可能在供货商面前诋毁企业，导致企业信誉下降，然后给供货商更好的购买价格，使得供货商"抛弃"原来的合作伙伴转向其他企业。

从上述内容可知，不仅企业主观方向会影响负债，其他客观因素也会对负债及负债结构造成影响。管理者的一项重要工作内容就是从已有的财务报表中发现数据端倪，然后分析产生异常的原因，进而找到应对措施防止类似情况再次发生，补救已发生事件对公司造成的损失。

比如，管理者每天花一个小时的时间来研究以往的财务报表和财务分析报告，整体分析企业财务运行趋势，找出其中发展不利的苗头。然后深入到员工工作环境中，找出问题的出处和原因，必要时找出负责人，大家一起想办法解决财务问题，让企业在日后的发展过程中尽量少出现负债等数据异常的情况，减少企业在危险环境中生存的可能性，为企业创建一个良好的发展氛围。

所有者权益数据异常是征兆

所有者权益应该是企业老板和股东非常关心的问题，其关系到股东能够从企业经营活动中拿到多少收益。当财务报表中所有者权益的数据出现异常时，会格外引起股东的注意，股东害怕企业经营处于亏损状态，而自己的投资将付诸东流。为了时刻把握企业的经营状况，管理者需要重视所有者权益数据的变化。

股东的投资意愿发生改变

在财务报表所有者权益栏中，包含了实收资本、资本公积、盈余公积和未分配利润4个科目，每个科目的数据变动都有不同的信息反映出来。而实收资本往往是所有者权益中的重要角色，它代表了企业股东对公司的投入多少；资本公积代表了股东投资的溢价或者追加投资的情况；盈余公积的增减直接反映了企业盈亏状况；而未分配利润直接代表了股东们能够分到的钱有多少。下面通过表3-2来说明所有者权益数据异常代表的各种征兆。

表 3-2 所有者权益的数据异常代表什么

科目	数据异常增加	数据异常减少
实收资本	实收资本很高,但企业利润额很少,说明企业并没有充分利用股东的投资资金,使得企业没有获得预期收益。从中可以推测,股东虽然有很大意愿支持企业发展,但在企业的发展过程中却没有尽到应尽的责任,没有帮助企业很好地发展	实收资本减少,说明有投资者从企业撤资,一方面可能由于投资者对企业的发展没有了信心,还可能因为投资者因为一些人恶意中伤企业信誉,所以对企业失去好感,进而撤资
资本公积	资本公积异常增加,而实收资本没有什么变化,好的情况是企业确实处于高利润经营状态。此时,需要管理者格外留心,防止企业员工谎报业绩,蒙蔽管理者双眼,使得管理者看不到企业真正的经营情况	资本公积异常下滑,而实收资本保持不变,甚至是上升趋势。此时,管理者要查明企业是否存在严重亏损现象,或者是有员工或管理层领导私自挪用企业的资金
盈余公积	这一科目的数据直接与企业的利润挂钩,国家有关法律规定,按照 10% 的标准对企业利润计提盈余公积。也就是说,如果盈余公积突然暴涨,很可能是利润在暴增,而利润暴增对企业来说并非是好事,管理者需要更加提高警惕,查出利润暴增的原因,很可能是员工的粗心大意弄错了数据,或者是企业内部员工通过不正当手段获利	如果企业盈余公积突然极速下降,说明企业的利润在快速减少,这对企业的持续发展有很大的打击。管理者必须了解利润下滑严重的原因,无论是员工弄错数据,还是企业销售业绩不理想,管理者要督促整个公司员工做好应对措施,避免企业经营不善而面临倒闭
未分配利润	未分配利润关系到股东的权益,因此时刻受到股东的重点关注。未分配利润逐步增加,表明企业发展较稳定,没有大起大落,股东会非常高兴;但如果增长过快,股东也会担心,怀疑企业经营过程中有不合法的行为,进而担心自己会受到牵连,从而加强对企业经营的干涉和管制,不利于企业发展	如果未分配利润极速下滑,股东会开始焦虑,认为公司经营过程中出现了严重问题,严重时会影响股东对企业的信任度,进而从企业撤资。如果下降速度异常,很可能存在企业费用支出过多,或有人刻意损坏公司利益的情况

由表中的分析可知，所有者权益的相关科目发生变化，不仅表示股东的投资意愿在变化，而且还会进一步影响投资者的投资意愿。人是趋利避害的生物，看着企业的发展势头好，就会想要伸出"援手"，目的是跟着企业大赚；而在感觉企业发展困难时，又会为了自身的利益而放弃与企业一起"共苦"。

企业发展好时，投资者争先恐后来投资，企业得到更多支持，发展动力越大，属于良性发展。如果企业不对新的投资者加以约束和控制，难免会招致一些劣质投资者，在不经意间损害公司利益，造成"一步错，满盘皆输"的局面。

而企业发展不好时，投资者为了减少自身的亏损，就会想要尽快从企业撤资。此时，本就身处困境的企业则是雪上加霜，很可能丧失所有发展动力，产生恶性循环，经营成果越来越差，投资者越来越少。如果企业不做出及时的措施争取新的投资者，企业很难再维持原有的正常经营。

所以，作为企业的重要资金来源，所有者权益的数据关乎公司的兴衰，不得不引起管理者的重视。

股东的恶意收购行为

很多商战题材的电视剧都把企业中管理者或股东之间的明争暗斗呈现出来，虽然有一些比较夸张，但却能给现实中的企业管理者很好的警示，从中学会一些必要的保护企业和自身控制权的方法。

目前，市场上的很多企业的股东都有自己的工作或者企业，成为其他企业的股东也是为了赚钱。而这其中不乏一些能力强大的股东，自家公司规模庞大，而成为其他企业的股东完全是为了投资赚钱，并没有将其作为自己的第二家公司看待。所以，有些企业很可能在发展势头很好或者转坏的节骨眼上被能力强大的股东恶意收购。

对收购企业的股东来说，一方面可能是看到了企业发展的大好前景，想要将企业据为已有，然后从中获得比作为股东时获得的利益更多；另一方面是趁企业经营状况转坏时想要以较低价格把公司盘下来，日后争取更大的增值空间。对股东来说，收购一般不是亏本生意，都可能在以后的发展中获得较大的收益。

那么什么是恶意收购呢？通俗点说，就是不经过谈判就直接进行收购。而收购的过程会涉及一个大家熟知的概念——股权，股权就是股东手里的股票数量对一家公司能够行使的权力大小。恶意收购就是通过收购企业的股份，拿到足够分量的股权，从而对企业行使控制权，也就是使企业易主（老板变了）。

一般来说，独资企业很难被收购，甚至是不可能被收购，而被收购的情况都是经过企业原来主人的同意，此时也不能称之为"恶意收购"了，而是你情我愿的股权转让。

当实收资本处于不变或者变化较小的状态时，若企业利润额也在逐步增加，但资本公积却呈现减少现象，其中很可能是有股东在通过低价回购企业的股权，导致企业实收资本折价，出现减少的现象。

股东若在暗地里收购企业，很可能以其他不为人熟知的名义进行收购，心急的股东可能想一次性获得企业较多的股权，但这样就会给企业的管理者提供明显的信息，使管理者及时察觉公司的异常。一些有心计的股东，会一点一点购进企业的股权，使企业管理者无法从财务报表中看出所有者权益类科目的端倪，进而无法察觉股东的收购行为，等到股东掌握公司一半以上的股权后，给管理者一个措手不及的打击。因此，管理者要对所有者权益的数据进行严密检查和分析，一点点波动都要引起足够的重视，防止企业成为青蛙，被温水"煮"熟，然后被吃掉。

未分配利润科目为负数

企业经营存在很多不确定因素，因此会有很多不确定的经营结果，盈亏都是企业经营过程中的家常便饭。理智的管理者不会看到企业利润处于上升趋势就以为企业在盈利，而是要看所有者权益类科目中，未分配利润的大小。

未分配利润越大，说明企业盈利能力越强，实际用于股东分配的利润在增长；反之，企业盈利能力不佳，实际支付给股东的收益在逐渐减少。最坏的情况是，未分配利润科目"赤字"，也就是处于负数状态。说明企业真真实实地在亏损，即使账面上看着企业利润总额在增加，但实际股东能够拿到的收益却没有。其中可能的原因有如下几点。

◆ 企业坏账太多，经营所得利润用于弥补企业的坏账损失，因此出现利润不够弥补坏账的情况。

◆ 前期出现亏损严重，当期盈利不足以弥补前期全部亏损，反而花光了当期所有收益，导致当期未分配利润为负数。

◆ 企业盈利较少，在按国家相关法律规定计提盈余公积后，利润没有了，若计提标准不会随着盈利较少而降低，则未分配利润就很可能出现负数的情况。

未分配利润出现负数，管理者就该引起注意。若是上述原因中的第一点，则要减少企业坏账率，具体可以通过提高客户向企业赊账或延后付款的条件，从而减少赊账或延后付款的客户数量，进而减小发生坏账的可能性，为企业实现真正意义上的盈利。

如果是上述原因中的第二点，则企业管理者需要审视自身的管理制度和经营策略，找出前期亏损严重的原因，比如生产成本或成本过高，盈利空间较小，导致利润不理想；或者是工作效率低，业绩上不去，导致盈利速度较慢，资金回收不及时，而在财务报表中体现出来的就是无法盈利，企业处于亏损状态。

若是第三点原因，管理者需要采取有效措施来提高企业盈利能力，增加营业利润，甚至营业外的利得。具体可以引进先进技术或研究出高效销售方式，降低企业生产成本或者销售成本，也可以适当增加企业在其他方面的投资，进而获得更多利息收益来解决利润不佳的困境。

市场行情对所有者权益的影响

对于企业来说，市场行情属于客观意义上的大环境，发展离不开市场行情的配合。若市场行情有利于公司发展，则公司经营获利的可能性较高；反之，市场行情不利于公司发展，企业可能出现亏损状态，即使账面上显示企业盈利，但实际上并不一定有利可图。主要原因是财务管理工作中不可忽视的两个重要概念，通货膨胀和时间价值，一个影响货币的购买力；一个影响货币的现值。

所有者权益最终也会变成现金，而现金作为货币，受到通过膨胀和时间价值的影响。

（1）通货膨胀影响货币的使用价值

通膨胀通过影响货币的购买力，进而影响货币的使用价值。通货膨胀时期，钱不值钱，买同一样东西时需要支付更多的货币，因而钱的使用价值降低。此时，即使所有者权益增加，股东拿到手中的钱也可能出现买不到与以往同样多的东西的情况。

也就是说，企业盈利的速度赶不上货币贬值的速度，即使账面上表现出盈利的信息，但实际用钱的过程中可能发现企业并未真正盈利。

（2）时间价值决定货币的真实价值

货币时间价值就是，货币随着时间的推移，其内在价值发生变化。一般来说，货币时间价值指当前一定量的货币比未来等量货币具有更高的价值。简单点说就是，现在的钱比以后的钱更值钱。

任何企业的财务活动都是在特定的时空中进行的，离开了时间价值因素，就无法正确计算不同时期的财务收支，也无法正确评价企业盈亏。

股东将自己的资金投入企业，实际上就是使资金产生了时间价值。股东投资资金到企业经营活动中，劳动者会生产出产品，创造出新的价值，产品销售后获得收入，形成利润，资金增值。如果股东将自己的资金埋于地下，不做投资，则资金不会增值，反而会腐朽消失。用于投资，就是让资金通过在时间的运行中获得增值，让所有者权益增加。

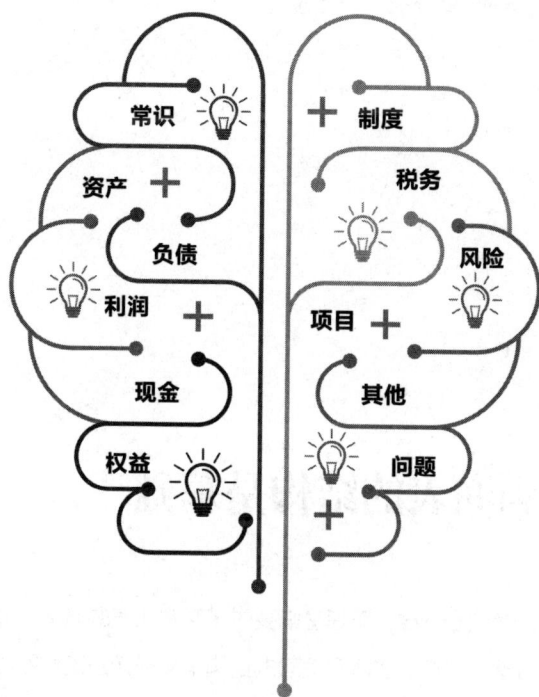

第 4 章
看利润表掌握公司的盈亏情况

企业能否有足够的资金用于经营和周转，很大程度上取决于企业的盈利状况。而企业管理者需要通过利润表来了解公司经营活动的盈亏，进而确定企业是否需要调整经营策略。利润表中的数据如果真实且好看，说明企业的经营比较成功。

弄懂利润表的结构是基础

和学习资产负债表一样，管理者需要先了解利润表的结构，才能从根本上掌握利润表传达的信息。了解利润表的结构是财务管理工作的基础，虽然管理者可以通过资产负债表的所有者权益了解企业的盈利情况，但只能掌握大致的盈利状况，不能了解具体的利润收益。而利润表是专门针对企业经营过程中涉及的成本、费用、开支和利润等情况制定的财务报表，可以将企业很多资金的往来具体化地展示出来。

公司的进账科目

利润表反映企业在一定会计期间内的经营成果，也就是企业是赚钱还是亏损，所以利润表也可称为损益表。它全面揭示了企业在某一特定时期内实现的各种收入、发生的各种费用、成本、支出以及实现的利润和发生的亏损等情况。那么，在企业利润表中，哪些科目是代表进账的呢？如表 4-1 所示。

表 4-1　利润表中的进账科目

科目名称	含义
主营业务收入	企业经常性的、主要业务产生的基本收入，如制造业的销售产品、非成品和提供工业性劳务作业的收入；商品流通企业的销售商品收入；旅游服务业的门票收入和餐饮收入
营业外收入	与企业生产经营活动没有直接关系的收入，它不会耗费企业的经营资金，不需要企业付出代价，是一种纯收入。在财务工作中，不需要与相关费用进行匹配
其他业务收入	主营业务收入以外的、所有通过销售商品、提供劳务和让渡资产使用权等日常活动所得的收入
主营业务利润	又称基本业务利润，是主营业务收入减去主营业务成本和主营业务税金及附加所得的利润
其他业务利润	其他业务收入扣除其成本、费用和税金后的利润
营业利润	营业利润＝营业收入－营业成本－税金及附加－销售费用－管理费用－财务费用－资产减值损失＋公允价值变动收益＋投资收益
投资收益	企业进行投资获得的收益
补贴收入	企业从政府或某些组织得到的补贴，一般是在企业履行了一定义务后获得的，最常见的就是政府补助
其他	出售、处置部门或被投资单位所得利益、会计政策变更增加利润总额、会计估计变更增加利润总额

财务小贴士

营业外收入和其他业务收入不是同一概念，两者之间有区别。营业外收入是完全独立于企业生产经营活动而得到的收入；其他业务收入可能与生产经营相关，但不是企业的主要经营业务所得的收入。

　　严格意义上来讲，企业的进账科目就是一切收入来源，只是因为有了收入，所以有了利润这一说法，利润是企业进账产生的结果。

管理者从利润表中了解企业的进账项目，不仅可以掌握企业的具体收益情况，还能从中了解公司当前经营的主要业务有哪些、次要业务又涉及哪些方面以及与企业生产经营没有直接关系的收入有多少等，避免企业老板不了解企业经营业务造成经营不善境地的尴尬。

利润表中的进账科目可能影响资产负债表中的资产科目，比如主营业务收入和其他业务收入可能增加资产类科目中的"应收账款"和"应收票据"等科目的数值。主要是因为有些客户选择向企业暂时赊账，并承诺一定期限后再付货款，所以这笔收入将计入"应收"类科目中。

而主营业务利润、其他业务利润和投资收益等会影响资产负债表中的所有者权益类科目的数值，因为这些利润是所有者权益类科目的数值来源。

因为利润表中的这些科目与资产负债表中的科目有关联，所以很多时候也把利润表称为资产负债表的子表，很多利润表中的数据都是资产负债表中数据的参考。

经营过程中要支出的钱

经营企业，"只有收入没有支出"将会是天方夜谭，也是不可能的事情。有句古话说得很贴切，"有付出才会有回报。"，企业在经营过程中要付出成本或者相应的费用，才能买到生产产品的原材料，才能进行生产销售活动。

作为管理者，不能只注重企业的收益，企业的经费支出也关系着经营活动能否继续进行，因此需要了解如表4-2所示的一些支出科目。

表 4-2 利润表中的支出科目

科目名称	含义
主营业务成本	企业生产和销售与主营业务相关的产品或服务而投入的直接成本，主要包括原材料、人工成本（工资）和固定资产折旧等
主营业务税金及附加	与企业主营业务相关，是企业主要经营活动应支付的税金及附加，如消费税、城市维护建设税、资源税、土地增值税、教育费附加及地方教育费附加等
其他业务成本	主营业务成本以外的、其他经营活动所发生的成本，如销售材料成本、出租固定资产折旧额、出租无形资产摊销额及出租包装物的成本或摊销额
营业外支出	企业发生的、与日常经营活动没有直接关系的各项支出，如非流动资产处置损失、公益性捐赠支出、盘亏损失、非常损失和罚款支出等
销售费用	企业在销售产品和提供劳务等日常经营活动中发生的费用，以及专设销售机构的各项经费，如运输费、装卸费、包装费、保险费、广告费和租赁费（不含融资租赁费）等，包含了企业的部分管理费用
管理费用	企业行政管理部门为组织和管理生产经营活动而发生的费用，如职工教育经费、业务招待费、技术转让费、无形资产摊销、咨询费、诉讼费及董事会会费等
财务费用	企业在生产经营过程中为筹集资金而发生的费用，如利息支出、汇兑损益（商品流通企业和保险业等不作为财务费用处理）和金融机构手续费等
制造费用	企业为生产产品和提供劳务而发生的间接成本，如修理工人工资、生产部门管理人员工资和不能确定特定产品的材料费用等
所得税	企业根据国家税收规定，在生产经营所得中提取部分收益作为税费按时缴纳
其他	自然灾害发生造成的损失、债务重组损失、投资损失、会计政策变更减少利润总额和会计估计变更减少利润总额等

　　确认企业的费用支出是一项复杂的工作，因为很多费用的分类界

限不明朗，需要财务人员在检查会计分录和原始凭证时多加小心，严格按照企业对费用的划分标准记录数据。

财务小贴士

企业财务费用中，如果是在企业筹建期间发生的利息支出，要记入开办费用（实质是管理费用）；而为购建或生产满足条件的固定资产等发生的借款费用，应计入在建工程或制造费用等科目中进行核算。

利润表中，主营业务成本、其他业务成本和营业外支出等会影响资产负债表中的"应付账款"和"应付票据"等科目的数值；而主营业务税金及附加和所得税等会影响资产负债表中"应交税费"科目的数值；众多费用也会影响资产负债表中的"应付职工薪酬"、"应付利息"和"专项应付款"等科目的数值。简单来说，利润表中的支出科目数据是资产负债表中负债类科目数据的来源。

管理者需要明白，企业各方面的亏损是一种间接性支出，归根结底，企业的利润就是收入减去支出所剩的余额。而在企业所有支出的钱当中，公益性捐赠支出最不容易掌控，在财务管理工作中最容易"生事端"，管理者对这一支出要做好严格的监控。

公司盈利情况

利润表体现的就是企业的盈利状况，而企业对盈利的期望分短期目标和终极目标。其中，利润率只能说明企业短期的盈利情况和资金使用效率，而回报率才是企业发展追求的终极目标。

其中，利润率是指营业利润率，是企业一定时期内营业利润和营业收入之间的比例，可以反映企业通过主营业务获取利润的能力；而回报率是指资产回报率或者资产利润率，主要评价公司运用全部资产的获利能力，相应地反映企业对资产的运用能力。

企业的经营，从大局着眼考虑，就是要让资产发挥充分作用，为企业赢得更多利益。因此，营业利润率只是企业在经营过程中给自己的短期盈利标尺，而资产回报率才是真正检验企业经营好坏的指标。

（1）营业利润率反映短期盈利能力

财务人员首先从利润表中找出营业利润和营业收入总额的数据，然后根据相关公式计算出营业利润率。

营业利润率＝营业利润 ÷ 营业收入总额 ×100%

如果营业利润率高于同行业，说明企业成本和运营费用控制得很好，企业本期获利能力较高；如果低于同行业，说明产品毛利率不高，竞争力低，营业规模较小，运营费用的控制能力不佳，企业本期获利能力低。

在分析企业盈利情况时，除了通过营业利润率来看企业短期盈利能力外，还会查看营业毛利率和净利率。营业毛利率是企业一段时期内营业毛利和营业收入的比值，相当于营业利润率；净利率是企业净利润与营业收入的比值，是由营业利润扣除相应所得税以后的剩余利润，从稳妥的角度出发，净利润率比营业利润率更能反映企业的短期盈利能力和情况。

（2）资产回报率反映企业长期盈利情况

资产回报率就是企业利用资产来赚钱的效率，是指企业一定时期内税前净利润与平均资产总额的比值。公司如果能用最少的钱创造最多的利润，说明企业盈利能力强，且运用资产的能力也很强。

在制作财务分析报告时，财务人员从资产负债表中找出企业上一年年底的总资产数据和本年年底的总资产数据。然后从利润表中找出税前净利润和利息费用数据。最后将这些数据通过相应公式的计算，得出资产回报率。

资产回报率 = [税前净利润 + 利息费用 × （ 1 − 所得税税率）] ÷

平均资产总额 × 100%

平均资产总额 = （上一年年底总资产 + 本年年底总资产） ÷ 2

财务小贴士

新企业所得税法规定，法定税率为 25%，内资企业和外资企业一致；而符合条件的中小微型企业的所得税税率为 20%；国家重点扶持的高新技术企业的所得税税率为 15%。

如果资产回报率高于同行，则说明企业能够有效利用资产创造出更多的利润；若低于同行，说明企业不能有效利用自身的资产，资产运用效率低下。

但从另一个角度分析，企业资产回报率过高，可能说明企业本身资产不多，过度举债（向金融机构或供货商借钱）的可能性较大；资产回报率过低，可能说明企业太依赖于自身资产，习惯用自身资产进行经营活动，不愿意举债，经营理念较保守。管理者从利润表中可以获得的信息远不止这些，还有很多数据可以说明企业的盈利能力，具体知识将在下一节内容进行详细介绍。

管理者如何从利润表中获取信息

利润表中的数据很丰富，管理者可以从中获得很多贴近实际情况的信息，如企业产品的成本费用是否过高？人事和销售方面的投入资金是否过高？研发新产品的费用是多少？营业支出会不会太多？利息负担是否过于沉重？这些都是企业在经营过程中最实际的问题。那么，管理者要怎样阅读并分析利润表数据，才能解开这些问题的答案呢？

用利润表数据分析公司盈利能力

公司的盈利能力在一定程度上反映企业运用资产的能力，或者是资产增值的能力。一方面，企业盈利能力会影响投资者对企业的投资意愿；另一方面，会影响债权人贷款给企业的决定。通常情况下，投资者不愿意给盈利能力差的企业投资，而债权人也不愿意把钱借给盈利能力差的企业，因为他们都害怕企业经营出现亏损，导致自己的利益受到损害。

所以，管理者需要自行分析企业的盈利能力，及时发现企业盈利能力差的缺点，做出有效解决方案，提高盈利能力，为企业争取更多投资者和债权人，侧面拓展企业的融资渠道。

管理者可以从很多角度出发，分析企业的盈利能力，而这其中会涉及很多反映企业盈利能力的指标，如前面介绍过的营业利润率和资产回报率，还有销售利润率、成本费用利润率和资本金利润率等。

（1）销售利润率

销售利润率反映的是企业销售收入的收益水平，是企业利润总额与销售收入净额的比率。

$$销售利润率 = 利润总额 \div 销售收入净额 \times 100\%$$

该利润率越高，说明企业销售收入的收益水平较高，为社会创造的新价值越多，贡献就越大，也反映企业在增产的同时，为企业创造了更多的利润，实现了增产增收，企业在同行业中的竞争力明显更强，具体的分析思路如图 4-1 所示。

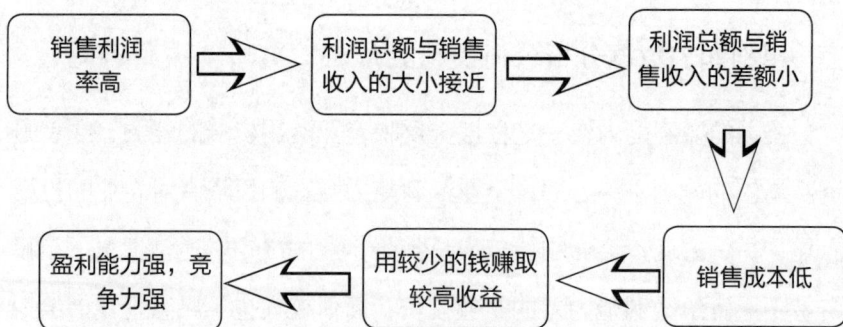

图 4-1

（2）成本费用利润率

成本费用利润率反映的是企业成本费用对获取利润的影响程度，是企业利润总额与成本费用总额的比率。

$$成本费用利润率 = 利润总额 \div 成本费用总额 \times 100\%$$

成本费用利润率越高，说明企业表明企业为获取利润而付出的代价越小，成本费用控制得越好，企业运用资金获取收益的能力较强。所以，成本费用利润率可以直接反映企业的增收节支或增产节约效益。通俗点说就是，成本费用利润率可以有效反映企业的经营是否达到双赢——花最少的钱赚取最多利润的理想化经营目标。

（3）资本金利润率 / 权益利润率

资本金是指股东投入的资金，而资产是企业所拥有的，包括负债中的资金来源、投资者的投资和企业赚取的资金，所以两者有区别。资本金利润率 / 权益利润率反映的是企业运用资本金获取利润的能力，是企业利润总额与资本金总额的比率。

$$资本金利润率 = 利润总额 \div 资本金总额 \times 100\%$$

资本金利润率越高，说明企业资本金的利用效果越好；反之，资本金的利用效果不佳。作为投资者，肯定希望自己的钱能够有效地赚钱，让钱升值。因此，比起资产回报率，投资者可能更关心资本金利润率。

收到的钱算不算销售收入

从概念上理解，销售收入就是企业的主营业务收入和其他业务收入的总和，有时还包括营业外收入中通过销售取得的收入。然而，企业收到钱代表的不一定就是销售收入，要被确认为销售收入，需要在销售商品时同时满足下列条件。

◆ 企业已经将商品所有权对应的主要风险和报酬转移给购货方。

◆ 商品售出后，企业不再拥有商品的继续管理权，也不再能对商品实施控制。

◆ 销售商品后，货款能够确确实实进入企业，收不回来的货款不能确认为销售收入。

◆ 销售商品获得的金额能够可靠地计量。

然而，销售收入的确定方法有很多。根据会计准则的规定，包括销售成立时确认销售收入、收到货款时确认收入以及根据生产完成程度确认收入。上述条件都是采用销售成立时确认销售收入的方法，得出的确认条件。

另外，企业的销售方式不同，也会影响销售收入的确认，具体情况如下分析。

1）用直接收款方式销售。若货款已经收到或取得收取货款的凭证，而发票账单和提货单已交给购货方，无论商品是否从企业发出发出，都应确认为销售收入。

2）托付承收和委托银行收款结算方式销售。以商品已经发出，劳务已经提供，并已经将发票、账单及运输部门的提货单等有关单据提交给银行并办妥托收手续，此时的收入应确认为销售收入。

3）分期收款方式销售。以本期收到的现款或以合同约定的本期应收现款的日期作为本期销售收入的确认时间。

4）预收货款方式销售。在商品发出或劳务提供给接受方时确认销售收入。

5）用委托其他单位代销方式销售。在代销的商品已经售出，收到代销单位的代销清单时确认销售收入的实现。

6）出口商品的销售。如果是陆运，则以取得货物承运单或铁路运单时间为准确认销售收入；如果是海运，则以取得出口装船提单为准确认收入；如果是空运，则在取得空运运单并向银行办理交单后确认销售收入的实现。

7）自营进口商品销售。实行货到结算的，在货物到达我国港口、已取得外运公司的船舶到岸通知单且向订货单位开出结算凭证后，确认销售收入的实现；实行单到结算的，凭国外账单向订货单位开出结算凭证后，确认销售收入的实现。

8）采用商业汇票方式销售。在发出商品和取得商业汇票后确认销售收入的实现。

由上述分析可知，企业收到的钱不一定能被确认为销售收入，要看时间和条件。有时收到的钱不能确认为销售收入，只有在准确的时间拿到的钱才能确认为销售收入；而有些收到的钱不满足销售收入的确认条件，也就不属于销售收入范畴，所以不能确认为销售收入。

营业外收入过多怎么办

企业主营业务以外的产业或业务称为副业，副业所产生的收益就是营业外收入。营业外收入通常有利息收入、处理固定资产收入、技术服务收入和其他收入。

- ◆ **利息收入：**企业内部购买各种债券等有价证券的利息、投资单位因欠企业款项而付给企业的利息或其他利息收入。

- ◆ **处置固定资产收入：**俗称固定资产盘盈（亏），企业将厂房、土地或机器设备等出售，如果出售的金额比当初购买时的金额还要高，则高出的部分就是处置固定资产的收入。

- ◆ **技术服务收入：**企业将拥有的技术传授给其他公司，并授权其生产，由此获得的收入就是技术服务收入。

- ◆ **其他收入：**除以上 3 种收入以外的营业外收入，如各种罚款收入、出售无形资产收益及杂项收入。

营业外收入过多，表明企业可能将过多的精力花在了主营业务之外，不利于企业正常发展。从长远角度看，企业还是应该把更多的精力放在主营业务上面。

一般来说，企业取得的主营业务收入和其他收入属于应税范围，而营业外收入不进行纳税。所以，从纳税角度来看，企业营业外收入过多也有其好处，在总收入不变的情况下，若营业外收入增多，则主营业务收入和其他业务收入减少，应交所得税也会减少，从而使得企业的净利润会更多。其中涉及的具体情况如下所示。

1）企业收到国家投资和投资补助性质的财政拨款，不计入企业当年收入总额；收到的属于政府转贷或偿还性资助的财政资金，如世界银行贷款项目资金等，这类资金使用后要求归还本金，企业收到此类财政资金时也不应计入企业当年收入总额，从而不在企业所得税征税范围内。

2）事业单位或社会团体按照核定的预算和经费领报由各级财政部门或上级单位拨入的各类事业经费，作为不征税收入计入收入总额，但在计算应纳税所得额时再将其从收入总额中扣除。

3）企业取得的、由国务院财政和税务主管部门规定专项用途，并经国务院批准的财政性资金，也作为不征税收入先计入收入总额，最后在计算应纳税所得额时将其从收入总额中扣除。

然而，企业的经营和发展主要依靠主营业务的销售收入，营业外收入只是企业总收入中的一小部分。如果企业想要通过营业外收入来提高总收入，将会进入本末倒置的经营误区，企业无法实现长远发展。

因此，企业管理者势必要减少营业外收入的来源，有效控制其占据总收入的比例，促使员工将更多精力和时间用在主营业务上，为企业创造声誉、品牌和口碑。要以产品作为企业立足点，销售收入作为衡量企业发展好坏的标尺。但如果企业在被动的情况下面临营业外收入过多，管理者需要采取哪些方面的措施呢？

1）尽量充分利用企业自身专利技术。一项技术成为专利并不容易，它不仅有货币价值，更有精神价值，所以其转让或售卖很可能会使企业丢失该技术带来的相应利益。不转让或出售专利技术就不会有技术服务收入这一项营业外收入，企业可以充分发挥该技术的作用，为公司带来更多的收益。

2）不要太注重约束客户的违约行为。营业外收入中的一大板块就是客户或供货商等支付给企业的违约金，很多企业为了自身利益，总是抓住客户或供货商的违约责任不放，希望以此获得高额违约金，为企业"增收"。这一做法不仅使员工和企业容易忽略主营业务的经营，而且还会弄僵企业与客户或供货商的关系，得不偿失。

3）量力而行，防止过度投资。企业在证券、房地产或其他行业的投入过多，获得的营业外收入可能较多，虽然能帮助企业增收，但对外投资过多也会让企业面临投资失败、资金亏损的风险，不利于企业的稳定发展。如果使用了大量的自有资产用于投资，很可能造成企业资金周转不灵、资金链断裂等困境，严重时甚至导致企业被动破产。因此，适度投资在减少营业外收入的同时，也降低了企业因投资失败而破产的风险。

4）制定相关制度，限制主营业务以外的业务。从企业的长期发展考虑，制定制度限制其他业务的发展，充分利用企业现有的资源，以规范的制度约束企业和管理者的行为，减少营业外业务的开展，进而减少营业外收入，同时将省下的资源用于主营业务，促进企业发展。

老板到底关心哪个利润指标

在财务报表的利润表中，最具价值的当属营业利润、利润总额和净利润这3个指标。

营业利润可以直观地了解到企业营业状况的好坏；利润总额可以清楚反映企业当期总共获得多少收益；而净利润则可以直接体现企业扣除

各项费用后是否还存在赚钱的情况。3 者之间存在如图 4-2 所示的关系。

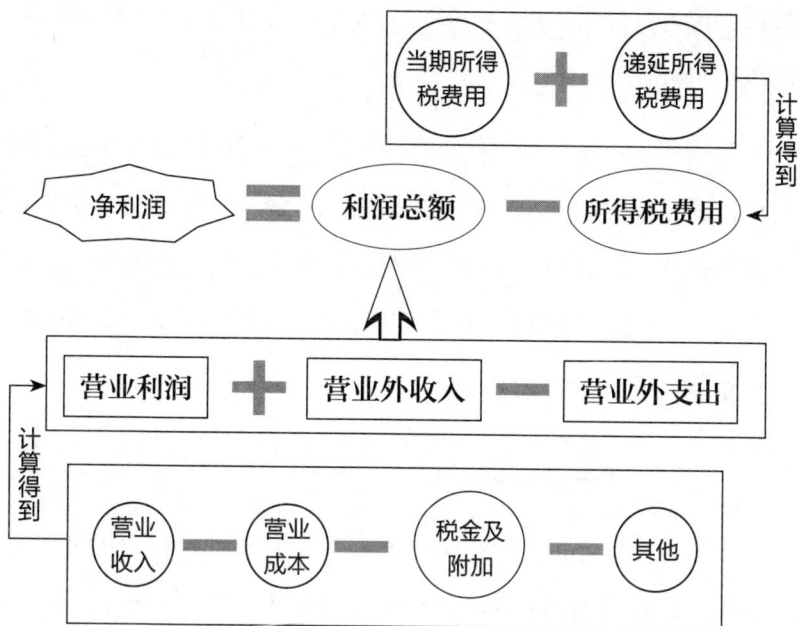

图 4-2

其中，营业利润的得来涉及很多项目，这里介绍其具体的公式：

营业利润＝营业收入－营业成本－税金及附加－（销售费用＋

管理费用＋财务费用）－资产减值损失＋

公允价值变动净收益＋投资收益

也就是说，营业利润最贴近实际经营活动，但并不能给管理者提供最直接有效的"情报"；净利润虽然是经过两次运算后才得出的数据，但却是管理者最想知道的数据，通过该数据可以清楚地知道企业当期是否盈利。

即使如此，当管理者向财务人员询问公司当期的利润是多少时，也不能只汇报净利润数据，还是要将营业利润、利润总额和净利润这 3 个数据都告诉管理者。可以在最后汇报净利润的数据，这样向管理者突出净利润的情况。

净利润多，企业经营效益好；净利润少，企业经营效益差。虽然企业可以通过增加利润总额的方式提高净利润，但净利润的多寡还受到企业所得税率的影响。在同样的利润总额下，法定企业所得税率越高，则净利润越低。净利润之所以受到管理者的重点关注，原因很多，具体有如下一些。

（1）用于分析现金含量

现金含量是指企业生产经营过程中的现金净流量与净利润的比值，该比值越大，说明销售回款能力越强，成本费用低，财务压力小。如果一家公司收到大量预付款，且没有确认为收入，所以不计算利润，但收到的预付款如果是现金，则现金含量比值就会非常高。

如果该比值太小，说明企业会因现金不足而面临困境，严重时会导致企业破产，企业净利润品质很差。

（2）是预计未来现金流量的基础

未来现金流量的估计是通过现金预算的编制进行的，通过逐笔调整处理各项影响损益和现金余额的会计事项，把当期的净利润调整为现金净流量。

净利润可以预计未来现金流量，而现金流量和净利润的差异程度又可以揭示净利润品质的好坏。因此，两者之间是相辅相成的关系，可以促使企业管理当局、与企业有利益关系的外部集团和个人日益关注企业净利润、现金流量和创收现金能力等信息。

那么，净利润与现金流量之间为什么会存在差异呢？主要是因为两者采用了不同的会计概念和时间推移，具体表现在以下一些方面。

◆ 资本以现金形式流出企业，却以折旧形式在利润中冲销，所以在任何一个会计期间内，若现金流出超过折旧，超过数额就是现金流量低于净利润的数额。

◆ 应收、应付款的存在，使得责任发生时现金流量没有增减，但会影响利润的计算结果，此时现金流量和净利润之间就会存在差异。

◆ 当企业利用现金偿还借款，或收到额外资金，此时都算是现金流量，但只对资产负债表有影响，而对净利润没有任何影响。

所以，当企业在生产经营过程中，存在一个摆脱不了的现实问题。就是企业一旦扩展，现金支出将超过折旧，各种存货周转量也会增加，同时应收、应付款也会随之增加，有利可图的扩展必然伴随着过高的负现金流量，这种现象被称为"超过营运资金的经营"，即扩展时没有适当地控制负现金流量和随着投入所需增加的资本，造成企业破产。

与此同时，净利润和现金流量之间的差异也是企业经营亏损但经营活动的现金流量为正数，或经营获利但经营活动的现金流量为负数的原因。

盈利不等于赚钱

管理者可以通过财务报表了解到企业自身业务发展状况的好坏，而企业的投资者尤其看自己的投资是否赚钱。通常情况下，人们都会以为企业盈利就是在赚钱，其实不然。

盈利有3个层面的意义，一是企业有营业利润；二是企业有净利润；三是企业有未分配利润。其中，营业利润和净利润都要经过计提盈余公积，如果利润额在计提盈余公积后没有剩余，甚至出现负数，则企业当期将没有未分配利润可供投资者获取收益，此时对投资者来说，企业并没有赚钱。因此，盈利也不代表企业就在赚钱。下面再通过一个具体的例子来说明盈利不等于赚钱。

例4-1　财务中的绝对值与相对值

A公司、B公司和C公司都在做服装销售。2017年，A公司、B公司和C公司分别实现利润700万元、500万元和200万元。其中，A公司、B公司和C公司的前期投入分别为1 000万元、700万元和200万元。

如果不看企业的前期投入，只看3家公司实现的利润额，则很容易看出A公司盈利最多，认为其赚钱能力最强，C公司的赚钱能力最弱。但作为管理者，以及企业的投资者，不该忽视的就是企业的前期投入，而且投资者关心的是自己投多少钱以后能赚多少钱。A公司投入1 000万元赚700万元，B公司投入700万元赚500万元，而C公司仅仅投入200万元就赚了200万元。

上述案例中，A公司的资本金利润率为70%，B公司资本金利润率为71.43%，而C公司资本金利润率为100%。由此可看出，C公司的资本金利用效率最高，投资者所投资金赚取利润的能力也最高。因此，投资者更愿意将自己的资金投给像C公司这样的企业。

管理者怎样找出利润表中的作假行为

有些企业的某些员工,其财务能力很强,免不了会有一些高级的财务作假行为。这种事情对企业来说是一个巨大的安全隐患。如果管理者自身的财务知识掌握不牢靠,对财务工作的细节和重点不明确,则很可能被递交上来的虚假财务报表所蒙骗,无法看清企业经营的真实情况,进而无法做出正确及时地判断和决策,导致企业面临亏损而不自知的困境。所以,管理者要事先了解清楚利润表中可能存在的作假行为或作假方式,才能在行为发生时及时指出,或在行为发生之前做好预防措施。

明确利润表的造假方式

在众目睽睽之下,想要大张旗鼓地在利润表中作假并不容易,但一些隐秘的作假手法还是存在的。管理者明确利润表的造假方式,可以在查看利润表时更容易找出其中的异常、漏洞和破绽。企业常见的利润表造假方式有如下一些:

（1）通过收入虚增利润

通过收入虚增利润有两个途径，一是虚构应收账款；二是增收不增税。具体的做法如表 4-3 所示。

表 4-3 通过收入虚增利润的做法

行为	做法
虚构营业务收入	应收账款，就是俗称的赊销。企业让购买了产品的公司将货物退回来，但并不是实物退回，只通过纸上单据，如退货单据，这样一来便可虚增主营业务收入，从而导致利润增加
对开增值税发票	企业利用增值税抵扣原则，和其他公司对开增值税发票，企业收到对方公司开具的增值税进项税额的发票后就可与增值税额进行抵扣，从而逃避税收，增加利润的同时不增加税赋

（2）**虚构其他应收款**

企业的应收账款主要指货款，造假不容易，因为需要实物的流通来证明。所以相比应收账款，其他应收款具有更大的造假空间。其他应收款主要来源于企业的往来款项，而这不一定需要实物的支撑，所以更不容易被人发觉，对财务人员来说更容易"发挥"。

这里的其他应收款可以是委托理财，也可以是某种短期借款。其他应收款在造假方面不仅容易，而且估价的随意性较大，不容易露出马脚。不仅如此，这一虚构做法还有行业之分。

如果企业数据服务行业，由于销售的不是商品，所以不可能有"应收账款"。如果要做假账，只能在"其他应收款"上动手脚。而许多公司的其他应收款金额巨大，不完全是虚构收入的结果，而是公司大股东占用公司资金的结果。通俗一点讲就是虚假注资或抽逃资金，大部分其他应收款都是股东挪用资金的结果。

（3）更改存货计价方法虚增利润

企业利用发出存货的计价方法变动，故意调整存货成本，调高利润。当材料按实际成本计价时，选用能减少本期材料耗用的计价方法，人为调低发出材料成本，以达到虚增利润的目的；当材料按计划成本计价时，利用材料成本差异账户进行调整，有意多分摊节约差异或少分甚至不分超支差异，以达到调低发出材料成本，调高利润的目的。

还有一些企业任意改变存货发出核算方式，比如在物价上涨的情况下，把加权平均法改为先进先出法，以达到高估本期利润的效果。

（4）直接费用和间接费用的造假

直接费用包括直接材料、直接人工和制造费用，即主营业务成本。企业将已经完工的产品成本继续在"生产成本"账户中挂账；已经售出的产品成本继续在"库存商品"账户中挂账。期末结算时少计成本，这样就可虚增利润，使企业表面上欣欣向荣。

企业用于广告或宣传的销售费用不固定，且虚高虚低的可能性也有，所以容易作为造假的对象。而财务费用和管理费用等期间费用也能造假，但很容易被发现漏洞，因此不容易作假。

当企业经济效益不好或发生严重亏损时，常常将应摊的费用少摊或不摊，把本应由当期负担的费用当作待摊费用处理，减少本期的成本费用，人为调高当期利润，或者采取应预提的费用不预提，虚增利润等。

利润突增或突减时要提高警惕

按企业正常发展水平来看，管理者如果从利润表中看出利润突然增加很多或减少很多时，就要提高警惕，防止财务人员作假，从中谋取私利。

（1）查明利润突增或突减的原因

作为管理者，不能在看到异常数据后的第一时间就下定论说利润的增减不合理，肯定是有人从中做了手脚。这样不仅不能明确利润突增突减的真正原因，还会因此伤及员工对企业的信心和信任，正确的做法是先查明利润突增突减的原因。

◆ 对比与利润有关的数据，如销售收入、各种费用支出和员工绩效提成等，看这些数据是否合理。若合理，则可认为企业利润的突增突减是合理的，可能企业确实存在业绩突增和突减的情况。这时也不能放松警惕，要查明业绩增长或下降的原因。

◆ 组织各财务工作小组，检查各项目的财务处理工作，核对账目数据是否与财务报表中的数据一致，同时可以将财务报表给小组员工查看，判断是否存在篡改财务数据的行为。

◆ 从源头抓起，检查公司原始凭证和记账凭证，看是否有该计提的没计提或不该计提的计提、该摊销的没摊销或不该摊销的摊销了，以及该冲销的没冲销或不该冲销的冲销了的情况。

◆ 检查企业营业外收入是否在增加或减少，因为营业外收入不计入企业所得税征税范围，因此营业外收入的增加或减少将直接影响利润的增减。但这种情况不至于使利润突增或突减，对利润的增减影响程度较小。

（2）判断利润突增突减是否合理

在找到利润突增或突减的原因后，判定原因是否合理。若合理，则不需刻意做出应对策略；若不合理，则需要采取应对措施，改善当前的利润发展趋势。

1）如果发现销售业绩增加或减少得很不正常，则需要查明业绩增加或减少的具体原因。若是员工真实的工作效率提高，则可以进行一定的奖励，从而维持员工对工作的积极性，将企业盈利趋势推向更高的水平。但如果发现员工们使用了一些手段来提高业绩，进而才增加了企业的利润，而这些手段对企业的形象和声誉有影响，那么管理者需要马上做出应对方案，并遏制员工们的行为，必要时提出批评。

2）如果发现是员工因为粗心，将数据填写错误，则管理者需要加强员工们的工作质量管理，并强调财务工作粗心大意的严重后果，对已经造成过失的员工进行适当的惩罚等。

3）若是因为企业售出了大型或大量的设备，从而使营业外收入增加，进而增加了企业利润，则管理者需要进一步了解为什么要售出设备，从而掌握企业固定资产的变化情况。如果是因为设备或其他固定资产的折旧太高，则要进一步了解折旧过高的原因，是设备或建筑损坏严重，还是员工在进行财务处理时没有使用正确的折旧法，清楚设备或建筑的使用情况，做出更换设备的准备。

4）若是企业其他应收款增多，使得计入收入的金额增加，进而提高企业利润，则管理者要查明增多的其他应收款来源。如果正常，则无须采取更正措施；如果是因为股东占用企业资金，则必须遏制该行为，防止造成企业资金不足，影响正常经营活动，严重时还会将企业置于破产的危险中。

从利润造假的原因出发推断作假行为

利润表被造假的原因有很多，不仅有企业和外界环境等客观因素，还有员工自身的主观意愿。无论是什么原因，在财务报表中造假，不仅是财务人员对自己的工作不负责任，也是对公司的不负责任，更是一种违规行为。

（1）利益的驱动是利润表造假的根本原因

随着市场竞争的不断加剧，企业的产品很难具有竞争力，但为了维护企业的形象，营造虚假繁荣，企业自身会主动对利润表进行造假。而在这种情况下，企业员工将被迫做一些不愿意做或不该做的事情。此时，如果是对企业负责的管理者，就应该多方了解其他管理者是否对财务工作进行了干预，进而查出其他管理者的作假行为。

例 4-2　金钱欲望是做假账的祸源

某建筑公司长期以来从事的主要业务就是承建项目，与政府、开发商和客户之间的关系非常复杂且微妙。几年时间就发展壮大，其中的缘由有很多。

公司的几位老板当初合伙建立了该建筑公司，初期时也没少吃苦，中间的奔波和周旋次数数不胜数，人际关系处理得很好，于是很多事情都好办起来。比如做假账，进而减少税费。

建筑公司的高层经常来往于财务部，打算借财务人员的手帮助企业合理逃税，而这其中免不了要在利润表或现金流量表这些财务报表上动手脚。从中获得的利益可想而知进入了高层和财务人员的腰包。

反之，如果企业制定严格的监督和审查制度，或者企业管理者和员工们都恪尽职守、安守本分，能够抵挡金钱的诱惑，能踏实发展公司的业务，则不会有管理者与财务人员"联手"的情况，也就降低了做假账的可能性。

所以，做假账并不是企业经营过程中客观会发生的事儿，完全由个人对金钱的极度渴望引发，因为光有约束行为的制度在，如果个人没有对金钱的极度渴望，也就不会冒险做假账"偷"钱。而即便有制度的约束，个人如果有对金钱的极度渴望，制度也不可能完全阻止个人的违规行为。

利润表和财务报表造假的最直接经济利益是筹措资金和偷逃税款，而管理者可能从中获取"合理避税"后的利益。因此，管理者可从利益驱动这一原因出发，密切关注其他管理者的行为，互相监督，互相牵制，为企业营造一个积极的发展环境。

（2）缺乏监督是利润表造假的重要原因

企业对利润造假的监督困难重重，财务人员受雇于企业，本身的监督职能受到极大的限制。更有甚者，企业为了自己的利益还会给财务人员施压，让财务人员在利润表中造假，更不用说加强内部监督了。

有些企业的高管与财务部门的员工有着千丝万缕的关系，双方可能自愿达成合作关系，对利润表进行造假，削弱内部监督的力度。所以，从内部监督缺乏的角度看，企业管理者除了要洁身自好外，还要严厉规范管理者干预财务部工作的行为，同时查处管理者与财务人员串通一气的违规事件，防止企业员工之间的裙带关系。

（3）财务人员职业从属性，使其被动造假

我国目前的经济社会中，财务人员与企业负责人在地位上属于从属关系，即企业负责人对员工的工作完全拥有领导权和管理权。所以，财务人员的职业道德在财务工作中也不可避免地具有从属性，而企业负责人为了获得利益，往往指使财务人员违背会计法规，在财务工作中弄虚作假。

因此，管理者要建立完善的内部核算制度，以制度规范员工和管理者的行为，从而规避作假行为的发生；另一方面要提高财务人员的素质，积极鼓励员工举报造假行为，并给予适当的奖励。

（4）违规成本低，导致造假频发

目前，我国对财务造假的法律法规还不够完善，一般以行政处罚为主，对造假人员的处罚也比较轻，因此造假的成本低。而对于想要从公司经营中获利的人来说，造假成了主动意愿。为了企业更长远的发展，管理者需要修习深层次的财务知识，了解利润表的造假行为，进而对企业、管理者和员工等起到有效的监督。

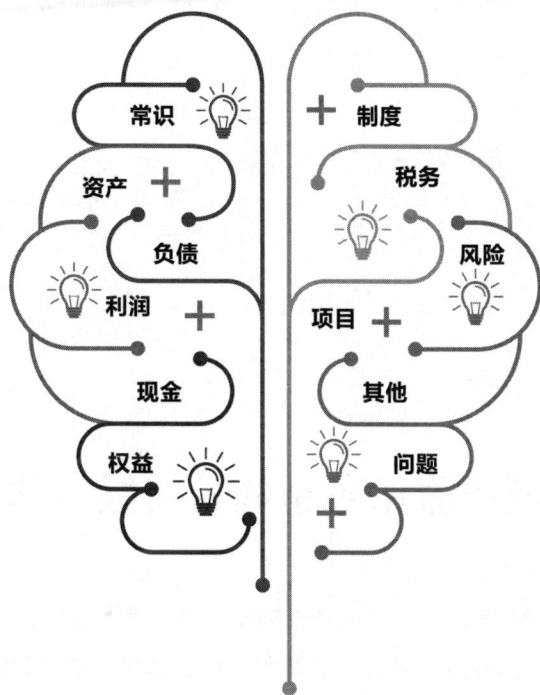

第 5 章
现金流量表反映公司短期生存能力

现金流量表反映了企业每天资金的来龙去脉，最能体现企业资金的详细动向。管理者看懂现金流量表，可以了解日常经营活动中资金的使用情况，同时也能了解企业在投资和融资方面的详情。而现金流量表传达的信息，能指导管理者提高企业短期生存能力。

通过现金流量表掌握公司经营活动

企业在生产经营活动中，涉及的面非常广，不仅有营业活动，还有投资活动和筹资活动。这些活动发生的过程，伴随着企业现金流量的变化。简单来讲，就是企业在经营过程中，常常有现金往来，这些现金往来数据将作为现金流量表编制的依据。企业管理者可通过现金流量表中的数据掌握公司的经营活动情况，进而做出正确的决策，使企业正常且顺利地发展。

从现金流量项目中了解公司营业活动

营业活动的现金流量是指与企业的营业活动有关的现金往来情况，现金流量越大的企业，一般资金周转越快，营业活动的效率越高，获利能力也越强。管理者学习财务知识，应懂得从现金流量科目的数据了解企业营业活动的情况。

1）收到现金。企业现金的主要来源，一般包括销售商品和提供劳务收到的现金（含销项税金、销售材料和代购代销业务），以及税费返还和其他营业活动收到的现金（罚款收入和个人赔偿等），管理者可以从这些项目中得知企业主营业务的收入状况。

2）支付现金。企业现金的流出渠道，一般包括购买商品、接受劳务、支付职工薪酬、支付各项税费以及支付企业其他营业活动费用等。管理者可从这些项目中，了解企业营业活动产生的现金流出量。

3）折旧与摊销。企业固定资产折旧和摊销要在每年进行一次，而第一年购进固定资产时就已经全款付清，以后摊销的年份将没有现金流出，所以折旧与摊销的现金流量为正数。如果折旧与摊销的现金流量出现负数，管理者就可确定其中的异常，进而分析企业营业活动是否除了问题。看图 5-1 所示就可明白其中的道理。

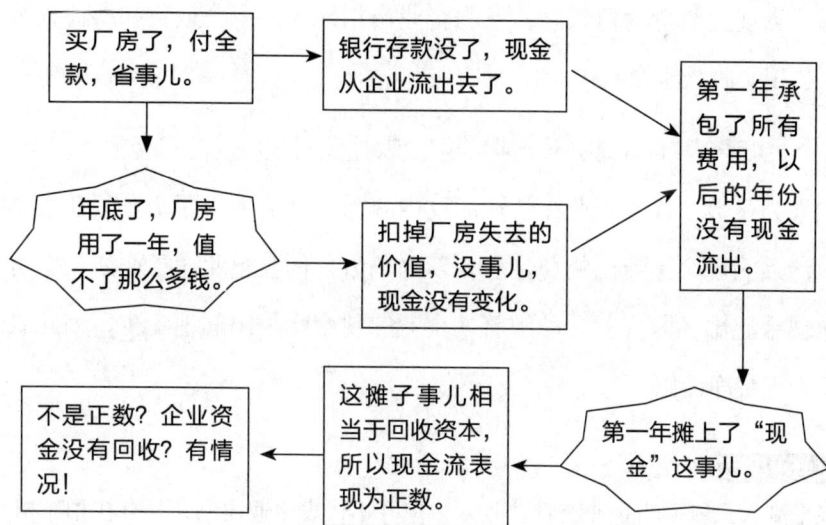

图 5-1

4）递延所得税资产。该科目不需要现金流出，因此现金流量为正数，若递延所得税资产增加，说明企业当年预付了下一年的所得税。例如，某公司当期递延所得税现金流量为 20 万元，表示当年的税额已经由去年的税额抵去，实际并没有 20 万元的资金流出。

5）备抵坏账。企业为了避免发生坏账，会提前准备一笔坏账金额，若备抵坏账的现金流量为正数，说明企业预先承认了坏账金额，但实际上没有发生坏账；若备抵坏账的现金流量为负数，说明企业当年发生了坏账，这时备抵坏账的准备金额和当年的现金收入都可能减少。管理者可以通过该科目了解企业当年发生坏账的具体情况。

6）备抵退货及折让。这是企业提前准备的一笔费用，以充抵作为未来可能发生的退货和折让。当该科目的现金流量为正数时，说明企业提前承认了可能会发生退货和折让金额，但实际上没有发生现金流出；当现金流量为负数时，说明企业当年确实发生了退货和折让，未来的现金收入也会减少。

7）现金流量净额。该数据能够反映企业营业活动的现金往来状况，如果为正数，代表企业在营业活动中有净现金流入，即企业营业活动中流入的现金比流出的现金多；若为负数，代表企业在营业活动中有净现金流出，即营业活动中流入企业的现金比流出的现金少，因此表现为现金净流出。

财务小贴士

现金流入只能说明企业有营业收入，但并不代表企业盈利，只有在扣除相应的营业成本后还有收入剩余，此时的剩余收入才称得上是企业的盈利。

哪些现金流量反映投资活动

不仅营业活动会影响企业的现金流量，投资活动也会。投资活动的现金流量一般包括购买或处置固定资产、购买或处置长期投资及支付存出保证金等，具体内容如表 5-1 所示。

表 5-1 现金流量反映投资活动情况

科目	概述
长期投资增加	该科目的现金流量值若为负数，代表企业增加了长期投资的金额，所以现金流出，现金流量值为负数
处置投资资产	企业处理长期投资资产，如短期股权和债权、长期股权和债权本金等，会有现金流入，所以现金流量为正数
投资收益	比如收到的股利、利息和利润（不含股票股利）等，这时有现金流入企业，现金流量为正数
购买固定资产	企业要投入资金来购买，所以现金流出，现金流量为负数
处置固定资产	企业在处置固定资产的过程中有现金流入，因此现金流量为正数
购买技术、软件及其他长期性资产	此时企业会有资金流出，现金流量为负数，且会涉及"递延借项（递延费用）"这一科目，用来支付长期效益的支出，且通常来说，该科目的现金流量为负数。如果这一数据突然变大，则表示企业很可能在进行某个新项目的开发，或向其他公司购买了新的技术、软件
存出保证金	这一科目表示企业支付给交易伙伴的保证金，其数值为负数时，表示企业将存出保证金作为保证金支付给了交易伙伴；为正数，表示交易伙伴已将保证金退还给企业，有现金流入

所以，当企业投资活动的现金流量为负数时，说明企业向外投资了资产，从而有现金流出；若为正数，说明企业对内受到了投资活动产生的收益，有现金流入。

通常情况下，企业的投资现金流出越多，表示企业在不断扩大投资范围；投资现金流入越少，说明企业因为投资而获得的收益不乐观。因此，现金的流入流出（现金流量）可以直观地反映企业的投资活动的具体情况。

筹资活动产生的现金流量

企业在经营过程中，缺钱是在所难免的事。为了使企业继续经营下去，就不得不进行筹资，借助他人的资金来帮助企业渡过资金短缺的难关。

因此，企业筹资活动的现金流量大多是指举债或增加股本而产生的现金流动，包括应付公司债、存入保证金和优先股现金股利等，具体内容如表5-2所示。

表5-2 筹资活动的现金流量

科目	概述
应付公司债	当现金流量为正数时，表明有现金流入企业，也就是企业向外界借了钱，举了债
存入保证金	该科目是企业向交易伙伴收取的保证金。若增加，则说明企业向交易伙伴收取了保证金，有现金流入企业，所以现金流量为正数；反之，若存入保证金减少，说明企业将保证金退还给交易伙伴，有现金流出，此时现金流量为负数
优先股现金股利	企业为了筹资，很可能会发售优先股，而当一定的期限到了以后，企业要向购买了优先股的人支付现金股利，此时有现金流出企业，所以该科目的现金流量为负数
筹资活动的净现金流入（流出）	该科目的合计就是筹资活动的现金余额。若为正数，表明企业筹资活动的流入金额大于流出金额；若为负数，表明企业筹资活动的流入金额小于流出金额。通常情况下，这个数额越大，代表企业的偿债能力越强

　　和营业活动与投资活动一样，筹资活动的现金变动情况就是所谓的现金流量。在筹资活动中收到现金、收到借款或者接受现金捐赠等，都表现为现金流入；而偿还债务、支付股利、股息、利润以及捐赠支出等，都表现为现金流出。两个方向的现金变动形成了筹资活动的现金流量，如图 5-2 所示。

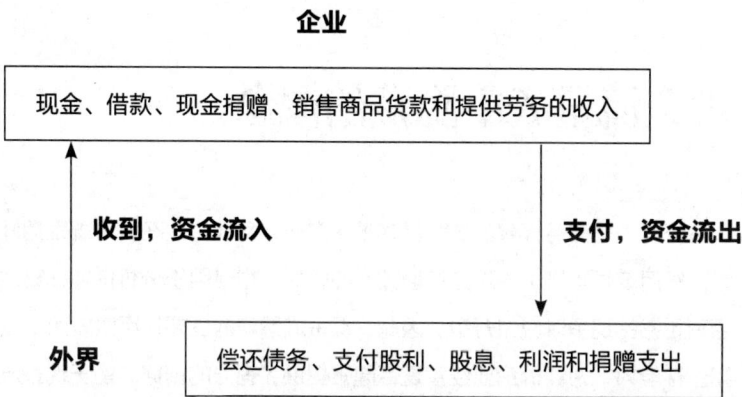

企业

| 现金、借款、现金捐赠、销售商品货款和提供劳务的收入 |

收到，资金流入　　　　　　　**支付，资金流出**

外界　　| 偿还债务、支付股利、股息、利润和捐赠支出 |

图 5-2

　　在企业经营过程中，现金流量一般都包含了资金的往来，不仅是流入企业的资金称为现金流量，资金流出企业也是现金流量的表现，而现金流量不是来往资金抵销的余额，而是两个方向的总量之和。

现金流量表中隐藏的概念

现金流量表是财务报表的 3 个基本报告之一，反映企业在某个固定期间（通常是每月或每季度）内现金的增减变动情形，也可用于分析企业在短期内是否有足够的现金以应付开销。因此，现金流量表的主要作用就是决定公司短期生存能力，为评价企业经营是否健康提供了有力的证据。鉴于现金流量表对企业的重要性，管理者不仅要了解现金流量表的表面信息，更要学习现金流量表中隐藏的概念和容易被忽视的知识。

现金与约当现金的区别

现金是指可以由企业任意使用和支配的纸币和硬币，包括可随时取用的银行存款。而约当现金指短期且具有高度流动性的投资，因为兑现容易，且兑现损失可忽略，所以可以被视为现金。通常情况下，包括投资日起 3 个月（含）内到期的或清债的国库券、商业支票、货币市场基金和可转稳定期存单等。

而现金流量表中的现金是指库存现金、银行存款、其他货币资金和现金等价物。其中，其他货币资金如外埠存款、银行汇票存款、银行本票存款、信用证保证资金和在途货币资金等；现金等价物指流动性强，且可随时转换成现金的投资。由此来看，现金流量表中的现金不仅是库存现金和银行存款等，也包括约当现金。

有些企业的现金流量表中，会明确写出"现金及约当现金"有关的科目，从而概括地表达企业现金流量的情况，具体介绍如下。

1）当期现金及约当现金净增加（减少）。当期现金及约当现金净增加，表示企业近期现金流入大于流出，从而产生现金流量；反之，当期现金及约当现金减少，表示企业近期现金流入小于流出，也产生现金流量。所以，当企业现金及约当现金净值出现负数时，要特别注意企业是否出现了资金周转不灵的情况。

2）年初现金及约当现金余额。该科目指当年现金流量表所涵盖的去年年底现金及约当现金的总额。

3）年底现金及约当现金余额。该科目指当年现金流量表的最后一天，企业统计出来的拥有现金及约当现金的总额。数值越高，说明企业当年的现金及约当现金越多，企业资金周转灵活。

这 3 者之间存在公式性关系，即：

年底现金及约当现金余额 = 当期现金及约当现金净增加（减少）额 +
年初现金及约当现金

因此，现金流量表概括了企业所有广泛意义上的现金往来情况，详细而全面地体现了企业活动资金的运营过程。

现金流中的进出账可能与利润不匹配

利润是企业"造"出来的东西，而现金流是企业在现金上为出钞还是入钞的具体表现。企业现金流的变化是一个自然的、客观存在的东西，所以现金流量表是一个很难被粉饰、被操纵的财务报表。

通用电气集团 CEO 杰克·韦尔奇曾说："如果你有 3 种可以用来度量的方法，应该是员工的满意度、客户满意度和现金进账。"而其中的现金进账是说，利润有可能存在没有被实现的现金。例如，企业的利润很好，但是这个利润涉及的钱却是应收账款，而且没有收回来。

例 5-1 代理商，你先进货不给钱

广州某企业主营服装，相对于 2016 年来说，2017 年的销售额增加了 5 000 万元，按照配比原则，该公司当年的利润就会比去年高。实际上，其利润表中的净利润总额也确实比去年高出很多。

但一个可笑的现象是，企业的资产负债表中，应收账款科目也相应地比去年增加了 5 000 万元。也就是说，相对于去年来说，该企业一分钱的现金收入都没有增多，然而账是真账，并没有虚构。但这种情况下，企业现金流量表中现金流不会因为这增加的 5 000 万元销售额而有所变化。也就是说，现金流量表中的进出账与利润不匹配。

为什么会出现这样的情形呢？管理者认真思考了其中的缘由。原来，该企业麾下有很多代理商，而企业生

产销售的服装一般直接给代理商，所以企业可能会跟代理商说："今年的业绩还没有达标，还差 5 000 万元的业务，你们把货先进了，但可以先不用付钱。"

这样一来，按照权责发生制，企业就会把这笔业务计入销售收入，并计算相应的销售成本，这样利润表的数据就会比以前有所变化，从表面上让利润表好看了。但是，该过程没有涉及现金的流入，因此现金流量表中的数据比以前的没有任何变化。

所以，企业管理者在做报表分析时，如果只会分析利润表，而不重视现金流量表的数据变化，很容易陷入只看结果不顾过程的经营雷区，不清楚企业现金的真实情况，容易将企业置于资金周转不灵的境地。

现金流量表反映企业的资信水平和价值

现金流量表是企业管理者分析现金流量的重要资料，该分析过程就是考察企业经营活动产生的现金流量与债务之间的关系。主要涉及两个指标，现金流量与当期债务比、债务保障率。

（1）现金流量与当期债务比

该比值表明企业现金流量对当期债务偿还满足程度，公式为：

现金流量与当期债务比 = 经营活动现金净流量 ÷ 流动负债 ×100%

需要注意的是，该指标只表明偿还流动负债的满足程度，而不是公司所有负债。该指标数值越高，表明现金流量对当期债务清偿的保障越强，表明企业的流动性越好；反之，表明企业流动性较差。而企业对债务的保障程度与企业的资信水平有什么关系呢？如图5-3所示。

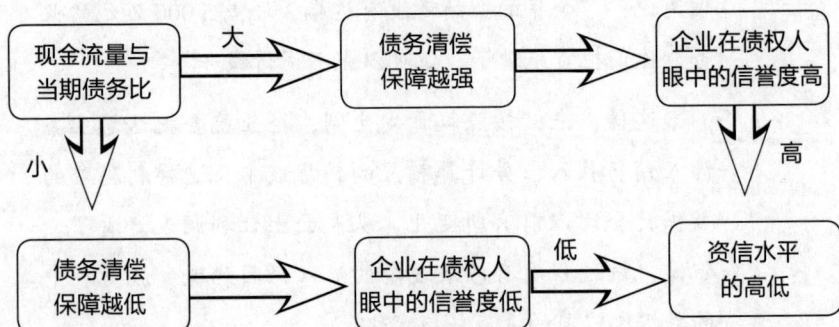

图5-3

现金流量与当期债务比可以决定企业资信水平的高低，因此该比率可以进一步反映企业存在和经营的价值。

（2）现金流量与当期债务比

该比率表明企业现金流量对其全部债务偿还的满足程度，公式为：

债务保障率＝经营活动现金净流量÷（流动负债＋长期负债）×100%

同现金流量与当期债务比一样，债务保障率也是越高越好。该比率越高则表示企业对债务的保障程度越高，债权人可以更放心地借钱给企业，侧面反映企业的资信水平高；反之，该比率越低则表示企业对债务的保障程度越低，资信水平也低。但无论是表示企业资信水平高，还是资信水平低，只要企业管理者能够从现金流量表中获取企业的真实信息，从而做出及时而准确的决策，那么企业就能实现自身的价值。

管理者如何通过现金流量表做出决策

现金流量表作为财务报表之一，其重要性不言而喻。和其他财务报表一样，现金流量表反映了公司具体的运营情况，为管理者了解企业提供了数据，使其能够在有效的时间内做出准确的决策，进而推动企业发展。很多对财务知识不够了解的管理者，不知道怎样从财务数据中分析获得有用信息，也就不能做出对企业有帮助的决策，所以学习现金流量表很有必要。

分析现金流量表，看公司是否有钱花

现金流量表以现金为编制基础，与以营运资金为编制基础的财务状况变动表相比，现金流量表更能反映企业的偿付能力。同时，报表使用者正确分析企业的财务状况和经营成果也更容易、更直观。

管理者首先要明确，分析现金流量表要注意的问题，这样才能更准确地获得现金流量表反映的信息。

◆ **经营活动现金流量是分析重点**：企业的购、产、销活动应该是引起其现金流量变化的主要原因，作为一个健康运转的企业，经营活动应该是现金流量的主要来源。

◆ **现金流量有波动是正常现象**：对任何一个企业来说，不可能一直盈利，也不可能一直亏损，更不可能长期处于不亏不赚的境地。有亏损才能看出企业存在的问题，有盈利表明企业在发展，而管理者要做的事是分析现金流量变动的原因。

◆ **不涉及现金收支的活动更要警惕**：这些活动虽不引起现金流量变化，但却能反映企业存在现金流转困难。如企业用固定资产偿还债务，可能意味着企业没有足够的现金偿还债务。

◆ **预测未来比分析历史更重要**：现金流量表提供的是财务状况的历史数据，仅供管理者参考，现实情况在不断变化，管理者重视的是企业的未来。因此，需要利用历史数据预测未来发展。

做好上述细节，管理者就能从正确的角度出发分析现金流量表。那么怎样才能看出企业是否有钱花呢？下面来看个例子。

例 5-2 现金流量净额增加，企业不一定有钱花

年中已过，某企业管理者秦先生想要梳理企业的财务状况，于是查看了近期的财务报表和分析报告。由于日前有财务经理向秦先生反映，公司的库存现金不够用，秦先生在查看报表时特别重视现金流量表的检查。

企业近一个月的现金流入总量约为 76 万元，而现金总流出量约为 39 万元。这样看来，企业会有 37 万元的现金净流入，企业应该是有钱花的。但这只是表面现象，具体情况还要看如表 5-3 所示的内容。

表 5-3 2017 年企业各经济活动的现金流量状况

经营活动（万元）		投资活动（万元）		筹资活动（万元）	
流入量	流出量	流入量	流出量	流入量	流出量
62.5	34	1.5	1	12	4

下面通过上述数据，对案例中的企业进行流入结构、流出结构和流入流出比例分析。

◆ **流入结构分析**

在全部现金流入量中，经营活动所得现金占 $62.5 \div 76 \approx 82.24\%$，投资活动所得现金占 $1.5 \div 76 \approx 1.97\%$，筹资活动所得现金占 $12 \div 76 \approx 15.79\%$。由此可以看出，企业现金流入主要来源为经营活动，而投资、筹资活动对企业现金流入贡献较小，可判定企业处于健康发展趋势中。

◆ **流出结构分析**

在全部现金流出量中，经营活动支出现金占 $34 \div 39 \approx 87.18\%$，投资活动支出现金占 $1 \div 39 \approx 2.56\%$，筹资活动支出的现金占 $4 \div 39 \approx 10.26\%$。由此，秦先生得出的结论是，企业经营活动也是现金流出的主要源头，而投资活动的资金流出量很少。

◆ **流入流出结构分析**

企业经营活动中的现金流入流出比例为 $62.5:34 \approx 1.84$，表明 1 元的现金流出可换回 1.84 元的现金流入；同理，投资活动的现金流入流出比例为 1.5，投资活动引起的现金流出较小，企业处于发展时期；筹资活动的现金流入流出比例为 3，借款明显大于还款，说明企业现金周转可能存在问题。

用现金流量表诊断企业的健康状况

管理者要想通过现金流量表诊断企业的健康状况，那就离不开利润表的配合。因为分析过程中，管理者要了解企业的盈利现金比率、盈利质量、再投资比率及强制性现金支付比率，可以从以下 3 个方面来判断企业经营状况的健康与否。

（1）盈利现金比率

该比率反映企业本期经营活动产生的现金净流量与利润的关系，一般该比率越大，说明企业竞争力越强，企业坏账发生率越低。具体计算公式为：

$$盈利现金比率 = 经营现金净流量 \div 净利润 \times 100\%$$

其中，经营现金净流量 = 经营现金流入量 − 经营现金流出量。例如，某企业 2017 年经营现金流入量为 2 800 万元，流出量为 1 600 万元，净利润为 4 万元，则其盈利现金比率为（2 800 − 1 600）÷ 4 = 300。

通常情况下，盈利现金比率大于 100% 的，说明企业竞争力强，盈利质量高；反之，说明企业本期净利润中还存在没有实现的现金收入。这种情况下，即使企业盈利，也可能发生现金短缺，企业盈利质量低，严重时还会导致企业破产。

（2）再投资比率

该比率是指将留存于企业的业务活动现金流量与再投资资产的比值。该比率高，表明企业可用于再投资的现金在各项资产中占据了很大的比例，企业再投资能力强；反之，表示企业再投资能力弱。具体计算公式为：

$$再投资比率＝业务活动净现金流量 ÷（固定资产＋$$

$$长期投资＋其他资产＋运营资金）$$

其中，括号里的各项资产是企业某个特定时间点上的存量，而营运资金指流动资产减去流动负债后的余额。一般情况下，凡现金再投资比率达到 8% 甚至 10% 时，即被认为企业的现金再投资很合理。

如果再投资比率小于 8%，说明企业用于再投资的现金很少，企业资金运转存在问题，处于不健康发展趋势中；反之，企业再投资比率超过 10%，可能面临投资过多，增加企业经济负担的情况，发展态势也不健康。

（3）强制性现金支付比率

该比率是反映企业是否有足够现金履行其偿还债务和支付经营费用等责任的指标，具体计算公式为：

$$强制性现金支付比率＝现金流入总量 ÷$$

$$（经营现金流出量＋偿还债务本息付现金额）$$

当该比率值远远大于 1 时，说明企业创造的现金流入量足以支付必要的经营和债务本息支出，不会出现资不抵债的情形；相反，若比率值小于 1，说明企业创造的现金流入量不足以支付必要的经营和债务本息支出，企业可能面临还不起债的困境。即使该比率值比 1 稍大，企业也有资不抵债的危险，相应地说明企业发展现状并不健康。

以现金流量表作为投资项目的选择依据

企业投资项目的开展，会影响现金流量的变化，进而引起现金流量表中数据的变动。而现金流量表的数据反映出来的信息，又可作为企业选择投资项目的依据，两者互相影响，互相作用。

一般而言，影响现金流量的投资活动都被列入现金流量表中，但有些投资理财活动不影响现金流量，却会影响债权人和投资人之间的借贷关系及投资决策。这些信息将会被列入现金流量表中的"不影响现金流量的投资及融资活动"科目里。

了解这些投资理财活动，可以更好地把控现金流量表传达的信息，避免遗漏对企业经营有影响的因素，如图5-4所示。

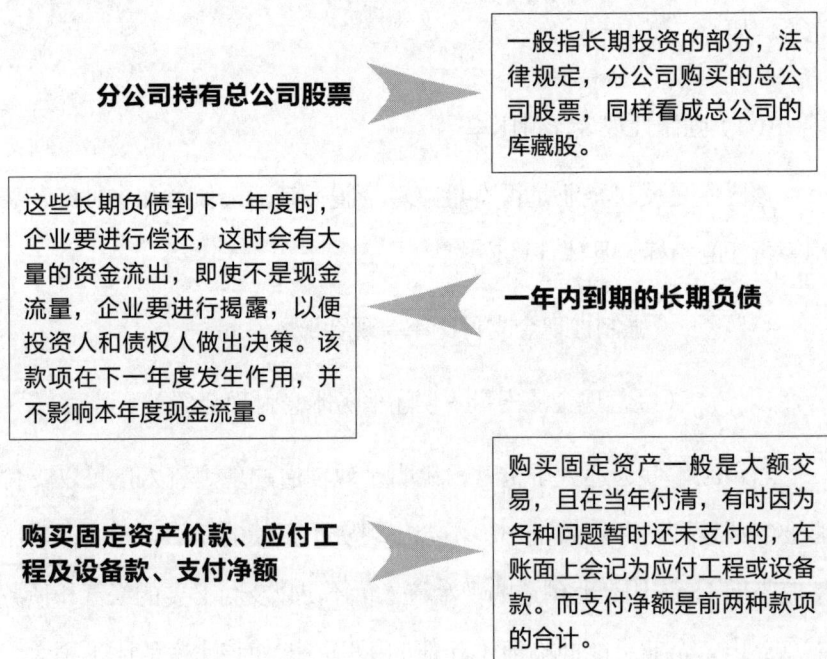

分公司持有总公司股票

一般指长期投资的部分，法律规定，分公司购买的总公司股票，同样看成总公司的库藏股。

这些长期负债到下一年度时，企业要进行偿还，这时会有大量的资金流出，即使不是现金流量，企业要进行揭露，以便投资人和债权人做出决策。该款项在下一年度发生作用，并不影响本年度现金流量。

一年内到期的长期负债

购买固定资产价款、应付工程及设备款、支付净额

购买固定资产一般是大额交易，且在当年付清，有时因为各种问题暂时还未支付的，在账面上会记为应付工程或设备款。而支付净额是前两种款项的合计。

图5-4

在前面的知识中，我们了解到企业的现金净流量和单方向的现金流量情况都会影响盈利现金比率、再投资比率和强制性现金支付比率，从而影响企业的筹资能力、支付能力和偿债能力。

一般来说，这些比率的值越大，说明企业的经营较好。恰好这些指标都在计算公式的分子部分，要想提高该比率，有效的方法就是增大分子，即增加现金净流量和现金单方向流量。

然而，企业用于投资的资金预算是有限的。因此，要增加现金净流量或者单方向流量，除了要提高销售的现金收入，还要减少不影响现金流量的投融资活动，进而给影响现金流量的投融资活动增加投资空间，从而增加现金净流量和单方向流量。

具体要减少的投资活动可参考图 5-4 所示的内容。实际经营过程中，各个企业的情况不同，不影响现金流量的投资活动存在差异。企业只要减少不支付现金的投资活动，就可增加其他投资活动，进而增加现金流量，增强企业的筹资能力、支付能力和偿债能力。

虽是如此，但管理者要明白物极必反的道理。增加现金流量的同时，要考虑盈利现金比率、再投资比率和强制性现金支付比率的合理比值范围，在这一范围内进行投资活动的增减决策。

例 5-3   现金流量表数据告诉你如何选择投资项目

某企业属于创业型的公司，现阶段处于快速发展时期，对资金的需求量很大。按常理来说，企业应该留足够的资金用于经营，但也因为如此，企业想通过投资增加收入，从而为企业的长远发展积蓄能量。在帮助管理者分析如何选择投资项目之前，先来看看上个月的现金流量表，如表5-4所示。

表5-4 企业上月现金流量表部分数据（金额单位：元）

项目	本期金额	上期金额
经营活动产生的现金流量		
经营活动现金流入小计	500 800	479 880
经营活动现金流出小计	380 800	362 800
经营活动产生的现金流量净额	120 000	117 080
投资活动产生的现金流量		
收回投资收到的现金	40 000	40 000
取得投资收益收到的现金	8 000	8 000
处置固定资产、无形资产和其他长期资产受到的现金	0	0
……	0	0
投资活动现金流入小计	48 000	48 000
购建固定资产、无形资产和其他长期资产支付的现金	80 000	0
投资支付的现金	40 000	40 000
……	0	0
投资活动现金流出小计	120 000	40 000
投资活动产生的现金流量净额	−72 000	8 000
筹资活动产生的现金流量		
筹资活动现金流入小计	40 000	160 000
筹资活动现金流出小计	92 800	16 000
筹资活动产生的现金流量净额	−52 800	144 000

从表中可知，该企业投资活动的现金流出量远远大于现金流入

量，即企业投资项目的支出超过了投资收益，且筹资活动也表现为现金理流出，两者的净额之和为（-72 000-52 800）= -124 800 元，而经营活动表现为现金净流入，净额为 120 000 元，在弥补了投融资活动的 -124 800 元现金流出后，还有 -4 800 元的现金表现为流出量，也就是说，企业处于入不敷出的局面。因此，企业需要减少会影响现金流量的投资活动，进而减少现金流出。

从另一方面来看，企业本期在投资活动方面，比上期多流出了（120 000 - 40 000）= 80 000 元的资金。再加上本期经营活动产生的现金流量净额与上期相比没有增加多少，而且本期筹资活动比上期多支出了现金（偿还债务）。所以，在这些因素的共同作用下，给企业造成本期现金入不敷出的困境。

所以，企业不仅要在下期减少投资，还要适当减少债务的偿还金额，在有能力和条件的情况下，可以想办法增加企业的经营活动现金收入，总体上达到增收减支的效果。

怎么通过现金流量表提升筹资成功率

现金流量表的各项直接数据和间接数据都能反映企业有关方面的能力，如现金盈利能力、再投资能力、偿债能力和经营能力等。而企业筹资的成功与否，很大程度上取决于投资者的态度和意愿，而投资者凭什么相信企业？凭什么愿意给企业投资呢？这就要求企业的现金流量表体现出企业强大的现金盈利、再投资、偿债和经营能力。

所以，企业管理者不仅要看得懂现金流量表，还要知道如何管理公司的业务，使现金流量表看起来"美观"，激发投资者的投资兴趣，让投资者充分了解到企业的强大，进而给企业投资资金，而企业相应地筹到资金。所以，管理者面临的问题就是如何通过现金流量表提升企业筹资成功率。具体办法如下：

◆ **增加经营现金收入**：从根本上提升企业的经营实力，让企业不愁资金短缺或入不敷出。现金收入是企业实实在在可以拿到手的钱，现金收入越多，手中的钱越多，临到用钱时就不愁拿不出资金。

◆ **减少应收账款的数额**：企业对待老客户，可能存在"宽限"的人情，导致应收账款增加，而一旦该科目数额增加，企业现金流量就会随之减少，而且还会提高坏账的可能性，让企业白白遭受损失。所以，减少应收账款数额，尽量进行现金交易，增加企业现金流量，让投资者看到企业的经营实力。

◆ **合理安排投资支出**：投资支出过多，投资者会怀疑企业的资金运转能力，向企业投资的意愿就会犹豫，进而降低企业筹资的成功率。

◆ **谨慎选择投资项目**：如果让投资者觉得，企业投资的项目超过了企业的承受能力，或者是企业的投资项目没有盈利的可能，则投资者会质疑企业的长远发展眼光,进而怀疑企业盈利能力，降低对企业投资的意愿和可能性。

◆ **恰当融资**：融资可以在一定程度上解决企业资金短缺的问题，但融资过剩，企业存在偿债困难的可能性；投资者也会因此担心自己投到企业的资金收不回来，进而不愿意答应企业向自己融资，降低企业的筹资成功率。

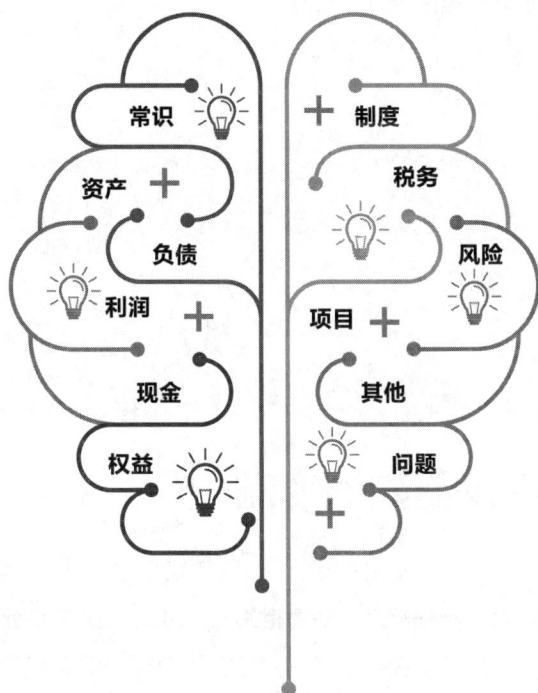

第6章

通过所有者权益变动表了解股东动向

所有者权益变动表中的数据反映了企业的所有者权益的增减情况，而所有者权益在一定程度上反映了企业股东的股份份额。管理者通过分析所有者权益变动表可以了解股东权益的变化，进而发现企业股东的去留和增资减资等情况。

所有者权益如何变动

所有者权益与企业股东的行为息息相关，它反映了股东对企业的投资态度。不仅如此，所有者权益还表现了企业的盈利情况和股东可以得到的收益，因此所有者权益的变动自然而然会引起股东的重视。从企业的角度来讲，管理者可以通过所有者权益的变动掌握股东的出资情况和企业的盈利情况，所以也会得到管理者的重视。想了解企业有多少股东，企业股票有多少价值等，都可以在所有者权益变动表中找到答案。

实收资本减少或增加

实收资本就是投资者实际投入企业的钱，是企业注册登记的法定资本总额的来源，表明了所有者对企业的基本产权关系。我国企业法人登记管理条例规定，除国家另有规定外，企业的实收资本应该与注册资本一致，但也有实收资本比原注册资本有所增减的情况。

财务小贴士

实收资本按投资主体不同可分为国家资本、集体资本、法人资本、个人资本、港澳台资本及外商资本；按投资形式的不同，又可分为货币资金、实物和无形资产。

（1）实收资本减少的原因

实收资本的减少一般出现在企业发展的中后期，有投资者的原因，也有企业自身的原因，常见的原因有如下几点：

◆ 投资者自身资金紧张，为了防止自己没有钱花，会把之前投入企业的资金撤出。

◆ 企业发生重大亏损，投资者不相信企业的实力，为了防止自己的利益受损，会将资金撤出企业。

◆ 企业自身由于发生重大亏损而需要减少实收资本。企业亏损的实质是资金没有得到有效利用，资金利润率较低，资本过剩，此时企业会发还股款。

◆ 若企业是股份公司，发展过程中资本结构需要有所改变，通过股票回购的方式减少实收资本，达到调节资本结构的目的。

因此，从上述实收资本减少的原因可以看出，当企业实收资本减少时，可能意味着有股东撤资，或者企业经营出现了亏损，又或者是企业正在进行资本结构调整。

财务小贴士

资本过剩是指因利润率下降或利润率较低而引起的、已经不能按一般利润率进行增值的多余资本。通俗点来讲，就是企业的实收资本中有没有创造收益价值的钱，这部分钱就是资本过剩的部分。

（2）实收资本增加的原因

实收资本增加往往发生在企业稳定发展的前期和中期，这期间的企业经营能力较高，投资者对企业充满信心，因此愿意向企业投资或者追加投资。除此之外，还有如下所示的两种增加的途径。

◆ 经有关部门批准，用资本公积转增实收资本。

◆ 经有关部门批准，用盈余公积转增实收资本。

一般情况下，企业不会轻易将资本公积或盈余公积转增实收资本，除非企业实收资本过少，企业底子变薄，急需加厚。因此，企业实收资本增加并非都代表好事，也有可能是企业资本结构出现问题，所以需要增加实收资本。

无论是增加还是减少，一旦企业实收资本比原注册资本数额增减超过 20%，则企业法人就需要持资金使用证明或验资证明，向注册资本的原登记机关申请变更登记。

资本公积的增减变动

资本公积是超过注册资本部分的资金，也是投资者向企业投的钱。除此之外，可能还包括直接计入所有者权益的利得和损失。所以，资本公积主要包括的就是资本溢价（股本溢价）、利得和损失。下面来看看资本公积的具体来源，如表 6-1 所示。

表 6-1 资本公积的具体来源

分类	来源	概述
可直接用于转增资本	资本（股本）溢价	投资者投资的资金超过注册资本的部分

续表

分类	来源	概述
可直接用于转增资本	拨款转入	国家拨给企业的专门用于技术改造和技术研究等的资金
	外币资本折算差额	企业因接受外币投资，由于市场汇率与合同约定的汇率不同而产生的资本差额
不可用于转增资本	接受捐赠非现金资产准备	企业接受的捐赠是非现金形式的资金，而且这部分资金要交纳所得税
	股权投资准备	企业持有其他公司长期股权，而其他公司的资本公积增加，企业因此获得的增加的资本
	关联交易差价	特指上市公司与关联方之间显然失去公正的关联交易所形成的差价

通过表中的内容，可以分析出企业资本公积增加或减少的原因，管理者可以从中了解企业自身和投资企业的详情。

（1）资本公积怎么增加

认识资本公积的来源有助于了解其增加的原因，主要可概括为以下几点：

1）投资者向企业投资的资金超过了注册资本总额，而超过部分将计入资本公积，所以资本公积相应增加。

2）国家大力支持发展新兴企业，给企业增加拨款用于专门的技术改造和技术研究，在技术项目完成后，拨款就会计入资本公积。

3）企业接受的外币投资，相对于人民币来说，外币汇率上升，一单位外币能够兑换更多的人民币，因此实收资本增加。相应地，资本公积就会增加。

4）企业在经营过程中，接受了社会各界的捐赠增加，可能造成超过注册资本的部分资金增加，即资本公积增加。

5）企业投资其他公司，而其他公司的资本公积增加，相应地，企业按照持股比例将获得更多的资本收益，这部分也是资本公积的增加。

（2）资本公积如何减少

与资本公积的增加类似，减少的原因也可以从资本公积的来源入手分析，如下所示。

1）投资者从企业撤资，导致超过注册资本部分的资金减少，甚至出现投资资金少于资本公积。

2）企业技术开发告一段落，国家不再拨款支持。

3）企业接受的外币投资，由于外币汇率下降，原来金额的外币兑换不了当初金额的人民币，资本间接减少，资本公积随之减少。

4）企业不是随时都能获得外界的捐赠款，因此外界停止对企业的捐赠，就将是资本公积减少的原因之一。

5）企业投资的其他公司，其资本公积减少，企业持股比例对应的资本收益也会相应减少。

（3）资本公积的形成与变动处理

在企业的创立、合并、增资和投资等组建或经营过程中，经常涉及对资本公积的处理问题。特别是一些中小企业，在产权制度改革过程中，对于批准核销的损失，往往不能按照正确的顺序冲减所有者权益的项目，造成账面上资本公积数字失真。虽然这不会影响所有者权益的总额，但在资本公积转增资本时，由于是按照股东在实收资本中的投资比例计算划分，所以会影响到企业不同投资者的利益。如图 6-1 所示的是实收资本和资本公积的关系。

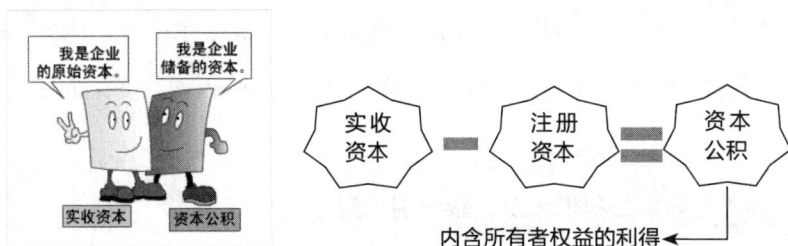

图 6-1

另外，由于其他原因引起资本公积变动，如果不能给予正确处理，也会影响所有者权益。因此，管理者要随时注意企业投资者的资金动向，以及外部环境对企业的支持或者不认可，通过分析资本公积增减的方式来制定提高或降低资本公积数额的办法。

财务小贴士

资本公积的所有权归属于投资者，它不是由企业实现的利润转化而来，本质是投入型资本。而留存收益是企业实现的利润转化而来的，两者之间有本质的区别，管理者一定要弄明白。

盈余公积的变动是被动的

盈余公积是企业从税后利润中提出取来、并不拿来进行利润分配的具有特殊用途的资金。为什么说盈余公积的变动是被动的呢？盈余公积不能随意提取，按照公司法规定的比例（10%）提取，而提取的对象是税后利润。也就是说，企业赚取的利润越高，税后利润就越高，因而按照10%提取的盈余公积就越多；反之，企业利润越低，税后利润低，提取的盈余公积随之减少。

不仅如此，如果企业前期经营过程中发生了亏损，则提取盈余公积之前，要先利用利润弥补亏损，然后才能计提盈余公积。因此，盈余公积的最终金额受到多方面的影响，且随着这些因素的变化而变化。

例 6-1　盈余公积很无奈，跟着别人变

章先生是一位能力超强的公司老板，白手起家自己创业搞建筑业，在将近8年的艰苦奋斗后，其公司已然成为一家拥有近100位员工的中小型企业。已知该公司注册资本为500万元，而且公司的财务制度比较完善，各种财务报表也会按照相关规定及时上报和公布。在2015～2017年这3年的资产负债表中，所有者权益情况如表6-2所示。

表 6-2　2015～2017 年所有者权益的数据对比

科目名称	2015 年	2016 年	2017 年
实收资本（万元）	800	850	850
资本公积（万元）	300	350	350
盈余公积（万元）	0	6.8	7
未分配利润（万元）	0	61.2	63

公司2014年出现严重亏损，所以在2015年的时候利用营业利润弥补了亏损，但还是没有扭转亏损的局面。

因此，2015 年的盈余公积没有资金可以计提，显示为 0，未分配利润显然也为 0。

　　而 2016 年原本有 70 万元的利润，但是为了弥补 2014 年剩下的 2 万元亏损，导致企业用于计提盈余公积的利润只有 68 万元。按照 10% 的比例，盈余公积计提 6.8 万元。与 2016 年相比，2017 年没有增加盈利，也是 70 万元的利润，但因为 2016 年已经将前期的亏损弥补完，故所有利润都用来计提盈余公积，总共 7 万元。

由上述案例可知，尽管 2016 年与 2017 年的利润额相同，而且都按照 10% 计提盈余公积，但因为 2016 年要弥补亏损，所以影响了利润总额，进而影响了盈余公积金额。

除此之外，管理者还需要注意的问题是，法定盈余公积累积额达到注册资本的 50% 以后，可以不再提取盈余公积。如案例中章先生的公司，注册资本为 500 万元，如果企业提取的盈余公积达到 250 万元，则以后年份公司可不再提取盈余公积。

再者，企业在提取盈余公积时，利润对象仅仅只是当期的利润总额，不包括上一期的未分配利润。

除了这些影响盈余公积的因素会使其有变动外，将盈余公积转增为实收资本也会导致盈余公积减少。而且，企业在将盈余公积转增为实收资本时，必须经股东大会决议批准。

在实际将盈余公积转增为资本时，要按股东原有持股比例结转，且转增后剩余的盈余公积的数额不得少于注册资本的 25%。比如盈余公积为 200 万元，结转为资本后的盈余公积不得少于 50 万元。

变动项目与未分配利润的相互影响

所有者权益变动表可以反映企业所有者在一定时间内的所有者权益增减情况。而变动项目可以分为三大类，一是年末年初余额；二是会计政策变更和前期差错更正；三是本年增减变动金额。

（1）上年年末余额和本年年初余额

通常，这两个数据是一样的，只是在不同的时期代表的意义不同。在年末，代表当年的利润，在扣除税费和盈余公积后的剩余未分配利润；在年初，代表上一年没有分配给股东的利润，顺延到第二年年初，通过第二年的所有者权益变动，两者结合形成第二年年末的余额。与未分配利润之间的关系如图 6-2 所示。

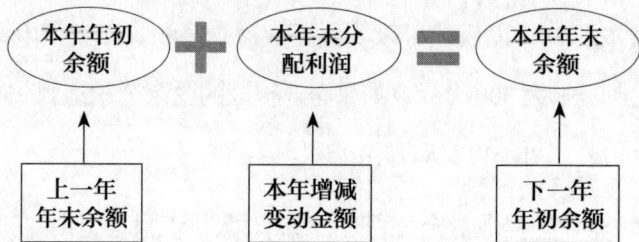

图 6-2

（2）会计政策变更和前期差错更正

都是对所有者权益变动的处理办法，前者是利用追溯调整法处理，后者是利用追溯重述法处理，而调整更正的都是新的年初对上一年年末报表的复查部分。也就是说，用这两种方法复查上一年年末的所有者权益数据，防止新的年初数据与上一年年末数据有异常。

（3）本年增减变动金额

该项目具体反映企业某一年当中，各种所有者权益类项目的增减变化情况。

1）净利润。反映企业当年实现的净利润或净亏损金额，该数据仅用于当年未分配利润的计算，不涉及其他会计期间的核算工作。

2）直接计入所有者权益的利得或损失。反映企业当年的利得和损失金额，具体的利得或损失项目如表6-3所示。

表6-3 利得或损失项目

项目名称	含义
可供出售金融资产公允价值变动金额	反映企业持有的可供出售金融资产，当年的公允价值变动的金额
被投资单位其他所有者权益变动的影响	反映企业给被投资单位投资，按照权益法核算的长期股权投资实现的净损益以外的其他所有者权益变动
与计入所有者权益项目相关的所得税影响	反映企业根据一定规定应计入所有者权益项目当年所得税影响金额

3）所有者投入和减少资本。该项目反映企业当年各所有者（股东）投入资本的增减变化情况，主要有如下几个方面。

◆ **所有者投入资本**：企业接受投资者投入资本，从而使实收资本（股本）增加，或资本（股本）溢价。

◆ **所有者撤资**：投资者从企业撤资，从而使实收资本减少。

◆ **股份支付计入所有者权益的金额**：反映企业处于等待期的权益结算股份，用来支付当年计入资本公积的金额。

4）利润分配。该项目反映企业当年用于各种计提和分配的金额，如提取盈余公积和对所有者（股东）的利润（股利）分配。

5）所有者权益内部结转。该项目反映企业构成所有者权益的组成部分之间的增减变动情况，如资本公积转增资本（股本），资本公积减少而实收资本增加；或者盈余公积转增资本（股本），盈余公积减少而实收资本增减；还有盈余公积弥补亏损等。

管理者可以从水平方向和垂直方向上分析企业的所有者权益变动表。水平分析是指将所有者权益各个项目的本期数据和基准（同行业同期平均水平）进行比较，分析出企业净资产变动原因；垂直分析是指将所有者权益各个项目与所有者权益合计变动的比重进行计算，得出企业净资产结构的变化及原因。

（4）变动项目与未分配利润的相互影响

在考察所有者权益变动项目与未分配利润之间的相互影响时，涉及到一个"盈余分配"的概念，它是指税后利润的分配项目，如向股东支付股利和企业留存收益，即：

$$未分配利润＝税后利润－盈余分配$$

公式中的盈余分配就是企业所有者权益变动的各个项目，当盈余分配增加时，未分配利润就会减少，两者存在负相关关系。具体来看，可能使法定盈余公积、特别盈余公积、优先股现金红利、董事会酬劳、员工红利——股票、股票股利、合并其他公司时资本公积溢额增加以及处分固定资产并转增资本公积等的增加，从而使未分配利润减少。

管理者如何应对所有者权益的变动

所有者权益的变动会影响股东对待企业的态度，可能继续帮助管理者经营，也可能因此"抛弃"企业。为了避免企业遭受股东撤资的窘境，管理者需要在所有者权益发生变动之前做好防范措施，或在发生变动之后做好弥补工作，以此来挽留企业的股东。实在无法挽留时，管理者也要想办法尽快为企业找到其他投资者，从而带给企业资金和技术等支持，让企业能够在顺畅的发展道路上前行。

留住原股东，争取新投资

所有者权益代表了股东对企业的所有权，反映所有者在企业资产中享有的经济利益。所有者权益变动，表示企业股东的权益在变，如果企业发生亏损，所有者权益将减少，这将会引起股东对企业经营的不满，严重时会导致股东撤资，使企业面临资金短缺的困难。所以，管理者要做的就是采取措施挽留原股东，同时争取新的投资者。

例 6-2   应对所有者权益的变动不及时，错失良机

秦女士经营着一家很大的餐厅，最初餐厅是由 2~3 个好朋友一起出资组建。后来餐厅发展势头强劲，生意越做越大，在同一城市开了 10 多家分店，在企业扩展过程中，新加入了 3 位投资者（股东），按照出资比例享有企业的相应权利。

但是好景不长，有一位股东因为其他投资的失败，不得不收回对秦女士餐厅的投资。因此，企业其他股东的所有者权益相应减少。起初秦女士并没有在意，但 3 个月过后，财务向秦女士汇报企业的营业情况，这才意识到企业正处于资金周转不灵的困境。一方面因为股东撤资，减少了企业运营过程中的净资本，另一方面是企业存在很多应收账款。如果现在再找寻新的投资人，这中间企业将有一段处于资金运转困难的时期。

由上述案例可知，秦女士在面对股东撤资的问题时没有提高警惕，没有从财务报表上分析企业的实际经营状况，只凭自己的感觉认为企业的财务状况良好，所以导致企业出现后来的经营不善。因此，管理者在挽留原股东和争取新股东时，一定要把握时机。具体工作如下：

◆ 了解股东撤资原因，尽可能满足股东的需求，以"利"诱其继续投资企业。

◆ 股东撤资后要及时查看所有者权益变动表的数据变化情况，以及利润表和现金流量表等的变化，考虑是否有必要为企业争取新的投资者来增加企业的净资本。

◆ 在明确企业需要争取新投资者后，要及时开展并实施活动，否则超过企业正常运营的时间后容易造成资金链断裂。

◆ 在争取新的投资者之前，要明确企业的财务现状，对有意向的
 投资者进行筛选，选出符合企业发展现状和财务现状的投资者
 成为企业的新股东。

管理者怎么做可以才提高资本公积

我国《公司法》等法律规定，资本公积的用途主要是转增资本，
即增加实收资本（股本）。虽然资本公积转增资本并不能引起所有者
权益总额的增加，但资本公积转增资本有如下所示的 3 方面具体作用。

1）可以改变企业投入资本结构，体现企业稳健和持续发展的潜力。

2）对股份有限公司而言，这一做法可以增加投资者持有的股份，
从而增加企业的股票流通量，进而激活股价，提高股票的交易量和资
本流动性。

3）对债权人来说，实收资本是所有者权益最本质的体现，是其考
虑投资风险的重要影响因素。所以，资本公积转增资本后会影响到债
权人的信贷决策。

如此看来，管理者很有必要提高企业的资本公积数额。那么，如
何才能提高资本公积数额呢？

例 6-3 选好投资币种，不增加实收资本也能提高资本公积

广东某食品生产企业，其规模属于大型企业，而且
业务已经扩展到海外。最重要的是，该公司的股东里有
一些是外国人。因此，企业在接受这些投资者投资时，

获得的是外币投资。

起初，管理者还觉得这样的资本结构不便于管理。后来，外币汇率上升，使得企业获得的外币投资增值。相应地，如果把这些外币兑换成人民币，相当于企业的实收资本增加了，此时公司的所有者权益变动表中的资本公积项目的数额就会增加。

经过外币汇率的这项上升，企业发现了接受外币投资的一大好处——增加企业的资本公积。而资本公积属于企业的储备资本，在企业面临被撤资时，就可将资本公积转增为资本，帮企业渡过资金难关。

然而，没过多久，某些小的投资者认为企业的发展空间已经不大，没有了投资价值，因此将投资资金从企业撤出。虽然都是小投资者，但该撤资行为还是影响了企业的正常资金运转，而企业也不得不把部分资本公积转增为资本，让企业重新走回正常运营轨道。

由上述案例可以看出，资本公积对企业的重要性，企业除了可以利用外币投资增加资本公积外，还可以从投资者追加投资的角度增加资本公积，或者组织一些特别的经营活动，争取社会的捐赠和国家的拨款等，从而增加资本公积。具体做法如下：

1）增加投资者在企业享受到的权利，以此为条件，鼓励投资者追加投资。

2）认真考察企业的经营业务和投资项目，让投资者看到实力雄厚的企业形象，从而自愿追加投资，进而增加企业的资本公积。

3）以慈善的名义建造大众消费者需要的公共建筑，以此争取到国家的拨款援助。

4）适当增加对其他企业的投资，进而抓住其他公司资本公积增加的机会，获得所持股份对应增加的资本，进而增加自身企业的资本公积。

5）运用现金流量套期和境外经营净投资套期来产生利得，使得公允价值变动损益增加，从而增加资本公积。

货币时间价值的变化避无可避

随着时间的流逝，货币的价值也在流失，因此有货币时间价值这一说法。因为时间的流逝是人力无法阻止的，所以货币价值的流失也是不能避免的。

现在的 100 元和一年以后的 100 元尽管都是 100 元，但经济价值不相等。如果企业作为收款人，则更愿意早点把钱收回来；如果作为付款人，企业更愿意晚点把钱拿出去，能长时间占有他人的资产来获得收益对企业来说是优势。那么，为什么说现在的 100 元比以后的 100 元的经济价值大呢？

◆ **风险不同**：现在获得 100 元比以后获得 100 元更容易，而且风险比以后获得 100 元的风险小。

◆ **通货膨胀的影响**：市场经济表现为通货膨胀时，物价会上涨，现在 100 元购买的东西比以后 100 元买到的东西多，即以后的 100 元购买力小于现在的 100 元购买力。

◆ **投资获利不同**：现在的 100 元可存入银行或用于投资，从而可以获得利息或投资收益，一年后的本利就会多于 100 元。

因为存在货币时间价值，所以货币的经济价值自然会越来越低，从而资本本身存在贬值的自然发展规律，这就在无形中减少了与企业资本有关的所有项目的数额。

在货币时间价值变化的过程中，涉及到货币时间价值的大小，如图 6-3 所示的是衡量货币时间价值的大小的标准。

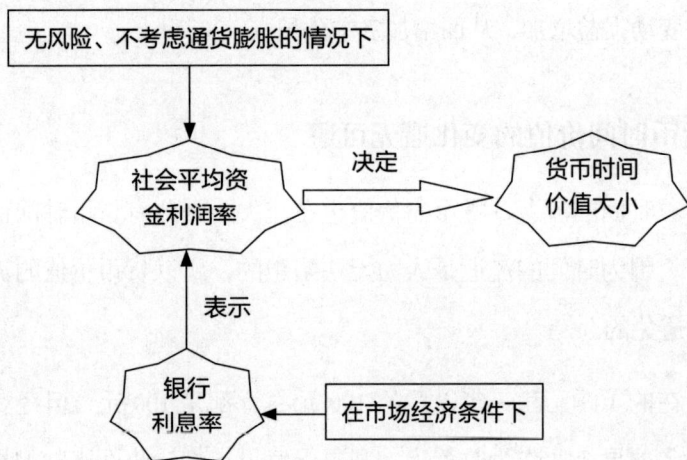

图 6-3

货币时间价值的大小与个别企业或个别项目的增值额没有关系，因此不能把具有个别性的企业增值额或个别项目增值额作为货币时间价值的大小。

货币时间价值是现在企业财务管理的重要价值基础，它的存在促使企业合理节约使用资金，加速资金运转，实现更多的资金增值。同时，管理者在进行财务决策时，只有将货币时间价值作为决策的一项重要因素加以考虑，才可能选出最佳方案。而要想提高企业的所有者权益，就需要想办法增加货币的时间价值。

找出所有者权益变动表中的不正常数据

管理者看懂所有者权益变动表，不仅是明白各种数据代表的意义，还要学会发现表中的不正常数据，防止在企业经营过程中忽略了细节，导致企业经营失败。管理者可以从引起所有者权益变动表数据不正常的原因出发，找出其中的不正常数据。一般而言，所有者权益变动表中数据不正常，可能是计算方法不正确，或者计算过程出错，也或者是该记录的数据没有记，不该记录的数据却包含在表中。因此引起数据自身、两个数据之间甚至多个数据之间关系的错误。

所有者权益的数据重复统计

所有者权益的数据可能面临多种情况的重复统计，下面就来仔细认识这些出错情形。

（1）母、子公司合并财务报表造成数据重复统计

部分企业由于规模较大，而且经营的业务范围较广，所以可能会

成立一些子公司，然而母公司的财务报表一般都要将子公司的财务报表合并后，才形成企业最终的财务报表。就在合并报表的过程中，就很容易重复统计数据。

例如，母公司合并财务报表时，做出调整后的长期股权投资对应的就是母公司享有的子公司可辨认净资产份额。因此，母公司的个别财务报表按照权益法做出调整后，其实已经包含了对应子公司的可辨认净资产中归属于母公司的部分，如果再将母、子公司的财务报表直接合并，就会出现子公司所有者权益归属于母公司的部分被重复计算。所以，母、子公司的实收资本和资本公积之和如果与母公司最终的所有者权益不符合，其数据必定存在异常。

（2）重复统计资本公积

企业有时会把资本公积转增为资本（股本），此时资本公积应该减少，但由于财务人员的不细心，在制作报表时没有减去转增为资本的资本公积，还是以原来的数据表示企业的资本公积，这就间接重复统计了资本公积。

针对这一重复统计的情形，管理者可以将资本公积转增为资本前后的所有者权益变动表做对比，看实收资本和资本公积两项之和是否发生了改变，若有变化，很可能就是重复统计了资本公积的结果。

（3）重复统计分配给股东的股利

按照正常的计算未分配利润的程序来看，最终未分配利润的由来可以用如下所示的公式表示。

$$未分配利润 = 利润总额 - 弥补以前年度亏$$

$$损 - 所得税 - 法定盈余公积 - 股利分配$$

因此，财务人员很可能在计算未分配利润时，只计算到法定盈余公积就把余额作为未分配利润数额，间接地在未分配利润中重复计算了分配股利的数额，导致利润总额、所得税、盈余公积和未分配利润这4者之间的数据关系对不上。

用盈余公积弥补亏损，所有者权益不变

企业用盈余公积弥补亏损时，其会计分录为：

借：盈余公积

　　贷：利润分配——盈余公积补亏

而企业亏损在会计分录中表现为"利润分配——未分配利润"的借方余额。所以，从会计分录来看，用盈余公积弥补亏损是所有者权益内部之间的增减，不会引起所有者权益的变化。

实际上，用盈余公积弥补亏损，就是将盈余公积中的金额转入未分配利润，所以只是所有者权益内部的变动。

例 6-4 盈余公积弥补亏损的前后所有者权益对比

已知某企业的产品市场已经达到饱和，盈利能力逐渐降低，有的年份还会出现亏损的现象。因此，管理者会考虑用盈余公积来弥补前期亏损，这样可以了解企业在填补亏损后的实际经营状况。如表 6-4 所示的是企业

不利用盈余公积弥补亏损的所有者权益变动表。

表6-4 不弥补亏损的所有者权益变动表

科目名称	2015 年	2016 年	2017 年
实收资本（万元）	700	750	750
资本公积（万元）	300	350	350
盈余公积（万元）	0	7	7
亏损（万元）	2	2	2
未分配利润（万元）	0	63	63

其中，2016 年和 2017 年当年都没有亏损，所以亏损 2 万元是 2015 年亏损的 2 万元。同时，2016 年和 2017 年都没有用盈余公积弥补 2015 年的亏损，所以在税后利润总额为 70 万元的情况下，扣除了盈余公积 7 万元以后，未分配利润就为 63 万元。如表 6-5 所示的是 2016 年利用盈余公积弥补了 2015 年的亏损后的所有者权益变动表。

表6-5 弥补亏损的所有者权益变动表

科目名称	2015 年	2016 年	2017 年
实收资本（万元）	700	750	750
资本公积（万元）	300	350	350
盈余公积（万元）	0	5	7
亏损（万元）	2	0	0
未分配利润（万元）	0	65	63

当 2016 年用盈余公积弥补了 2015 年的 2 万元亏损后，盈余公积从 7 万元减少到 5 万元。相应地，企业未分配利润从 63 万元增加到 65 万元。而因为 2016 年没有亏损，且已经弥补了 2015 年的所有亏损金额，所以 2017

年不再需要把盈余公积作为弥补亏损的资金来源。因此，其盈余公积依然为 7 万元，而在税后利润总额为 70 万元的情况下，其未分配利润依然为 63 万元。

上述案例的分析前提是，企业不向股东分配股利。而且，从案例中计算所得数据的对比情况来看，验证了前面提到的"用盈余公积弥补亏损，实际上是把盈余公积的金额转入了未分配利润中"的说法。

而盈余公积弥补亏损与实收资本和资本公积没有关系，因此不会影响两个项目的数额。而盈余公积弥补亏损只是造成了盈余公积和未分配利润之间的此消彼长，也没有引起所有者权益客观上的变化。所以，盈余公积弥补亏损，所有者权益不会发生改变。

转销无须偿还的应付账款引起所有者权益改变

通常情况下，企业转销无须偿还的应付账款时，会计入营业外收入，但这样做很容易存在会计报表造假的情况。所以，有些企业又会把转销无需偿还的应付账款计入资本公积，而同时这笔款项要缴纳企业所得税，这就会引起所有者权益的变动。

如何理解这种情况呢？当应付账款无须支付或确实无法支付时，意味着企业的债权人（投资者）放弃了权益，转销时，这笔账款自然就转为营业外收入，造成经营成果的变动，最终引起所有者权益的变动。

如果转入资本公积，则账款将成为所有者对企业资产的拥有，而应付账款属于负债，当转销为资本公积时，该负债就转为了所有者权益，引起所有者权益的变动。如图 6-4 所示是转销无须偿还的应付账款对所有者权益的影响流程图。

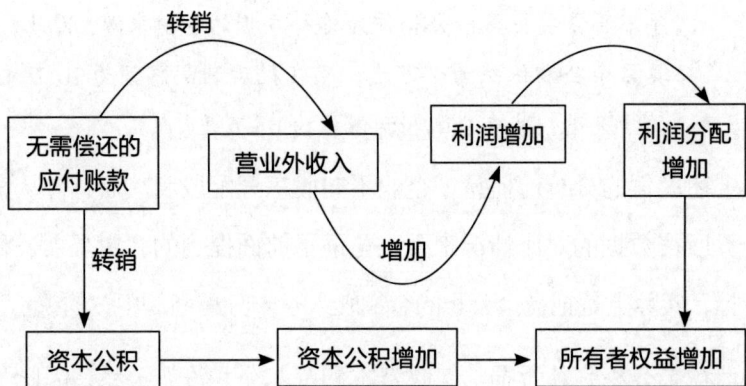

转销

无需偿还的
应付账款 → 营业外收入

利润增加

利润分配
增加

转销

增加

资本公积 → 资本公积增加 → 所有者权益增加

图 6-4

除此之外，管理者不要忘了，在企业的负债项目中有一科目与应付账款类似，即应付票据。企业有时无法支付商业承兑汇票，就会将应付票据按账面金额转作应付账款，而当转为应付账款以后，企业还是无法偿还债务，这时可能就会涉及到该笔应付账款的转销。也就是说，企业的应付票据也有转销的可能性。

从另一个角度来看，企业将应付账款转销为营业外收入，根据营业外收入的纳税范围可知，这一举动可能引起企业纳税总额的变化，从而也会影响税后利润，进而引起利润分配的变动，而这将预示着企业所有者权益发生变化。

因此，从上述几个角度可知，企业转销无须支付或无法支付应付账款时，会引起所有者权益的变化。所以，在实际财务工作中，对这部分应付账款的转销要慎重，转销过程和程序也要明确清晰，防止误差造成所有者权益变动表的数据异常，导致管理者做出错误的财务决策，影响企业的正常发展。

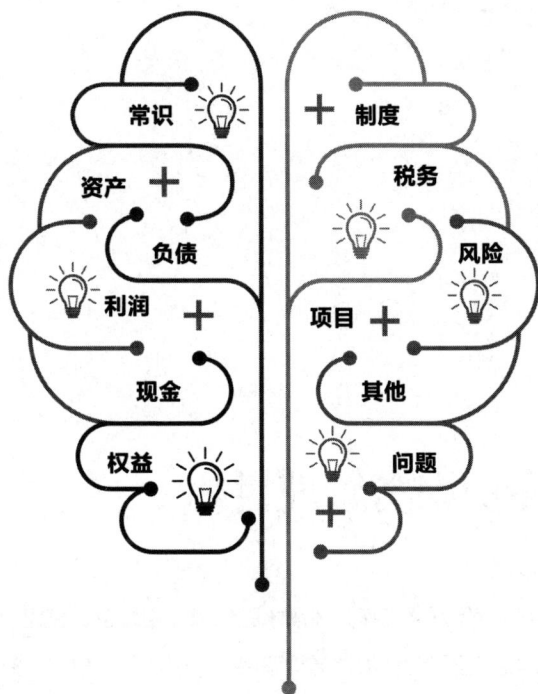

常识

资产 ➕ 负债

利润 ➕ 现金

权益

制度 ➕

税务

风险

项目 ➕ 其他

问题 ➕

第 7 章
为员工创造健全的财务制度

要想提高企业财务管理水平，使得员工能脚踏实地、得心应手地完成财务工作，管理者需要为员工建立健全财务制度，不仅能规范员工和管理者的行为，还能为员工的行为提供法律保障，让员工做事更加恪尽职守，让管理者了解企业财务状况更加容易且准确。

确定企业财务管理目标

健全的财务制度是财务工作顺风顺水的保障，也是企业管理的重要手段。全面的财务制度包含了企业的财务管理目标，目标可以指引财务人员和管理者切实做好财务工作。那么，企业在为员工和管理者建立健全财务制度时，需要确定哪些财务管理目标呢？

利润最大化

企业从事生产或出售商品的目的是赚取利润，利润越多越好。而利润最大化这一财务目标是指产量或销量的边际收益与边际成本相等。边际收益是指每增加一单位的销售量所增加的收益，而边际成本是指每增加一单位产量所增加的成本。

边际效益和边际成本能够反映企业资金的使用效率，当边际效益和边际成本相等时，企业可以实现利润的极大值。如图 7-1 所示的是边际效益和边际成本之间的关系与代表的意义。

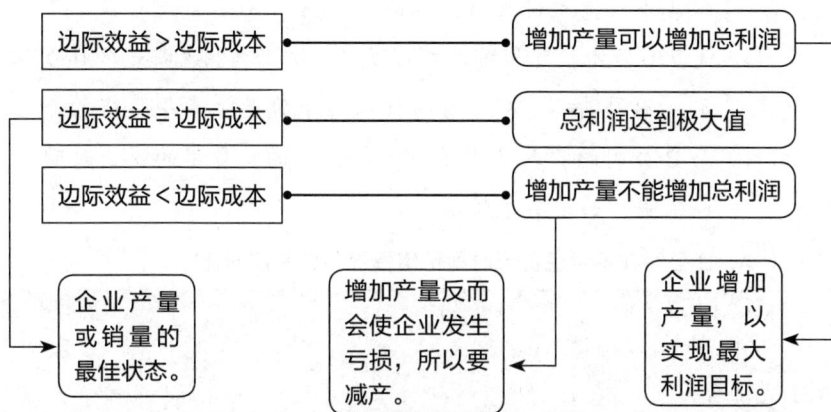

图 7-1

目前，国内很多企业都把利润最大化作为财务管理的最优目标，这都是受西方经济理论的影响。从利润的由来看，等于收入减去费用，所以增加利润就必定要增加收入或者降低费用。实施增加利润的过程，可以促进企业注重经济核算，改进自身技术，提高劳动生产率，从而降低产品成本，提高经济效益。

然而，把利润最大化作为企业财务管理的目标，存在一定的局限性，具体情况如下所示。

1）核算过于笼统，没有考虑收入和费用产生的具体时间，也就没有考虑货币的时间价值，而只是简单笼统地将不同时期的收入和费用总额混在一起核算出最大利润值。

例 7-1 利润最大化不能忽视的货币时间价值

A、B 两家公司在生意上是竞争对手，且实力相当，经常把彼此的经营成果拿来作比较，以激发自身的斗志，改正不足，走得更好。2017年全年，两家企业的收入都是720万元，费用都是420万元，所以利润也都是300万元。不同的是，A公司的收入几乎都是上半年获得的，而B公司的收入几乎是下半年获得的，费用的支出时间也不同，如表7-1所示。

表7-1 A、B公司在不考虑货币时间价值情况下的利润对比

公司	收入（万元）			费用（万元）			全年利润（万元）
	上半年	下半年	全年	上半年	下半年	全年	
A	720	0	720	0	420	420	300
B	0	720	720	420	0	420	300

从上表数据可以看出，在不考虑时间价值的情况下，A、B两公司在2017年这一年的时间里都赚了300万元的利润，比起同行业中其他企业的发展，两家公司可算是实现了利润最大化。

如果考虑货币时间价值，A公司的收入要比B公司的多，且A公司的费用要比B公司的少。这样来看，A公司的利润应该比B公司的多。这两者之间，B公司才是实现了利润的最大化。

2）只看到利润，忽视了投入。企业的经营要做到资源的充分利用，如果投入多，利润多属于正常现象。所以考虑利润最大化时忽视了投入与产出的关系。比如例7-1中的A、B两家公司，虽然一年的利润都实现了300万元，但并不代表A、B两家公司的经营管理一样好。如果A公司投入的资本额为1 000万元，投入资本利润率就是30%；但B

公司投入的资本额是 800 万元，投入资本利润率为 37.5%。在考虑投入与产出关系时，又发现 B 公司比 A 公司的盈利能力强。而这一结论单靠利润最大化无法看出来。

3）利润最大化是一个经营结果数据，没有考虑其中的风险。比如例 7-1 中的 A、B 两家公司，虽然一年的收入都是 720 万元，但两家企业获得收入的稳定程度和可靠程度可能会有所不同，所以承担的风险大小不一样。假如 A 公司获得 720 万元的收入是其正常水平，过去的经营业绩也在这个结果的左右小幅波动，而 B 公司获得 720 万元的收入属于近几年来最好的一次成果，则说明 B 公司可能是当年遇到特殊状况，导致收入快速增加，但其实其经营业绩并不稳定。此时，利润最大化并不能反映企业经营的稳定性。

4）容易助涨短期行为。为了增加利润，企业可能让机器设备日夜不停地运转工作，相应地也会要求员工加班加点地增加产量和销售量，以此来快速提高销售收入。这么做的同时，企业很可能忽视新产品的开发和新技术的研发，甚至采用限制机器设备的维修费用或克扣员工的培训费、工资和奖金的手段来减少费用的支出。这样做短时间内可能对提高收入有很大的效果，但长此以往，会造成员工对工作没激情，甚至出现抵触情绪，要求企业涨工资或给予更多的休假，否则就罢工。一旦出现这样的情况，将会影响企业的长期发展。

因此，利润最大化可以作为企业发展过程中的短期财务目标，促使企业提高经营效率，督促员工提高工作效率，使企业短时间内获得可观的收益，但不能作为企业长远发展的财务目标。

股东财富最大化

股东财富最大化是指通过财务上的合理经营，为股东带来最多的财富。公司的股东和创办者共同经营企业的目的是增长财富，他们是企业的所有者，是企业资本的提供者，投资价值就在于公司的运营能给他们带去未来报酬，包括获得股利和出售股权获取现金等。

股东财富最大化又被称为股票市场价值最大化，该财务管理目标适用于资本市场比较发达的西方国家，如美国。目前，还不符合我国国情。在股份经济条件下，股东财富由其所拥有的股票数量和股票市场价格决定，如图7-2所示。

> 股东财富 = 股票数量 × 股票市场价格

图 7-2

由图7-2所示的股东财富计算公式可知，股东财富最大化最终也体现为股票价格。它比利润最大化客观，也能反映企业盈利受到时间和风险的影响。

◆ 股价的高低代表了投资大众对企业价值的客观评价，可充分体现企业除"盈利"以外的经营成果。

◆ 以每股股票的价格表示，反映了资本和获利之间的关系。

◆ 股东财富最大化受每股盈余的影响，反映了每股盈余大小和取得时间。

◆ 股东财富最大化反映每股盈余受到企业风险的大小影响程度。

与利润最大化相比，股东财富最大化有其自身的优点，具体的积极方面如下：

◆ 概念清晰。股东财富最大化可以用股票市价来衡量。

◆ 考虑了时间价值。由于不同时间点上的股价不同，所以股东财富的计算公式中已经包含了时间对股东财富最大化的影响。

◆ 科学地考虑了风险因素。因为风险的高低会对股票价格产生影响，而股价决定了股东财富最大化的实现。

◆ 股东财富最大化一定程度上能够克服企业在追求利润上的短期行为，因为不仅目前利润会影响股价，预期未来的利润对企业的股价也会产生影响。

◆ 股东财富最大化比较容易量化，便于测量和考核。

即便如此，股东财富最大化也不是最优的财务管理目标，它也有不足之处，具体如下：

◆ 1）该财务管理目标只适用于上市公司，而非上市公司很难实施。就我国现在的国情而言，上市公司并不是企业的主体。因此，股东财富最大化还不太适合作为我国大部分企业的财务管理目标。

◆ 2）股东财富最大化要求金融市场是有效的。也就是说，金融行业的经理人或工作人员要以实现客户的利益为工作目标，这样的金融市场才是有效的。而经理人员为了实现自身利益最大化而损害客户或股东的利益的金融市场，不适合企业制定股东财富最大化这一财务目标。

◆ 3）股价除了受财务影响外，还会受到其他因素的影响。因此，股票的价格并不能准确反映企业的经营业绩，股东财富最大化这一财务目标也就受到制约。

我国目前股份制企业还不具普遍性，不足以代表企业的整体特征。通过股东财富最大化，不能概括大量非股份制企业的财务目标，因而"最大化"不能被广泛应用于企业当中。

企业价值最大化

同股东财富最大化类似，企业价值最大化也是指通过企业财务上的合理经营，采用最优的财务政策，充分考虑资金的时间价值、风险与报酬的关系，在保证企业长期稳定发展基础上，使企业总价值达到最大。基本思想是把企业长期稳定发展摆在首位，强调在企业价值增长过程中满足各方利益关系的利益需求。

该财务目标可以促使企业考虑经营过程中有往来管理的利益集团的作用和影响，避免忽视了某些合作伙伴或投资者的利益。如果企业是股份公司，全体股东的财富最大化相加，就是企业价值的最大化，但国内企业的企业价值最大化往往不能这么衡量。

（1）企业价值最大化目标及其实现途径

企业价值最大化是企业财务管理的最优目标，它涉及企业多个利益集团，是这些利益集团之间相互作用、相互妥协的结果。该目标符合利益相关者对收益的要求，同时保证了企业战略发展的长期性，考虑了风险和货币时间价值的风险性与时间性。那么，如何实现企业价值最大化呢？主要有常规途径和超常规途径之分。而常规途径中又有 3 种具体的途径，如图 7-3 所示。

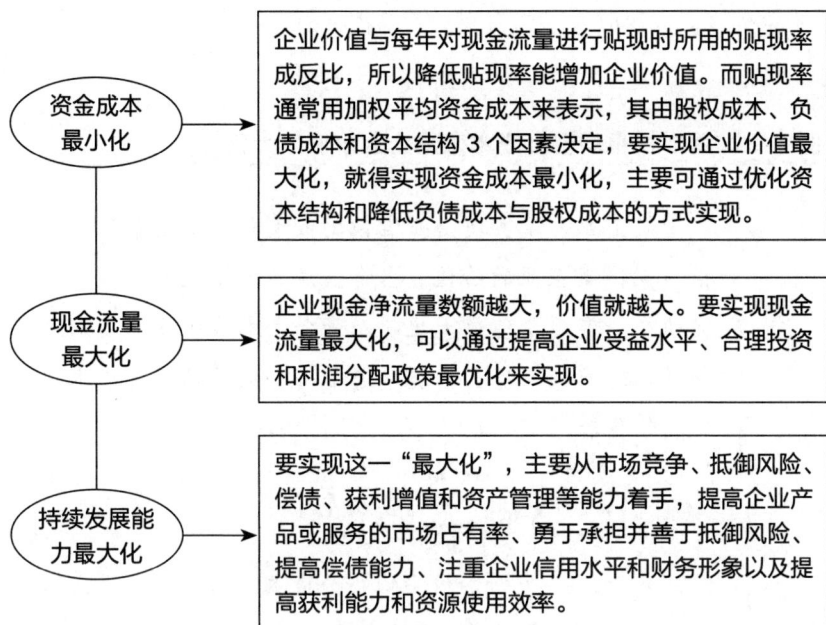

图 7-3

资金成本最小化 → 企业价值与每年对现金流量进行贴现时所用的贴现率成反比,所以降低贴现率能增加企业价值。而贴现率通常用加权平均资金成本来表示,其由股权成本、负债成本和资本结构 3 个因素决定,要实现企业价值最大化,就得实现资金成本最小化,主要可通过优化资本结构和降低负债成本与股权成本的方式实现。

现金流量最大化 → 企业现金净流量数额越大,价值就越大。要实现现金流量最大化,可以通过提高企业受益水平、合理投资和利润分配政策最优化来实现。

持续发展能力最大化 → 要实现这一"最大化",主要从市场竞争、抵御风险、偿债、获利增值和资产管理等能力着手,提高企业产品或服务的市场占有率、勇于承担并善于抵御风险、提高偿债能力、注重企业信用水平和财务形象以及提高获利能力和资源使用效率。

图 7-3 所示的 3 种实现企业价值最大化目标的途径属于常规的做法,而还有的企业会通过其他非常规途径实现企业价值最大化,如采取并购或设计有效的企业治理机制。

1)并购可以使企业现有资产规模在很短的时间里迅速增加,缩短了企业资产建设、扩建和改造的周期;还能在很短的时间内迅速改善企业的灵活性和环境适应性,让企业快速突破自有资产和技能专用性的束缚,迅速掌握所缺乏的核心技能和专有知识。所以,并购能使企业在短时间内突破资产约束极限、扩大经营范围、调整核心业务并实现超迅速增长,从而达到企业价值最大化的财务目标。

2)企业治理机制用于监督与控制企业的经营和绩效,可以解决公司中存在的委托 - 代理关系。该机制涉及企业的方方面面,财务管理也不例外，这样可以保证多方利益不受损害。

例 7-2　用加权平均资金成本衡量企业价值最大化

某企业为了实现企业价值的最大化，决定采用一些措施来提高企业的价值。当资金成本最小化时，就可以促使企业实现价值最大化。而资金成本最小化又要通过降低贴现率来实现，贴现率通常用加权平均资金成本这一数值表示。

$$K_w = \sum_{j=1}^{n} K_j \times W_j$$

其中，K_w 表示加权平均资金成本，K_j 表示各种成本比例，W_j 表示各种资金所占比重。

该企业共有资金 100 万元，其中债券（W_h）30 万元，优先股（W_p）10 万元，普通股（W_s）40 万元，留存收益（W_e）20 万元，各种资金的成本分别为 6%、12%、15.5% 和 15%。，所以各资金所占比重分别为 30%、10%、40% 和 20%，那么加权平均资金成本就是：K_w = 30%×6% + 10%×12% + 40%×15.5% + 20%×15% = 12.2%。

如果该企业资本结构发生变化，如债券、优先股、普通股和留存收益的比例分别为 20%、30%、30% 和 20%，则加权平均资金成本就是：K_w = 20%×6% + 30%×12% + 30%×15.5% + 20%×15% = 12.45%。

（2）企业价值最大化的优点

企业价值最大化之所以能成为最优财务目标，是因为相比于利润最大化和股东财富最大化，其具有如下所示的一些优点。

◆ 它考虑了取得现金性收益的时间因素，用货币时间价值的原理
进行了科学计量，能够反映企业潜在或预期的获利能力，注重
了企业经营风险问题，对企业统筹安排长短规划、合理选择投
资方案、有效筹措资金和合理制定股利政策有很好的指导作用。

◆ 它能促使企业克服追求利润造成的短期行为，帮助企业管理者
把眼光放长远。

◆ 它能充分考虑到风险与报酬之间的关系，能有效克服企业财务
管理人员不顾风险大小而只片面追求利润的错误倾向。

（3）企业价值最大化的缺陷

人尚且没有完美之说，企业价值最大化虽是最优财务管理目标，
但也不能否认其存在一定的不足之处。

首先，它没有考虑投入与产出之间的关系，很多企业获得高利润
或实现较高企业价值的前提是投入了大量的资金，这样一来并不能说
明企业的盈利能力高或者实现了企业价值最大化。

其次，企业价值最大化难以具体估量，可操作性不强。对于上市
公司或股份制公司而言，企业价值直接表现为流通市值，可具体估量。
但国内企业的股份公司很少，所以企业如果追求企业价值最大化这一
财务管理目标，反而会影响企业的发展。

最后，企业价值受到多方面因素的影响，如果控制不好，容易导
致管理者做出错误的财务决策。

不同财务制度的选择

财务制度从财务工作开始到结束，一直起到约束和引导作用。财务人员根据相关制度实施财务工作，而管理人员根据财务制度，衡量财务人员的工作效率，并通过财务制度监督和约束财务人员的行为。无论是财务工作过程，还是管理人员的监督过程，都会因情况的不同，而需要选用不同的财务制度。同时，财务制度对财务工作人员和管理者的约束作用是不一样的。

收付实现制和权责发生制的区别

财务工作中，收付实现制和权责发生制是辩证统一的关系，对于一笔收入和费用，权责发生制所描述的是收入的收取权利或费用的支付义务已经形成，从本质上确定收入和费用的发生。而收付实现制所描述的只是收入的收取行为或费用的支付行为已经发生，是表面意义上确认收入和费用的发生。

权责发生制与收付实现制的差异主要是权利、义务的形成时间与现金收付行为的发生时间不一致引起的。下面通过认识两者在时间上的差异，来了解两者之间的辩证关系。

1）形成时间在现金收付行为发生时间之前。这种情形下，经济业务的收入收取权利和费用支付责任已经形成，但这种权利和义务只是抽象的存在，需要通过后期具体的现金收付行为才能最终实现。而反映在账务处理上，就是运用"应计"和"预提"等科目，把具有本质内容的收入或费用先确认下来，留待以后通过行为的发生来实现。

2）形成时间与现金收付行为发生时间一致。这种情形下的收入或费用反映了权利、义务的形成与发生在同一时间点。

3）形成时间在现金收付行为发生时间之后。这种情形下，某一经济行为引起的现金收付行为已经发生，但收入或费用的确认还不明确，只有在将来随着权利或义务逐步形成。反映在账务处理上，就是运用"预收"、"待摊"和"递延"等科目把现金收付的行为先确定下来，然后逐步形成其中的权利和义务。

目前，国内大多数企业都采用权责发生制来进行财务核算工作，主要是因为其具有如下所示的优点。

◆ 能真实地反映企业当期的经营收入和经营支出。

◆ 能更准确地计算和确定企业的经营成果。

◆ 可有效避免遗漏已经发生的经济业务。

◆ 有利于企业做好下一期的财务预算。

而收付实现制之所以用得不多，主要还是因为其适用的范围有限，它不能准确计算和确定企业的当期损益，缺乏合理的收支配比关系，它只适用于比较简单的应计收入、应计费用、预收收入和预付费用等很少发生的企业、机关单位或团体。

但是，我国《企业会计准则》规定"会计核算应当以权责发生制为基础"，言下之意就是权责发生制和收付实现制两制可以并用。

例 7-3 权责发生制与收付实现制的区别

某公司 2017 年 10 月份发生了如下所示的经济业务。

1. 销售产品收到现款 12 万元；

2. 销售产品 12 万元，其中购买单位甲支付现款 5 万元，余款暂欠；

3. 收到购买单位甲前期所欠货款 12 万元；

4. 收到购买单位乙预先支付的货款 12 万元；

5. 收到单位丙支付的 10 ~ 12 月仓库租金 0.6 万元；

6. 本月已经销售产品的生产成本 10 万元；

7. 本月应交所得税 10 万元，未交；

8. 本月缴纳上月所欠的办公电话费 1 000 元；

9. 本月财产保险费 10 万元，已经交纳了 5 万元，余款暂欠；

10. 支付管理部门 11 ~ 12 月份报纸订阅费 100 元。

首先，用权责发生制确认收入部分：12 + 12 + 0.2 = 24.2（万元）。其中，各数据的由来如图 7-4 所示。

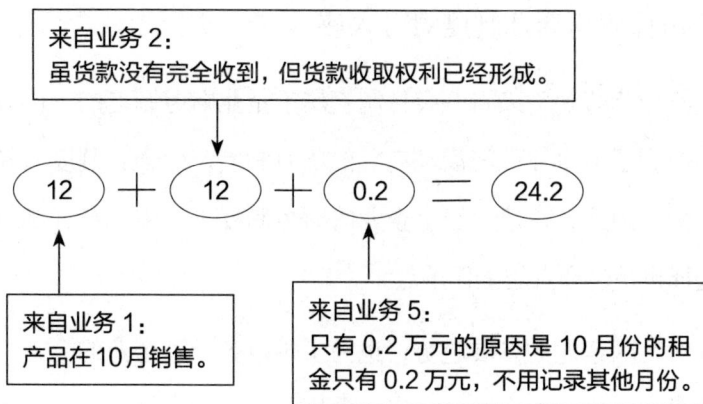

来自业务 2：
虽货款没有完全收到，但货款收取权利已经形成。

$$12 + 12 + 0.2 = 24.2$$

来自业务 1：
产品在 10 月销售。

来自业务 5：
只有 0.2 万元的原因是 10 月份的租金只有 0.2 万元，不用记录其他月份。

图 7-4

而收付实现制确认的收入部分为：$12 + 5 + 12 + 12 + 0.6 = 41.6$（万元）。其中各数据的由来如图 7-5 所示。

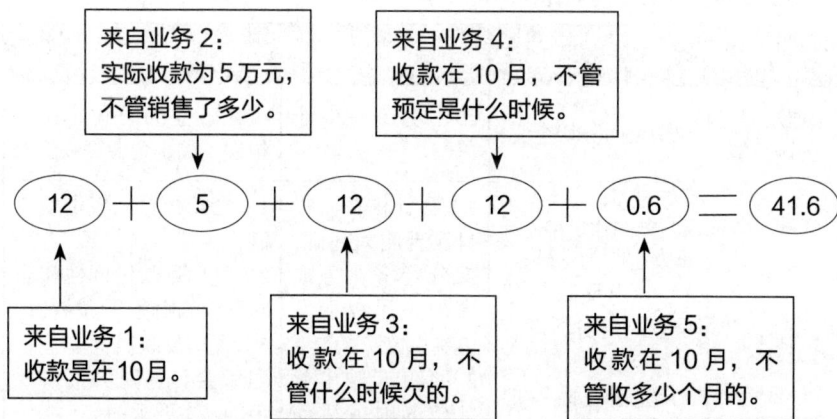

来自业务 2：
实际收款为 5 万元，不管销售了多少。

来自业务 4：
收款在 10 月，不管预定是什么时候。

$$12 + 5 + 12 + 12 + 0.6 = 41.6$$

来自业务 1：
收款是在 10 月。

来自业务 3：
收款在 10 月，不管什么时候欠的。

来自业务 5：
收款在 10 月，不管收多少个月的。

图 7-5

以同样的方法，权责发生制与收付实现制确认的费用情况也会有所不同。总的来说，权责发生制记录的是已经发生的行为，不管现金是否收到；收付实现制记录的是实实在在拿到钱的行为，不管该行为是在当期发生还是在其他期间发生。

公司性质与会计制度对号入座

从概念范畴角度来看，会计制度属于企业财务制度的一部分，财务制度包含了与企业经济活动有关的所有制度，而会计制度只与会计工作相关。因此，在建立健全企业的财务制度过程中，会计制度的建立和选择也是管理者的工作重点。

针对我国企业的发展趋势，也为了规范各类型企业的会计行为，财政部总共发布了3个会计制度，分别是《企业会计制度》、《事业单位会计制度》和《民间非营利组织会计制度》。不同性质的企业，其适合的会计制度不同，具体规范的对比如表7-2所示。

表7-2 3种会计制度的对比

项目	企业会计制度	事业单位会计制度	民间非营利组织会计制度
适用的公司类型	中国境内一切企业	国内的国有事业单位	依法设立的民间非营利组织，如基金会等
特点	1）会计核算以权责发生制为基础； 2）突出反映一般企业的财务活动相关特征； 3）突出反映一般企业会计和财务报告规范的基本要求	1）会计核算以收付实现制为基础，部分经济业务或事项采用权责发生制； 2）突出反映事业单位的财务活动特征和报表、报告规范的基本要求	1）会计核算以权责发生制为基础； 2）突出反映民间性和非营利性的财务活动特征； 3）突出反映民间非营利组织会计与财务报告规范的基本要求； 4）采用企业会计准则予以规范
会计要素	资产、负债、所有者权益、收入、费用和利润，资产＝负债＋所有者权益	资产、负债、净资产、收入、支出和结余，资产＝负债＋净资产	资产、负债、净资产、收入和费用，资产＝负债＋净资产
会计计量基础	历史成本计量	历史成本计量	历史成本计量为基础引入公允价值

续表

项目	企业会计制度	事业单位会计制度	民间非营利组织会计制度
净资产的内容	即所有者权益，包括实收资本(股本)、资本公积、盈余公积和未分配利润	大致包括事业基金、固定基金和专用基金	包括限定性净资产和非限定性净资产
收入确认	主要来自等价交换取得，包括主营业务收入、其他业务收入、投资收益、营业外收入和补贴收入等	主要来自政府财政拨款，包括政府补助收入、上级补助收入、拨入转款、附属单位缴款、事业收入、经营收入和其他收入等	主要来自非等价交换取得，包括捐赠收入、会费收入、提供劳务收入、政府补助收入商品销售收入、投资收益和其他收入等
会计核算原则	总共13个，客观性、相关性、可比性、一贯性、及时性、明晰性、谨慎性、实质重于形式、重要性原则、配比原则、历史成本原则、划分资本性支出和收益性支出以及权责发生制原则	总共11个，真实性、相关性、可比性、一致性、及时性、明晰性、重要性原则、配比原则、实际成本原则、专款专用原则以及收付实现制原则	总共12个，客观性、相关性、可比性、一贯性、及时性、明晰性、谨慎性、实质重于形式、重要性原则、配比原则、历史成本原则、划分资本性支出和运营性支出
会计报表	3张主表：资产负债表、利润表和现金流量表	两张主表：资产负债表和收入支出	3张主表：资产负债表、业务活动表以及现金流量表

　　通过表7-2的对比可以发现，我国民间非营利组织会计制度正逐步向企业会计制度趋同，也说明了民间非营利组织会计制度与国外非营利组织会计制度的趋同态势。因此，我国事业单位会计制度也应该加快改革步伐，使3种会计制度达到高度统一。

清楚区分财务员工和领导者的职能

财务制度的存在，不仅是规范员工和管理者的行为，也不仅限于指导财务工作的实施，还起到区分财务员工和领导者职能的作用。

（1）财务部门的职能

财务部门作为整个公司财务工作的集中点，其职能的重要性不言而喻，主要包括如下一些。

◆ 认真贯彻执行国家有关的财务管理制度和税收制度，执行公司统一的财务制度。

◆ 建立健全财务管理的各项规章制度，编制财务计划，加强经营核算管理，反映并分析财务计划的执行情况，检查监督财务纪律的执行状况。

◆ 合理使用资金。

◆ 合理分配公司收入，及时完成税收和费用等核算工作。

◆ 积极为经营管理服务，通过财务监督发现问题，提出改进意见。

◆ 主动与财政、税务和银行等机构沟通，及时掌握相关法律法规的变化，规范财务工作，及时提供财务报表和相关资料。

◆ 完成公司安排的其他工作。

由于财务经理和各类财务工作的主管职责已经在第1章具体介绍，这里就不再赘述。

（2）财务会计的主要职能

财务会计是指对企业已经完成的资金运动进行全面的核算与监督，为外部与企业有经济利害关系的投资人、债权人和政府等部门提供企业的财务状况和盈利能力等经济信息，具体职能有如下一些。

1）根据复核无误的原始凭证及时编制记账凭证。

2）按月编制银行存款余额调节表，同时与出纳核对货币资金金额，核对无误后按月装订保管。

3）归集费用，凭审核无误的原始单据编制会计凭证，月末时做出费用报表，签字后交给财务经理。

（3）管理会计的主要职能

管理会计又称内部报告会计，指会计人员通过一系列专门方法，利用财务会计提供的资料和其他资料进行加工和整理，最后产生报告。使企业各级管理人员能以此对日常发生的各项经济活动进行规划和控制，帮助决策者做出各种针对性较强的决策。具体职能如下所示。

1）根据开票中心送交财务部的销售清单统计每日开票金额，并整理现款及赊销清单，核对金额无误后交财务会计处编制会计凭证。

2）根据销售中心需要，按照资金回笼情况及时点单，登记现金及银行存款日记账，每周与出纳进行核对。

3）根据办公室及各部门上交的加班及相关资料计算员工工资，核对无误后签字，在每月固定日期前交给财务经理。

4）按公司实际情况建立适合的固定资产管理卡片，及时记录固定资产的使用和变动情况。建卡后由使用人签字，卡片由管理会计保管。

（4）出纳的主要职能

出纳是按照有关规定和制度办理企业的现金收付、银行结算及有关账务，保管库存现金、有价证券、财务印章及有关票据等工作的总称。具体职能有下列几点。

1）管理企业的现金。

2）执行库存现金限额，将超过部分及时送存银行。

3）负责现金及银行存款日记账工作，严格审核现金收付凭证。

4）取得各开户银行对账单及其他部门使用账户信息，按期收回银行对账单原件，核对无误后按月装订，交财务经理保管，同时指导其他部门办理银行业务的员工正确填写各种票据，按期收回其他部门使用账户的银行回单。

5）配合会计做好各种账务处理。

6）完成总经理或财务经理安排的其他工作。

（5）开票员的主要职能

简单理解，开票员就是开具各类发票或票据的人员。其职能范围较小，有如下内容：

◆ 根据企业内部员工、客户和供应商等的需求和发生的经济业务，开具相应的发票或票据。

◆ 严格遵守发票开具、填写和修改等规范和要求，做好票据的保管工作。

还有其他一些未介绍的岗位职责，视各企业自身情况而定。

制定财务管理相关机制

财务管理机制是指企业财务管理系统的各个组成部分之间相互联系、相互作用的运动规律。企业为了保证财务管理活动的正常进行，会在内部建立有效的财务管理机制，这对实现财务管理目标有很重要的作用。管理者要想做好制定财务管理机制的工作，首先要了解机制的内容。

财务管理机制有哪些

建立有效的财务管理机制是企业做好财务管理的必要条件，通常包括以下 4 种机制。

（1）动力机制

它又被称为利益机制，是企业为了保证财务活动正常进行，在财务管理机构和经营机构之间、管理人员和经营人员之间建立的。主要目的是推动和促进财务管理工作，涉及的动力有 3 种，如图 7-6 所示。

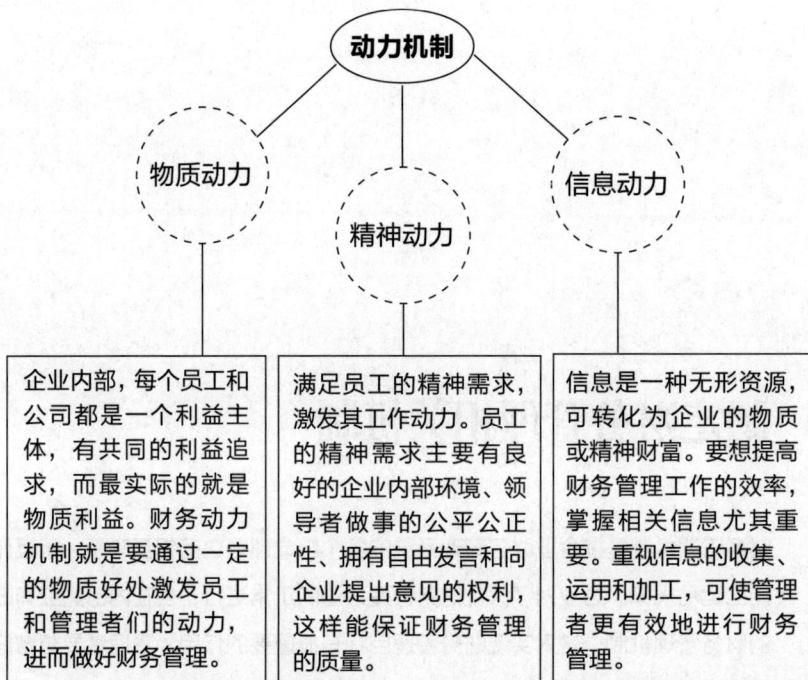

图 7-6

在制定财务管理动力机制时，需要依赖以下原则才能使该机制在以后的经营过程中发挥真正的作用。

◆ **适度原则**：遵循多盈多分、少盈少分、不盈不分和亏损处罚的原则，逐步提高分配标准，适当积蓄，形成一种"蓄而待发"的心理效应，防止出现利益丰厚而动力递减的现象。

◆ **差别原则**：对责任部门按"效"分配，从财务角度看，分配时只有与效益挂钩，才能体现群体利益差别，调动员工和集体的积极性，有利于财务管理工作的开展。

◆ **公平公正原则**：物质可以准确计量，因此运用物质动力时要做到公正公平，促进财务管理机制有效实施。

（2）约束机制

财务管理工作关系到企业的经营根本，财务管理没有做好，企业可能面临各种资金方面的问题。制定财务管理约束机制，就是要督促员工和管理者规范自己的财务行为。

例 7-4　责任约束是约束机制的重要组成部分

某公司由于拥有强大的销售团队，所以业绩做得如火如荼，生意蒸蒸日上。3 年的时间就达到了中小企业的规模，最明显的变化就是有了独立的财务部门。

然而，因为整个公司的重点都放在了销售上，对财务部门疏于经营和管理，各工作人员甚至都不清楚自己具体的工作责任是什么。久而久之，问题出现了。

上交给财务经理的报表有问题，但当问及员工各自的工作内容时，又都各说其词，责任相当不明确。由此，公司意识到了前期对财务管理工作的疏忽，想要全面整顿和完善财务管理流程，区分各财务工作的内容并明确相应的工作负责人。

重新整理了财务管理工作，整个程序和制度倒是清晰明确了，但大多数员工却遇到了负责的财务工作不会的情况，主要都是因为之前大家都做的差不多的工作，现在分工明确后，以前没有接触过的工作就不会了。对此，员工只有重新开始学习与工作内容相关的财务知识，严重影响了财务工作的进度。

上述案例中，企业没有明确各员工的工作责任，导致后来出现了各种财务管理问题。因此，企业财务管理机制中，约束机制不可少，而该机制主要由如下 4 种约束构成。

1）利益约束。以调整或变动职工薪酬、罚款或抵押等形式，调整分配关系，对脱离财务计划或规范的行为进行约束。这种约束建立在员工对物质利益关心的基础上。

2）规范约束。把国家有关政策、法规、财务制度、财务管理办法、财务收支标准或定额等作为规范，对财务管理活动进行控制。

3）责任约束。明确各财务人员的工作责任，防止员工推卸责任，起到约束员工行为的作用。

4）权力约束。通过对各级财务主管人员授权的形式建立权力约束，规范管理者对财务管理的指挥权和对财务活动的处理权。这种约束手法主要表现为上下级之间不能越权和各单位之间不能侵权。

（3）调节机制

财务管理相关人员通过运用不同的协调手段，以理顺财务关系和消除管理障碍为目的而建立的管理机制。财务活动中，企业内部、外部单位和个人之间常常发生各种矛盾和纠纷，若不及时调节，则会使企业财务活动陷入被动，给企业经营造成损失。因此，管理者要明确财务管理工作中主要有如下方面需要调节。

◆ **组织调节**：制定组织程序，调节企业与企业外部、企业内部和员工之间的财务关系。

◆ **利益调节**：通过调整各财务工作相关人员的经济利益，消除财务管理中的障碍。

◆ **公关调节：** 采取加强公关关系手段，建立企业间的信任与谅解，达到增进财务往来和理顺财务关系的目的。这种调节机制经常被用在筹集资金、结算款项和商品交易等方面。

（4）风险机制

风险机制的制定，是为了规避或降低企业经营过程中的财务风险。主要包含了如下内容。

1）建立健全企业内部风险管理体制。从事高风险经营活动的企业可专设一个财务风险管理机构，直接隶属于企业主要负责人。当然，由企业财务部门负责财务风险管理的方式更适合我国一般企业。抓住了财务风险环节，就能抓住整个企业的风险管理。财务风险管理属于整个财务管理的组成部分，所以应与财务管理的内容结合起来统一安排。

2）完善企业财务风险管理过程。首先，加强对财务风险的识别能力；其次，准确且全面的财务风险评估；最后，选择合适的财务风险管理方案并及时处理。

3）采用现代风险管理技术。管理技术主要分为控制法和财务法，前者目的在于降低损失概率、缩小损失幅度和改善损失的不利差异，后者目的在于弥补损失。

财务机构与人员管理制度

对于企业自身来说，财务机构就是财务部门，而财务部门与人员管理制度涉及方方面面，除了有前面讲解过的财务岗位设置与分工外，还有财务岗位轮换制度、财务人员聘任和任职资格管理制度、财务部内部工作制度和流程规范以及财务工作岗位考核办法及评分标准。关于财务岗位轮换制度，具体做法如图7-7所示。

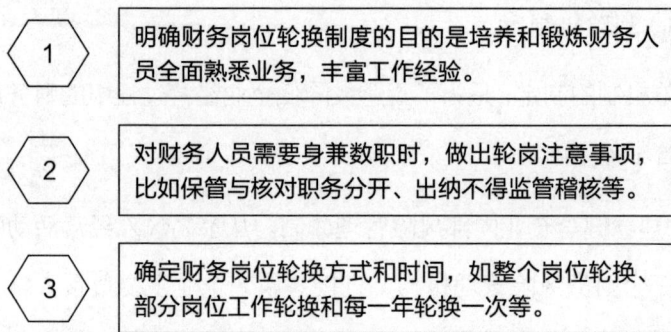

1　明确财务岗位轮换制度的目的是培养和锻炼财务人员全面熟悉业务，丰富工作经验。

2　对财务人员需要身兼数职时，做出轮岗注意事项，比如保管与核对职务分开、出纳不得监管稽核等。

3　确定财务岗位轮换方式和时间，如整个岗位轮换、部分岗位工作轮换和每一年轮换一次等。

图7-7

对于财务人员聘任及任职资格管理制度，企业要准确制定聘任流程，以及任职人员的资格标准设定。同时，还要事先以资料的形式将财务人员的岗位职责做详细说明，便于企业选择人才和应聘者自我衡量。除此之外，还要事先说明财务人员工作中出现问题要承担的后果和责任，明确解聘的情形。

财务工作既复杂又枯燥，如果没有固定的流程或规范，很容易造成混乱。所以，公司在完善财务管理制度时，基本工作守则不可或缺，主要规范员工平时的工作态度、着装、举止、礼仪、工作环境和职业操守等。另外，制定各项工作的具体流程，帮助员工提高工作效率，同时便于企业对财务工作的管理。

制定财务工作岗位考核办法和评分标准，量化财务人员和其他员工的工作表现和具体业绩，使企业支付的"应付职工薪酬"发挥充分作用。管理者可以借鉴下列考核内容对企业财务人员进行岗位考核。

◆ **政治表现**：是否严格按照法律法规执行财务工作，是否忠于职守，是否有谋取私利的情况。

◆ **职业道德**：财务工作中是否尽心尽力、态度是否端正、是否有自觉做好本职工作的强烈意识。

◆ **业务能力**：财务方面的专业基础知识是否熟悉，动手操作水平是否达到岗位要求，是否有创新精神，是否能积极主动地协助主管或经理完成好财务工作。

◆ **组织纪律**：是否遵守工作中的纪律，是否坚持工作原则，是否能客观地指出自己和他人在工作中的明显错误。

◆ **工作作风**：是否愿意与同事合作完成工作任务，是否能积极解决工作中存在的问题。

最后，企业需要制定出具体的评分标准，这需要企业根据自身实际情况而定，没有同意的评分标准。大致包括考核的频率（一年考核几次）、计分采用什么制（100 分制还是 10 分制）以及各项考核是否按主次或重要程度进行比例运算等。

其他财务工作制度

综合整个公司的财务工作内容，除了前面提到的一些制度和机制外，还有一些有针对性的制度，如账务处理程序制度、财务预算管理制度、财务稽核制度、财产清查制度、财务分析制度、会计档案管理办法、财务收支审批管理办法以及对子（分）公司等所属单位的财务会计管理办法等，如表 7-3 所示。

表 7-3　针对性较强的财务制度

名称	内容
账务处理程序制度	是对会计凭证、会计账簿和报表等会计核算流程和基本方法的规定，主要有单位会计科目和明细科目的设置与使用范围、凭证的格式、填制要求、传递程序和保管要求等
财务预算管理制度	对企业所有经济活动有关的资金进行预算，并将预算结果运用到企业经营策略中。主要有预算编制的原则、编制方法、预算的执行、审批、预算的增补以及分析与控制
财务稽核制度	对公司的财务进行稽查和复核，包括设立稽核岗位或专职稽核员、如何执行稽核工作以及对稽核工作的审核与监督
财产清查制度	定期或不定期对财产物资进行清点和盘点，保证账实相符、账账相符、账证相符和账表相符。制度的用处主要是规定财产清查的对象和范围、明确清查的方式（全面清查、局部清查、定期清查和不定期清查）和清查的内容（清查期限、程序和手续等）
财务分析制度	指定期检查财务会计指标的完成情况，分析存在的问题及原因，提出相应改进措施，加强管理，提高效益的制度。主要包括财务会计分析时间、召集形式、参加的部门和人员、财务会计分析的内容和方法及财务会计分析报告的编写要求等
会计档案管理办法	规定各项会计档案的管理程序和方式，明确档案管理负责人的相关责任，说明违反档案管理办法的后果和所要承担的责任，规定档案管理过程中出现错误后要如何修正等
财务收支审批报告制度	包括财务收支审批管理办法、重大资本性支出审批与授权审批制度、重大费用支出审批与授权审批制度和财务重大事项报告制度，主要是对费用支出进行管理
子（分）公司财务会计管理办法	对子（分）公司的财务工作进行规范和监督，并对具体的工作流程进行指导，对子（分）公司的工作职责和财务职权范围做出明确的划分

大多数中小型企业应该涉及不到子（分）公司财务会计管理办法，而其他财务管理制度是大多数企业中常见的，管理者要仔细研究。

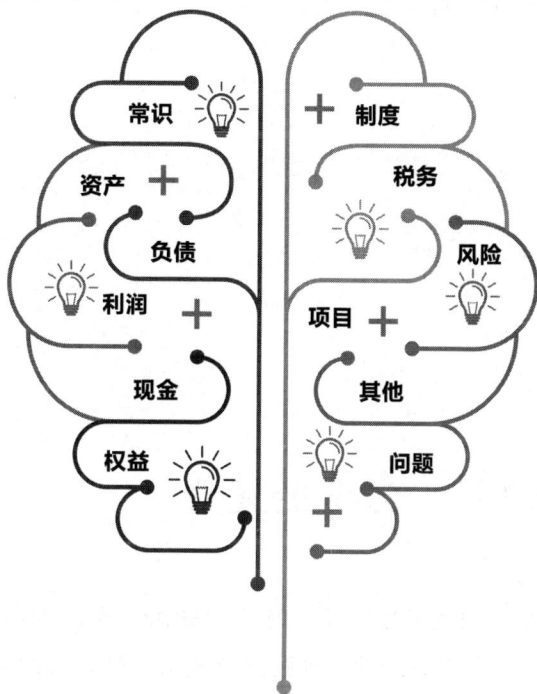

常识

资产 +

负债

利润

现金 +

权益

制度 +

税务

风险

项目 +

其他

问题

+

第 8 章
公司与税务机关的关系

无论是企业管理者、员工还有大部分社会人士都知道
企业经营离不开税收。而作为管理者，更应该了解自
身企业与税务机关的关系，以及企业日常税务往来，
毕竟税务也会影响企业的盈利。管理者了解企业税务
情况，可以避免走上偷税漏税的道路，以致毁掉公司。

公司经营，交税是义务

就目前我国经济形势和社会性质,交税不仅是个人义务,也是各大企业的义务。一般来说,正规的有营业执照的企业都要交税。然而,缴纳税费会使企业的净利润降低,从而影响公司的经营效益。掌握企业税务相关知识,可以帮助管理者做好企业的交税工作,从而做好费用预算,为企业财务管理工作做好数据的参考与资料的准备。

中小公司财务报表的税务导向

财务报表的税务导向就是指财务报表编制的主要目的是纳税,财务或会计服务于税法,会计处理要符合税法规定。也就是说,把税务会计报告的标准作为公司的做账标准,这样一来,只需维护一套税务报表的数据即可。

由于中小型公司的财务工作并不十分复杂,因此使用财务报表税务导向比较合适。财务报表税务导向主要体现在利用财务报表进行税务分析上。

要充分体现财务报表的税务导向，就需要针对财务报表做出正确的税务分析，而实现这些目的的前提是企业管理者要注意会计准则和税法在某些规定上的差异，以及财务人员变动财务报表的各种手段。下面就来了解通过财务报表进行税务分析的一般流程。

（1）找出税务分析常用的指标

管理者从相关财务报表中找到税额与分析常用指标，然后才能分析企业的税务情况，如表 8-1 所示的常用税务分析指标。

表 8-1 税务分析常用指标

指标名称	解释
应收账款占主营业务收入的比例	企业保持一定比例的赊销以扩大销售范围的做法是正常的，但比率过高或过低都不好，过高说明企业可能存在关联交易产生的虚假销售收入，此时税务可能成为企业的资金周转负担
现金占主营业务收入的比例	这里的现金主要指销售商品或提供劳务所得。正常发展的企业，该指标应略大于 1，过高说明现金闲置较多，税务支取可通过现金支付；过低说明现金周转不足，税务可能加重资金周转的负担
支付所得税额占利润总额的比例	企业的规模大小和经营效益都会影响利润总额和支付所得税的绝对额度，但比例是基本一致的。企业可以比较企业内部前后期的该比例变化情况，或与同行业其他企业的该比例做对比，进行税务分析

（2）审查资产负债表

资产负债表中的有些科目的数据变化会引起税务支出变化，所以审查资产负债表是进行税务分析的基础之一。

审查资产时，先查看资产合计数据，便于一开始就能掌握企业的总资金情况；然后查看"固定资产原值"总数和"无形资产"等明细账，而重点是确认无形资产的合法性。因为企业可能以"无形资产"的名义通过分期摊销计入期间费用，从而减少企业的计税所得额，也就是减少要上交的税费总额。

审查负债和所有者权益时，要将重点放在"预收账款"、"应付账款"和"预提费用"等科目上，看是否有关联交易导致的虚假负债；结合"未分配利润"、"本年利润"和"利润分配"等的明细账，分析这些科目数据与往年的异同，以及历年亏损和弥补情况；最后审查"其他应付款"的明细账，包括往来数额大小和发生频率，可以此确定企业财务是否利用该科目缩减应税利润。

（3）审查利润表

利润表是流转税和所得税的信息来源，如"收入－成本－费用－税金＝利润"，审查利润表就是审查这些项目。

财务小贴士

流转税是指商品在生产和流通环节产生的税费，主要有增值税、消费税和关税等。

1）审查收入时，抽查或全面检查已发生业务的发票和销售收入是否全部入账，还要审查"其他业务收入"、"营业外收入"和各种冲减成本费用的红字等业务，确定应税的业务收入。

2）审查成本时，看"生产成本"的增加额是否合理，再结合领料单、

"材料消耗汇总表"和"生产工人工资表"等资料确定生产成本的真实性。若这些项目出现异常，则利润额也会异常，应交税费的数额不准确。

3）审查费用时，查看费用支出的原始凭证是否真实、合理，如果在各类费用开支中发现属于个人原因造成的部分，达到"个人所得税"应税标准的是否计入了"个人应交所得税"。

4）审查税金时，要防止一笔税款在两个会计年度内进行开支处理，注意税征时期是否与税收产生时期一致。需要注意的是，国税局征收的增值税是价外税，不计入当期损益，而"利润"科目若涉及联营企业利润分配，一般按"先税后分"的原则防止重税。

公司报税的程序

企业在报税之前需要做一些准备工作并了解报税须知的注意事项，具体内容如下所示。

◆ 确定公司需要缴纳哪些税费。

◆ 弄清楚相关税费是按月申报还是按季申报，一般增值税都是按月申报，所得税按季申报。

◆ 决定是通过网报的形式还是到税务局进行申报。

◆ 确认上月开具的所有增值税专用发票是否已经全部抄税、报税等，否则有可能造成存根联漏采集的问题。

◆ 一般纳税人月中重换金税卡的，需注意在更换金税卡之前已经开具的增值税专用发票是不是抄报税成功，否则需要携带没有抄税成功发票的存根联或记账联到所在地办税服务厅的服务窗口进行非常规的报税，且进行存根联的补录工作。

◆ 纳税人报税之后，申报时发现有比对不符的，必须及时查明原因，不能随便调整申报表的数据来进行申报。

2018年3月，第十三届全国人大一次会议在北京人民大会堂举行，相关领导人作了关于国务院机构改革方案的说明，其中第二点第十一条明确指出"改革国税地税征管体制，将省级和省级以下国税地税机构合并，具体承担所辖区域内的各项税收、非税收入征管等职责。国税地税机构合并后，实行以国家税务总局为主与省（区、市）人民政府双重领导管理体制。"

2018年6月15日，全国各省（自治区、直辖市）级以及计划单列市国税局、地税局合并且统一挂牌。由此，纳税人的报税流程不再区分国税和地税。如图8-1所示的是一般纳税人的报税程序。

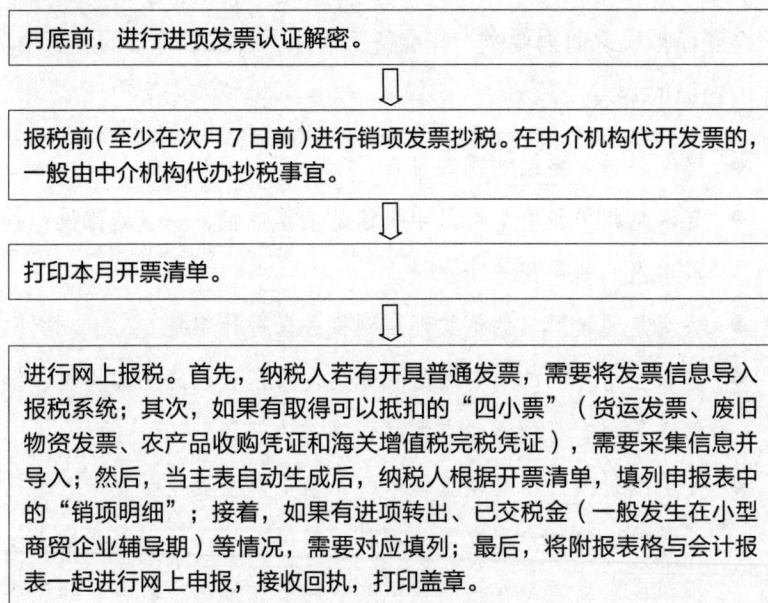

月底前，进行进项发票认证解密。

⇩

报税前（至少在次月7日前）进行销项发票抄税。在中介机构代开发票的，一般由中介机构代办抄税事宜。

⇩

打印本月开票清单。

⇩

进行网上报税。首先，纳税人若有开具普通发票，需要将发票信息导入报税系统；其次，如果有取得可以抵扣的"四小票"（货运发票、废旧物资发票、农产品收购凭证和海关增值税完税凭证），需要采集信息并导入；然后，当主表自动生成后，纳税人根据开票清单，填列申报表中的"销项明细"；接着，如果有进项转出、已交税金（一般发生在小型商贸企业辅导期）等情况，需要对应填列；最后，将附报表格与会计报表一起进行网上申报，接收回执，打印盖章。

图8-1

财务小贴士

与纳税有关的合同主要包括劳动合同、采购合同、销售合同、筹资合同、投资合同、捐（受）赠合同、工程装修合同、工程承建合同以及其他与经营活动相关的合同。

例 8-1 城镇土地使用税的缴纳

某企业的生产地占用了当地城镇土地，因此需要按期缴纳城镇土地使用税。由于企业属于中小型公司，在财务部门专设有税务处理岗位，而小刘的工作就是给公司定期申报并缴纳税款。

2018 年 9 月底到了上交税费的时间，小刘负责的税费里有城镇土地使用税。于是，他准备了《土地使用权证》、购地合同和发票等可以证明土地使用权属的材料，然后到 ×× 市税务局的缴税窗口提交了事先准备的材料。

在工作人员审核了小刘提供的企业城镇土地使用资料后，向小刘说明要缴纳的税款额，支付税款后，工作人员将完税凭证交给小刘，小刘将其带回公司进行账务登记，随后将其做专门保管。

在实际工作中，如果事先知道哪些税种涉及的税费在同一窗口办理，就可将所需的资料事先全部准备好，办理税务登记及缴费时就可一次性全部提交。

虽然国地税已经合并，所有税务登记工作均在当地同一税务机关办理，但是否在同一窗口办理将根据不同地区的具体规定而定。办税人员要时刻关注相关信息，这样可以提高办税工作的效率。

及时跟进财税新政

企业的财务工作者在长期的工作中必然需要依据现有的财税政策处理相应的问题，如企业所得税的计算、员工的社保缴纳以及个人所得税的计算等。对管理者来说，其工作内容虽然不会涉及具体的财务工作，但也要随时跟进国家的财税新政策，以此来控制企业内部的财务管理工作。

财务报表格式的大变动

为了解决执行企业会计准则的企业在财务报告编制中的实际问题，规范企业财务报表列报，提高会计信息质量，我国财政部在 2018 年 6 月发布了《关于修订印发 2018 年度一般企业财务报表格式的通知》，对一般企业财务报表格式进行了修订。

（1）尚未执行新准则的样式介绍

执行企业会计准则的非金融企业中，尚未执行新金融准则和新收入准则的企业应当按照企业准则和上述通知附件 1 的要求编制财务报表，如图 8-2 所示的是这类新资产负债表格式。

资产负债表

会企 01 表

				单位：元	
编制单位：		年　月　日			
资产	期末余额	年初余额	负债和所有者权益（或股东权益）	期末余额	年初余额
流动资产：			流动负债：		
货币资金			短期借款		
交易性金融资产			交易性金融负债		
衍生金融资产			衍生金融负债		
应收票据及应收账款			应付票据及应付账款		
预付款项			预收款项		
其他应收款			合同负债		
存货			应付职工薪酬		
合同资产			应交税费		
持有待售资产			其他应付款		
一年内到期的非流动资产			持有待售负债		
其他流动资产			一年内到期的非流动负债		
流动资产合计			其他流动负债		
非流动资产：			流动负债合计		
债权投资			非流动负债：		
其他债权投资			长期借款		
长期应收款			应付债券		
长期股权投资			其中：优先股		
其他权益工具投资			永续债		
其他非流动金融资产			长期应付款		
投资性房地产			预计负债		
固定资产			递延收益		
在建工程			递延所得税负债		
生产性生物资产			其他非流动负债		
油气资产			非流动负债合计		
无形资产			负债合计		
开发支出			所有者权益（或股东权益）		
商誉			实收资本（或股本）		
长期待摊费用			其他权益工具		
递延所得税资产			其中：优先股		
其他非流动资产			永续债		
非流动资产合计			资本公积		
			减：库存股		
			其他综合收益		
			盈余公积		
			未分配利润		
			所有者权益合计		
资产总计			负债和所有者权益总计		

图 8-2

与旧的资产负债表相比，该报表的主要变化有如下一些。

1）"应收票据"和"应收账款"项目归并至新增的"应收票据及应收账款"项目。

2）"应收利息"和"应收股利"项目归并至"其他应收款"项目。

3）"固定资产清理"项目归并至"固定资产"项目。

4）"工程物资"项目归并至"在建工程"项目。

5）"应付票据"和"应付账款"项目归并至新增的"应付票据及应付账款"项目。

6）"应付利息"和"应付股利"项目归并至"其他应付款"项目。

7）"专项应付款"项目归并至"长期应付款"项目。

8）"持有待售资产"行项目及"持有待售负债"行项目的核算内容发生变化。

除了资产负债表，该类企业的利润表也发生了变化，主要是拆分项目，并对部分项目的先后顺序进行调整，同时简化部分项目。比如新增"研发费用"项目，从"管理费用"项目中分拆"研发费用"项目；新增"其中：利息费用"和"利息收入"项目，在"财务费用"项目下增加"利息费用"和"利息收入"明细项目；"其他收益"、"资产处置收益"、"营业外收入"行项目和"营业外支出"行项目的核算内容调整；"权益法下在被投资单位不能重分类进损益的其他综合收益中享有的份额"简化为"权益法下不能转损益的其他综合收益"。

而所有者权益变动表主要落实《<企业会计准则第09号——职工薪酬>应用指南》对于在权益范围内转移"重新计量设定受益计划净负债或净资产所产生的变动"时增设项目的要求，即增设"设定受益计划变动额结转留存收益"项目。

（2）已执行新准则的样式介绍

执行企业会计准则的非金融企业中，已执行新金融准则或新收入准则的企业应当按照企业准则和上述通知附件2的要求编制财务报表。

实际上，该类企业的资产负债表在格式上与尚未执行新金融准则和新收入准则的企业的新资产负债表格式没有太大区别。

然而，该类企业的新财务报表与原来的财务报表相比，发生了如表8-2所示的变化。

表 8-2 已执行新金融准则或新收入准则的企业财务报表变化情况

主要变化	具体变化
资产负债表主要是归并原有项目	1. 新增与新金融工具准则有关的"交易性金融资产"、"债权投资"、"其他债权投资"、"其他权益工具投资"、"其他非流动金融资产"、"交易性金融负债"、"合同资产"和"合同负债"等项目，同时删除"以公允价值计量且其变动计入当期损益的金融资产"、"可供出售金融资产"、"持有至到期投资"以及"以公允价值计量且其变动计入当期损益的金融负债"项目； 2. "合同取得成本"、"合同履约成本"、"应收退货成本"和"预计负债——应付退货款"等科目按照其流动性在"其他流动资产"或"其他非流动资产"项目中列示； 3. "应收票据"和"应收账款"项目归并至新增的"应收票据及应收账款"项目； 4. "应收利息"和"应收股利"项目归并至"其他应收款"项目； 5. "固定资产清理"项目归并至"固定资产"项目； 6. "工程物资"项目归并至"在建工程"项目； 7. "应付票据"和"应付账款"项目归并至新增的"应付票据及应付账款"项目； 8. "应付利息"和"应付股利"项目归并至"其他应付款"项目； 9. "专项应付款"项目归并至"长期应付款"项目； 10. "持有待售资产"行项目及"持有待售负债"行项目的核算内容发生变化
利润表主要是新增项目、分拆项目，并对部分项目的先后顺序进行调整，同时简化部分项目	1. 新增与新金融工具准则有关的"信用减值损失"、"净敞口套期收益"、"其他权益工具投资公允价值变动"、"企业自身信用风险公允价值变动"、"其他债权投资公允价值变动"、"金融资产重分类计入其他综合收益的金额"、"其他债权投资信用减值准备"和"现金流量套期储备"项目； 2. 在其他综合收益部分删除与原金融工具准则有关的"可供出售金融资产公允价值变动损益"、"持有至到期投资重分类为可供出售金融资产损益"和"现金流量套期损益的有小部分"

续表

主要变化	具体变化
利润表主要是新增项目、分拆项目，并对部分项目的先后顺序进行调整，同时简化部分项目	3. 新增"研发费用"项目，从"管理费用"项目中分拆"研发费用"项目； 4. 新增"其中：利息费用"和"利息收入"项目，在"财务费用"项目下增加"利息费用"和"利息收入"明细项目； 5. "其他收益"、"资产处置收益"、"营业外收入"行项目和"营业外支出"行项目的核算内容调整； 6. "权益法下在被投资单位不能重分类进损益的其他综合收益中享有的份额"简化为"权益法下不能转损益的其他综合收益"
所有者权益变动表主要落实增设项目的要求	增设"设定受益计划变动额结转留存收益"项目

个人所得税有关政策的变化

2018 年 9 月初，第十三届全国人民代表大会常务委员会第五次会议通过了关于修改《中华人民共和国个人所得税法》的决定，形成个税法的修正本。其中主要推进的个税改革涉及如下 4 个方面。

◆ 提高个人所得税的起征点，由每月 3 500 元提高至每月 5 000 元（每年 6 万元）。

◆ 个人所得税改革增加专项扣除，如子女教育支出、继续教育支出、大病医疗支出、住房贷款利息和住房租金等专项附加扣除。

◆ 工资薪金、劳务报酬、稿酬、特许权使用费等劳动性所得作为综合所得合并，确定起征点，再征税。同时，适用统一的超额累进税率，居民个人按年合并计算个人所得税，非居民个人按月或按次分项计算个人所得税。

◆ 改革完善个人所得税征税的模式，即综合与分类相结合。

同时，《中华人民共和国个人所得税法（2018 年修正本）》中还增加了一条这样的规定：居民个人取得综合所得按年计算个人所得税；有扣缴义务人（一般是用人单位）的，由扣缴义务人按月或按次预扣预缴税款；居民个人年度终了后需要补税或退税的，按照规定办理汇算清缴。预扣预缴办法由国务院税务主管部门制定。

与该规定相关的还有另一条规定：纳税人有中国公民身份号码的，以中国公民身份号码为纳税人识别号；纳税人没有中国公民身份号码的，由税务机关赋予其纳税人识别号。扣缴义务人扣缴税款时，纳税人应向扣缴义务人提供纳税人识别号。这与公司代扣代缴员工的个人所得税不一样，公司代扣代缴时，员工自己没有纳税人识别号。

例 8-2　个人所得税的年终汇算清缴

谢兰是某家食品生产公司的会计主管，其 2018 年全年每月工资情况如表 8-3 所示。

表 8-3　谢兰 2018 年度每月工资数额

月份	工资额（元）	月份	工资额（元）
1 月	4 980	7 月	6 040
2 月	5 140	8 月	6 048
3 月	5 300	9 月	6 100
4 月	5 530	10 月	6 130
5 月	5 772	11 月	6 195
6 月	5 915	12 月	6 270

已知谢兰上一年度（2017 年）的月平均工资为 4 800 元，

按照当地的社保和公积金缴存标准，1 ~ 12月的社保和公积金个人缴存数如表8-4所示。

表8-4 谢兰2018年度每月社保和公积金缴存金额

月份	社保（元）	公积金（元）	月份	社保（元）	公积金（元）
1月	1021	384	7月	1021	384
2月	1021	384	8月	1021	384
3月	1021	384	9月	1021	384
4月	1021	384	10月	1021	384
5月	1021	384	11月	1021	384
6月	1021	384	12月	1021	384

按照《个人所得税法（2018年修正本）》的规定缴纳个人所得税，且谢兰没有向公司提供专项附加扣除信息，则每月预报预缴个人所得税的情况如下。

1月应纳税所得额 =4 980-1 021-384-5 000=-1 425（元）

1月预报预缴个人所得税税额 =0（元）

2月应纳税所得额 =5 140-1 021-384-5 000=-1 265（元）

2月预报预缴个人所得税税额 =0（元）

3月应纳税所得额 =5 300-1 021-384-5 000=-1 105（元）

3月预报预缴个人所得税税额 =0（元）

同理，计算其他月份的应纳税所得额和预报预缴个人所得税税额，结果如表8-5所示。

表 8-5 谢兰 2018 全年每月应纳税所得额和预报预缴个人所得税税额

月份	应纳税所得额（元）	个人所得税（元）	月份	应纳税所得额（元）	个人所得税（元）
1 月	−1 425	0	7 月	−365	0
2 月	−1 265	0	8 月	−357	0
3 月	−1 105	0	9 月	−305	0
4 月	−875	0	10 月	−275	0
5 月	−633	0	11 月	−210	0
6 月	−490	0	12 月	−135	0

由此可见，2018 年全年谢兰的个人所得税税额均为 0 元，但也需要按月预报。

但是，谢兰除了在公司任职会计主管外，还接了一些撰写会计类书籍的工作，2018 年额外取得了稿酬 8 000 元和其他劳务收入 5 000 元。在年终汇算清缴时，谢兰的应纳税所得额和应交个人所得税情况如下。

2018 年全年综合所得 =4 980+5 140+5 300+5 530+5 772+5 915+6 040+6 048+6 100+6 130+6 195+6 270+8 000+5 000=82 420（元）

2018 年应纳税所得额 =82 420−5 000×12=22 420(元)

由于 22 420 元未超过 3.6 万元，所以在《个人所得税法（2018 年修正本）》的标准下，谢兰当年的个人所得税税率适用最低档 3% 税率。

2018 年应纳个人所得税税额 =22 420×3%−0=672.6（元）

但是，谢兰按月预报预缴了个人所得税 0 元，与汇算清缴的个人所得税税额相比，少了，所以应补缴 672.6 元（672.6-0）。

劳务报酬、稿酬、特许权使用费等所得的应纳税所得额

《中华人民共和国个人所得税法（2018 年修正本）》的第六条内容对劳务报酬、稿酬和特许权使用费等所得的应纳税所得额做出了如下规定：

◆ 非居民个人的工资、薪金所得，以每月收入额减除费用 5 000 元后的余额为应纳税所得额；劳务报酬所得、稿酬所得、特许权使用费所得，以每次收入额为应纳税所得额。

◆ 劳务报酬所得、稿酬所得、特许权使用费所得以收入减除 20% 的费用后的余额为收入额。稿酬所得的收入额减按 70% 计算。

而未修改之前，与劳务报酬、稿酬和特许权使用费等所得的应纳税所得额有关的规定是：劳务报酬所得、稿酬所得、特许权使用费所得、财产租赁所得，每次收入不超过 4 000 元的，减除费用 800 元；4 000 元以上的，减除 20% 的费用，其余额为应纳税所得额；稿酬所得适用比例税率为 20%，并按应纳税额减征 30%。

例 8-3　计算稿酬所得应缴纳的个人所得税

张辉在某电子产品生产公司工作，平时喜欢看看武侠小说。某次机缘巧合被某小说阅读网站的负责人看见了他在自己的博客中撰写的一篇短小故事，觉得张辉有写作的潜力，于是找到他商量写小说的事宜。

张辉心想，反正平时也有空余的时间，自己也比较

喜欢写作，还能写稿赚外快，何乐而不为呢！于是便答应了。就这样，张辉一直在业余时间写小说。由于该合作是正规的，所以会与该小说阅读网站签订合同，约定稿酬事项。而张辉每次的稿酬所得会计缴个人所得税。

已知 2018 年 10 月 1 日之前，张辉共收到 3 次稿酬所得，分别是 4 000 元、3 000 元和 5 200 元。10 月 1 日之后，收到一次稿酬 5 000 元。那么，张辉这 4 次的稿酬所得应缴纳多少个人所得税呢？

根据《中华人民共和国个人所得税法（2018 年修正本）》通过之前的相关规定可知，张辉前 3 次的稿酬所得应缴纳的个人所得税如下。

前 3 次应缴纳个人所得税 =（4 000-800）×（1-30%）×20%+5 200×（1-20%）×（1-30%）×20%=448+582.4=1 030.4（元）

根据《中华人民共和国个人所得税法（2018 年修正本）》的规定，张辉第四次的稿酬所得应缴纳的个人所得税如下。

第 4 次应缴纳个人所得税 =5 000×（1-20%）×70%×20%=560（元）

2018 年 4 次稿酬所得应缴纳个人所得税 =1 030.4+560=1 590.4（元）

如果案例中张辉的 4 次稿酬所得都在《中华人民共和国个人所得税法（2018 年修正本）》通过之后取得，则应缴纳的个人所得税为（4 000+3 000+5 200+5 000）×（1-20%）×70%×20%，即 1 926.4 元。与案例中计算出的这 4 次共缴纳个人所得税相比，足足多了 336 元。由此可见，新个人所得税法对稿酬所得的缴税规定减轻了纳税人的纳税负担，在相同稿酬所得的情况下，缴纳的税款变少了。

申请"一般纳税人"还是"小规模纳税人"

一般纳税人的特点是增值税进项数额可以抵扣销项税额，一般是指年应征增值税销售额超过财政部规定的小规模纳税人标准的企业。而小规模纳税人是指会计核算不健全、不能按规定报送有关税务材料的增值税纳税人，所谓的会计核算不健全指的是不能正确核算增值税的销项税额、进项税额和应纳税额。

由于两者之间在税收管理规定上有区别，因此会有好与不好、哪种纳税人更好的选择比较，如图8-3所示。

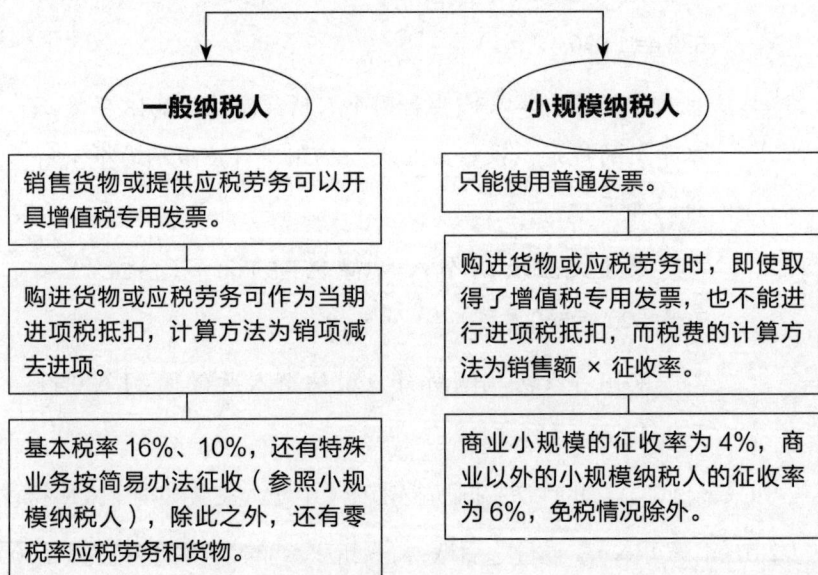

图 8-3

由于一般纳税人和小规模纳税人之间没有特别明确的界限，如有些企业认为自身核算健全，属于一般纳税人，但实际上其核算没有达到客观上的健全，只能算是小规模纳税人。这样一来，企业究竟是申请一般纳税人还是小规模纳税人就没有定论。此时，企业可以通过营业收入和企业员工人数来判断自身企业符合申请哪种纳税人条件。

从图 8-2 所示的内容可以很明显地看出，小规模纳税人的征收税率远远低于一般纳税人，从这一角度出发，很多企业会极力地申请小规模纳税人；单从进项税抵扣角度，又有许多企业更愿意申请一般纳税人。这时，企业可以考量自身的营业收入和员工人数，看是否超过小规模纳税人标准很多，若只是勉强超过了小规模纳税人的认定条件，则可申请小规模纳税人；如果明显符合一般纳税人认定条件，则最好申请一般纳税人。

申请小规模纳税人以后，随着企业的发展壮大，管理者可以变更企业为一般纳税人。只是一旦变更为一般纳税人以后，就不能再变更回小规模纳税人了。

为了完善增值税制度，进一步支持中小微企业发展，国务院财政部税务总局发布了《关于统一增值税小规模纳税人标准的通知》，规定增值税小规模纳税人标准为年应征增值税销售额 500 万元及以下，而且，按照《中华人民共和国增值税暂行条例实施细则》第二十八条规定已登记为增值税一般纳税人的单位和个人，在 2018 年 12 月 31 日前，可转登记为小规模纳税人，其未抵扣的进项税额作转出处理。

管理者要做的税务事项

管理者只需要大致了解企业税务方面的相关工作内容即可，具体到税务工作的实施可由员工或下属管理人员负责。企业管理者要做的就是站在更高的角度审视公司的税务工作，如怎样安排合适的员工处理公司税务？怎样使税收策略迎合企业战略目标？还有怎样做好筹资和资金运用等方面的税收策划？管理者要做的是税务大方向的事情，控制企业税务的大致发展方向。

安排可靠的税务员工处理税务

税务是企业经营过程中一个不可忽视的环节，影响着企业经营效益的高低，而税务处理工作也比较复杂且有一定难度，所以管理者需要慎重安排税务处理人员。

管理者在安排或招聘企业税务员工时，要考察其品德和能力，具体条件应有如下所示的一些。

◆ 良好的职业操守，不做违法乱纪的事。

◆ 做事踏实认真、有始有终，有责任心。

◆ 尽职尽责，服从领导的安排。

◆ 对税务相关知识非常熟悉，如企业可能涉及哪些税费、各种税费的费率如何、不同的税务如何分别处理以及各种税法知识。

◆ 有较强的学习意识，能及时掌握新的税法规定，获取税务信息。

◆ 掌握一定的合理"避税"技巧，帮助企业减少税负。

◆ 能够熟练使用税务相关软件，掌握发票的开具、作废、重开和申报等事务的程序。

企业在发展过程中，税务人员尽量从公司内部员工中选拔，一来可以让员工尽快适应税务岗位，而来避免公司重要税务信息被泄露。

如何使税收策略迎合公司战略目标

要使税收策略迎合公司战略目标，先要给企业战略下的税收筹划定位目标；然后分析税收筹划与公司战略的关系；接着制定企业战略目标的整体税收策略；最后达到企业税收策略的战略管理。

（1）给企业战略下的税收筹划定位目标

企业税收筹划属于财务管理工作的一部分，在企业战略目标下，其目标有 3 点：减轻税收负担、降低涉税风险和提高自身经济效益。

减轻企业税收负担是指相对减轻，可以适当减少公司的应纳税款数额，保证应纳税额与生产经营规模的比率有所降低，就能减轻企业税负，符合企业长期发展战略的要求；而降低涉税风险也就降低企业经营风险，同样有利于企业战略目标的实现；提高企业自身经济效益，让税收策略帮助企业实现价值最大化。同时，企业税收策略要具有合法性、服从于财务管理总体目标、服务于财务决策过程、事前性、适用性和时效性等原则，才能有效迎合企业战略目标。

（2）企业税收筹划与战略目标的关系

企业战略目标的特征是整体性和长期性，企业战略目标与税收筹划之间是全局性规划与局部性经济行为、目标与手段的关系。

企业税收筹划服从于战略目标。税收筹划策略属于事前行为，无法左右企业战略决策，而要帮助企业实现战略目标，则需要税收筹划服从于战略目标来完成策略的制定。

（3）制定企业战略目标的整体税收策略

税收筹划服务于财务战略目标，最终服务于企业价值最大化的整体目标，所以税收筹划要上升到企业价值创造的战略层面。

企业可以从经营税收筹划、投资税收筹划和筹资税收筹划这3个方面着手，制定具体的税收策略。税收筹划或策略的运作情况不能简单地以税负的轻重来衡量，而要同企业价值最大化目标一致，并通过经济增加值的变化来反映税收筹划或策略是否符合。

（4）税收筹划的战略管理

税后筹划作为一种管理活动，结合企业发展战略帮助企业达到战略目标。在税收筹划过程中，找出哪个环节的税收筹划最容易实现企业的税收利益。同时，税收筹划要考虑风险管理策略的实施，比如建立内部纳税控制系统及事后做成本收益分析等。

筹资战略的税收策划

企业有众多筹资途径和方法，不同的筹资方式对企业纳税会产生不同的影响，具体分析如图 8-3 所示。

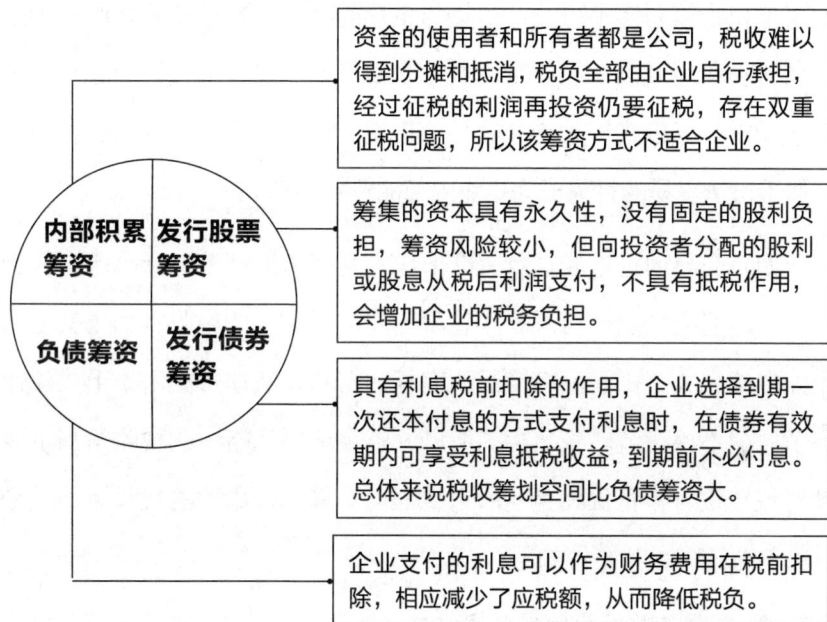

資金的使用者和所有者都是公司，税收难以得到分摊和抵消，税负全部由企业自行承担，经过征税的利润再投资仍要征税，存在双重征税问题，所以该筹资方式不适合企业。

筹集的资本具有永久性，没有固定的股利负担，筹资风险较小，但向投资者分配的股利或股息从税后利润支付，不具有抵税作用，会增加企业的税务负担。

具有利息税前扣除的作用，企业选择到期一次还本付息的方式支付利息时，在债券有效期内可享受利息抵税收益，期前不必付息。总体来说税收筹划空间比负债筹资大。

企业支付的利息可以作为财务费用在税前扣除，相应减少了应税额，从而降低税负。

内部积累筹资　发行股票筹资　负债筹资　发行债券筹资

图 8-3

从图 8-3 所示的内容中可以看出，考虑税收筹划问题后，适合企业筹资的渠道是负债筹资和发行债券筹资，这两种途径都有抵扣税收的情况存在，可以相对减少企业应交税费，减轻企业的税负。从另一个方面讲，如果企业利用发行股票或内部积累的方式筹资，则需要考虑减少营业额或增加费用支出来降低应税额，从而减少应交税费。如果企业通过负债或发行债券来筹资，则降低税负的手段和方法有很多，不仅可以减少营业额或费用支出等绝对值，还能通过税额抵扣等方法达到减轻税负的目的。

资金运用战略的税收策划

资金只有在不停地被运用中才有其存在的意义，企业资金的运用战略与税收策划密不可分。市场与企业的相互替代性影响税收，如果市场交易费用过高，而放置到企业中则可能下降，通过资金运营，以并购和重组等方式扩大企业边界（规模），实现市场交易内化，即原本属于市场交易的行为成为企业内部的业务活动。

如果交易通过市场进行，会形成一系列流通环节，商品所有权会转移，进而会产生流转税和印花税等与交易相关的税收；如果交易在企业内部完成，由于没有商品所有权的转移，法律形式上不形成流通环节，就不存在流转税负担。所以，资金运用战略中的税收策划主要针对流转税、印花税和企业所得税等。而最有代表性的税收策划就是进行企业并购，其好处如下：

◆ 利用并购行为能规避增值税。根据有关规定，转让企业产权不不交纳增值税。

◆ 利用并购行为节省消费税。并购形成产业链，可减少多个环节涉及到的消费税。

◆ 兼并亏损企业筹划节税。变换企业身份，享受一定的优惠政策，如亏损弥补政策。

◆ 企业分立，将兼营或混合销售中的低税率业务或免税业务独立出来，合理节税。

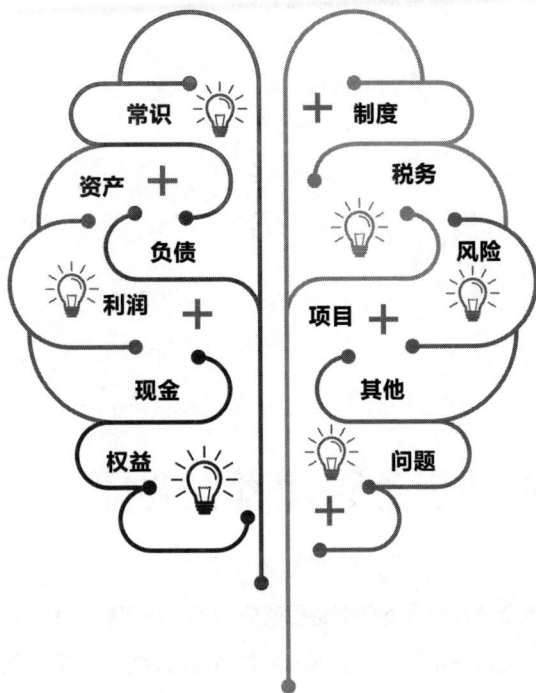

第 9 章
如何从报表中看出并防范风险

为了避免有些不自觉的员工损害公司利益，企业管理者需要从财务报表中看出存在的端倪，找出员工在财务数据上动的手脚，或者从财务数据中预测企业经营过程中可能存在的风险，结合这两方面的分析，做出有利于企业发展的风险防范措施。

有些财务事务管理者也要懂

虽然管理者是站在全局的角度进行财务管理，很多财务大小事务不必亲自督促或完成。但有些细微而重要的财务事务管理者也有必要学习并弄懂。学习这些细微财务知识，可帮助管理者切实做好财务监督工作，真正走进财务人员的工作中去，体会财务人员工作的艰辛与不易，进而懂得如何给财务人员安排适当的工作和工作量。

财务处理的一般程序

在企业内部，财务处理就是指账务处理，主要是对会计数据的记录、分类、汇总和编制报表的步骤与方法。常用的账务处理程序有记账凭证账务处理程序、汇总记账凭证账务处理程序和科目汇总表账务处理程序这3类。这3类账务处理程序的过程大致相同，只是在登记总分类账时的依据、程序和格式有所不同。

　　账务处理程序是一个连续且循环的过程，企业需要依据一定的会计处理程序和步骤来完成账务处理，基本程序如图 9-1 所示。

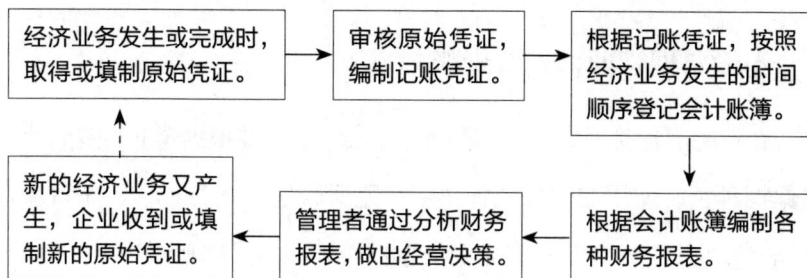

```
┌──────────────────┐    ┌──────────────────┐    ┌──────────────────┐
│ 经济业务发生或完成时，│ →  │ 审核原始凭证，    │ →  │ 根据记账凭证，按照 │
│ 取得或填制原始凭证。  │    │ 编制记账凭证。    │    │ 经济业务发生的时间 │
│                  │    │                  │    │ 顺序登记会计账簿。 │
└──────────────────┘    └──────────────────┘    └──────────────────┘
         ↑                                               │
         │                                               ↓
┌──────────────────┐    ┌──────────────────┐    ┌──────────────────┐
│ 新的经济业务又产   │    │ 管理者通过分析财务 │ ← │ 根据会计账簿编制各 │
│ 生，企业收到或填   │ ←  │ 报表，做出经营决策。│    │ 种财务报表。      │
│ 制新的原始凭证。   │    │                  │    │                  │
└──────────────────┘    └──────────────────┘    └──────────────────┘
```

图 9-1

　　管理者学习财务处理的一般程序，可以有效监督财务人员积极工作，而要督促或衡量财务人员的工作质量与效率，还需清楚了解财务处理过程中的一些要求。

　　在实际工作中，各企业的经济业务大小、规模和业务性质都会不一样。因此，对一些工作的处理要求也会不同。为了保证财务工作的顺利进行和提高员工的工作效率，企业应根据自身情况，选择合理的账务处理方法。同时还需要遵循以下 3 个要求。

　　第一，选择并运用的账务处理程序要与企业的经济业务性质、规模大小和经营管理要求等相适应，而且还要考虑财务工作的分工协作难易程度，尽量充分发挥分工协作的作用。

　　第二，账务处理程序除了要保证及时、正确且全面地提供企业各方面财务信息外，还要保证财务工作的质量及提供的财务信息是管理者或报表使用者所需要的。

　　第三，账务处理程序除了要适合企业的经济业务性质，还要尽量简化，减少不必要的环节，进而精简不必要的人力和物力，提高企业财务工作的质量和效率。

不懂票据管理，怎么查账

企业的票据管理大多是指财务票据管理，主要根据企业自身特点，以票据种类、使用准则、统计核销、账册管理、账务稽核、印章管理和档案室票据管理等事项制定财务票据管理办法或细则。

管理者要弄懂票据管理，首先要了解企业票据包括哪些种类，具体如下所示。

- ◆ **支票**：现金支票、转账支票、电汇和承兑汇票。
- ◆ **发票和收据**：以"发票"冠名的普通发票、增值税专用发票、机打平推发票（如图9-2所示）和资金往来收据等。
- ◆ **借款单**：公司自制单据，使用时在封面注明项目、部门及个人借款。
- ◆ **费用报销审批单**：公司自制单据。
- ◆ **费用支付申请单**：公司统一单据。
- ◆ **材料出入库单据**：公司统一单据。

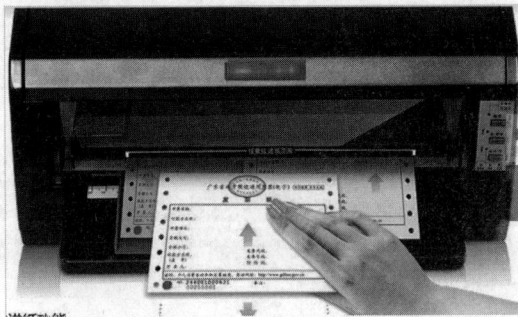

图9-2

同时，管理者还要了解票据的使用准则。下面以发票和收据为例，看看其具体有哪些使用准则。

1）企业购买发票后，先由税务管理会计建立发票登记簿，发票管理会计按照登记簿上的内容逐一填写领用发票的时间、种类、份数、讫止编号（连续编号）、领用人姓名以及会计确认签字。对于需要开具税务发票的工程，要由业务部门提交发票申请单，经项目经理和会计确认签字后，发票管理会计才能使用。

2）发票收据应复印填写，严禁开"鸳鸯票"（发票各联的金额不一样），封面注明行政费用类、直营工程类或联营工程类等，便于统计归类。单本票据用完核销时，每本封面必须经出纳确认签字后交财务档案管理会计归档。

3）填写发票收据时，要准确完整地填写对方公司名称和相应摘要，经资金管理会计确认无误后加盖公司财务专用章及发票签发用章。

4）对开启的发票，应在发票使用登记簿上按项目逐一登记，特别是对联营项目开启的发票做特别说明，注明开票时是否按合同约定缴纳收费，对已经缴纳的税费开启收据，未缴税费的要有书面说明，并取得总经理审批签字。

5）公司收据的启用与发票的启用应该一致，使用也与发票一样。使用和核销时在封面注明公司内部、外部及冲账的收据，但在启用核销时要到公司专人处登记、领用、启用和核销。

从上述内容可知，企业发票和收据的管理都会牵扯到管理者。所以，懂得票据的管理能够帮助管理者有效查账。

要对企业库存进行合理控制

库存控制的根本目的是提高库存周转率。周转率越高，可避免企业面临超储或缺货的情况，降低库存总费用，加速资金周转。然而库存周转率的提高，仅仅靠所谓的实物库存控制是远远不够的，还需要进行仓储管理，如预测与订单处理、生产计划与控制、物料计划与采购控制、库存计划与预测以及成品和原材料的配送与发货策略。如图9-3所示的是库存控制的各个环节。

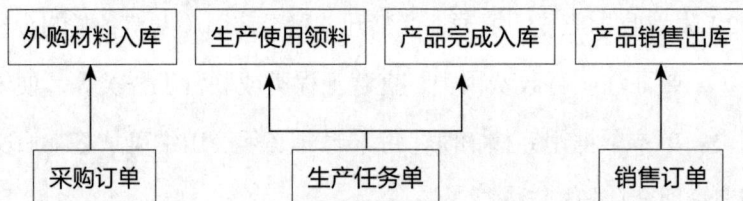

外购材料入库	生产使用领料	产品完成入库	产品销售出库
↑	↑	↑	↑
采购订单	生产任务单		销售订单

图9-3

作为管理者，首先需要了解库存过多或过少会给企业带来的影响。库存量过大势必会增加仓库面积和库存保管费用，导致产品成本拔高，且库存占用的流动资金会很高，既加重货款利息负担，又影响资金时间价值；库存量过小，造成服务水平下降，影响销售利润和企业信誉，造成生产所用的原材料或其他物料供应不足，影响生产过程的正常进行。

所以，适量的库存才有利于企业的发展，不仅降低成本，增加流动资金，而且还能有效提高产品质量，缩短生产周期。

例9-1　1.5倍库存原则有效控制企业库存

四川某企业做食品销售生意，同时也生产加工食品。

经过多年的销售实战和了解同行其他公司的实践经验，该公司在库存控制方面始终坚持 1.5 倍原则，这不仅保证了企业有充足的存货，还减少了断货甚至脱销的可能性，让该企业的生产销售过程平稳有序。

首先，公司查看客户上一期的订单量以及企业当前的库存量，然后根据 1.5 倍原则向客户建议新的订货量，同时也是为该企业自身确定安全存货量，具体计算方法如下：

安全存货量＝上一期企业实际销量 ×1.5

建议的订货量＝安全存货量－企业现有库存

由于该企业上一期销售过后剩余 500 件库存，而上一期实际销量为 5 000 件。所以，企业确定的安全存货量为：5 000×1.5 ＝ 7 500（件）。通过这一数据，企业销售人员可以向客户建议的订货量为：7 500 － 500 ＝ 7 000（件）。

然而，该企业在实际经营过程中不懂得变通，节假日时还是以 1.5 倍原则确定安全存货量，导致企业生产的食品在节假日时脱销，再花时间增加产量为时已晚，等生产出来以后，节假日也过了，企业将会积累更多的库存，这样一来，企业并未真正达到库存控制的效果。

管理者要明白，1.5 倍原则或者其他经营策略要灵活使用，避免生搬硬套，达不到库存控制的目的，甚至还会造成不必要的企业损失。

公司对外应报出哪些报表

到月度末或者年度终了，财务忙碌的结果就是要制作出相应的财务报表和财务分析报告。对企业内部而言，这些财务报告和报表给管理者提供公司目前的经营状况和"家底"，对外而言是税务机关、工商部门需要备案的资料。

企业经营的好坏、目前的实力状况等都会通过财务报表反映出来。管理者需要努力做的事情是制作出一份出色的财务报表，而一份准确无误的财务报表则是企业财务人员要做的工作和努力的目标。因此，可能很多企业对外公布的财务报表存在被粉饰的可能性。但不管怎样，企业都必须向外界公布的报表有资产负债表、利润表、现金流量表、所有者权益变动表和会计报表附注等。

在前面的章节中，我们已经了解了资产负债表、利润表、现金流量表和所有者权益变动表的具体内容和相关注意事项，这里就不再赘述，而主要介绍会计报表附注应包含的内容，如图 9-4 所示。

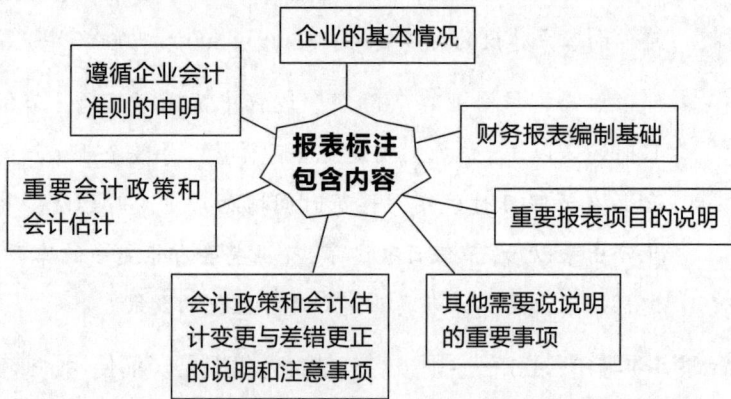

图 9-4

报表标注是对财务报表中列示的项目做进一步说明，并且对未能在报表中列出的项目进行说明，帮助查阅企业报表的用户更全面地了解企业的经营状况和资金运营情况。

如何从报表中识别各种风险

管理者在经营企业的过程中免不了承担风险，而风险也是企业发展过程中不可能完全规避和消除的。为了减少企业可能面临的损失，管理者需要从各种报表中识别企业应承担的风险，然后采取积极措施降低风险或规避风险。管理者要了解企业，除了亲临办公场所查看外，最主要的途径就是通过报表。因此，首先需要识别虚假报表，才能保证报表反映的公司情况真实合理，进而做出合适决策来防范、规避和降低风险。

虚假报表的识别

随着经济的发展和政策的改变，财务报表的真实性越来越模糊，各种财务报表舞弊手段层出不穷，管理者们为此也非常苦恼。虚假的财务报表不仅会使管理者或其他使用者得到错误的企业信息，对外界来说还可能扰乱市场的经济秩序。如何识别财务报表的真假是企业管理者及其他报表使用者急需要掌握的知识。

识别虚假报表的方法主要有 3 种，一是分析利润的来源，二是分析现金流量，三是分析应收账款和存货。

（1）分析利润的来源

正常情况下，企业的利润构成中大部分来自于主营业务收入，而其他业务收入和投资收益等的利润只占少部分，甚至有些企业没有这些方向的利润。

分析利润的来源，看企业某一时期的利润结构情况，若出现主营业务利润以外的利润来源项目占较大比例，说明企业可能为了在市场上进行筹资等融资活动而编造了虚假数据。另外，通过与前期的利润进行比较分析，看企业各时期的利润收入是否均衡。若当期报表显示的盈利收入较高，而前几期盈利却很低，或者当期利润较低而前几期利润很高，说明利润在下跌，管理者就要警觉，报表中可能存在异常。

（2）分析现金流量

正常情况下，企业经营活动产生的现金流量应占总现金流量的大部分，而筹资与投资活动产生的现金流量只占小部分比例。一般来说，经营活动现金流量占企业的 70%，筹资活动现金流占 13%，而投资活动占 17%，具体企业的实际情况可能围绕这 3 个数据上下波动。

管理者可以将现金净流量与当期的主营业务利润、投资收益和净利润进行比较。若企业的现金净流量低于净利润，且长期处于低位，企业可能已经确认的利润是不可转化为现金流量的资产，即可能存在挂账利润而非实现的利润。除此之外，管理者还可对比企业前后期的现金流量状况，从变化状态中找出报表的虚假之处。

（3）分析应收款和存货

一些上市公司利用虚开购货发票增加收入和利润，一方面增加商品销售收入，另一方面也会增加商品销售成本。同时，会导致存货的异常增加，存货周转率急剧下降。这些虚构的收入往往就表现为应收账款，导致应收账款周转率急剧下降。为了不让财务指标表现异常而引起怀疑，企业通过一些迂回的办法将应收账款向其他应收款或预付账款转移。比如，先把资金退出企业，然后让客户再把资金打进公司，资金退出公司时挂在其他应收款或预付账款账上，而打进企业的资金做"货款"确认收入。所以企业管理者要特别注意其他应收款和预付账款余额过高的情况，审查是否存在虚假销售、做平报表的问题。

（4）报表对应关系识别

这是一种大方向识别虚假报表的手法，管理者不仅需要对关联公司间的购销情况进行比较，还应多关注非关联公司之间因上下游产品关系、生产性企业和其他企业间的业务往来形成的购销和应收应付等对应关系的变化。在实际工作中，当出现因产品或劳务等形成的"关联"公司间的应收应付项目的急剧变动情况时，采取措施规避投资风险。

通过报表识别税务风险

企业经营过程中面临的风险不计其数，有客观原因导致的，也有企业主观行为造成的，而管理者要做的事就是从报表当中的具体科目着手分析企业可能面临的税务风险，为规避风险做好准备，如表 9-1 所示。

表 9-1 企业可能面临的税务风险

科目	风险
应收账款、应收票据	本期金额与上年同期比较，若增减异常，可能存在核销坏账损失不合法、计提坏账准备企业没有调整应纳税所得额等问题
长期股权投资	期初和期末出现较大变动，企业可能以非货币资产进行投资，但却没有做视同销售处理或者是转让股权时没有合理报税
应付职工薪酬	工资薪金支出出现较大增幅，多计提却没有发放，可能出现故意降低应纳税的问题；职工福利费支出过高，可能存在可以逃税漏税的风险；职工教育经费支出过高，可能存在应纳税费作假的风险
其他	不计入企业应税收入的其他收入过高时，很可能是企业为了逃税而进行了资金迂回措施，让实际要进行税费缴纳的资金转入不进行税费缴纳的资金项目中

一般来说，通过报表识别税务风险的流程如图 9-5 所示。

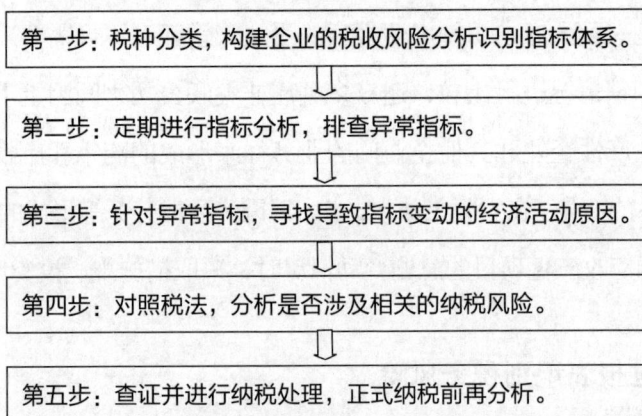

第一步：税种分类，构建企业的税收风险分析识别指标体系。

↓

第二步：定期进行指标分析，排查异常指标。

↓

第三步：针对异常指标，寻找导致指标变动的经济活动原因。

↓

第四步：对照税法，分析是否涉及相关的纳税风险。

↓

第五步：查证并进行纳税处理，正式纳税前再分析。

图 9-5

在排查异常指标时，要设定一个标准值、预警值、中位值或一个排序方法。而在分析导致指标变动的经济活动原因时，一般有经营状况变化、管理变革、融资需要、财务目标改变及税务目的不同等原因。

还要对照税法检查企业是否涉及纳税风险。比如企业收到保证金，此时需不需要交税？如果应该交税却没有交，就会面临纳税风险；而如果不用交税却交了，也会因为税收问题影响企业的经营成果。

小心资金周转危机

资金周转情况就是资本的营运情况，而营运资本在实际经营过程中表现为"应收账款、应收票据、应付票据、应付账款、预收账款、预付账款和存货"这 7 个科目。财务报表中的这 7 个科目的数据发生异常时，说明企业资金周转存在问题。

应收账款和应收票据的金额过人，说明很多客户向企业赊账，容易导致企业可用的资金缺乏，造成资金周转危机。同样，应付票据增加或应收账款数额增加，侧面说明企业支付能力下降，所以才会向客户或其他企业赊账。

预收账款过多，可能引起企业后期无法支付的问题；预付账款过多，可能加重企业当期的经济负担，从而出现资金周转危机。

除此之外，企业的存货是占用资金的一个重要因素。存货过多，没有及时销售产品，投入的资金没有及时通过销售收入收回企业，中间就会出现存货占用资金，没有多余的钱生产下一批产品的情况，也是一种资金周转危机的表现。

那么，怎样判断这些科目的数据是否过高呢？显然，与前期数据进行对比，有明显的增加或者超出行业平均水平，即说明数据值过高。此时就要引起管理者的重视，小心资金周转危机，并及时做出解决办法。

防范利润表造假的对策

利润表的数据都来源于实际销售收入和生产、销售成本等，防范利润表造假，最基本的措施就是保证销售收入和成本没有作假成分，那么得出的利润数据才会是真实的。除此之外，企业防范利润表造假的对策要具有前瞻性，即真正做好防范工作，具体有如下所示的方法。

1）提高财务人员的素质。企业领导的思想不端正是导致利润表造假的主要因素，所以不仅仅是普通财务人员，只要和财务工作有联系的管理者都应提高自我素质，增强法律意识，明确利润表造假的危害和严重性。相关人员要明确自己的职责，努力改善会计行为环境。

2）加强会计法律监督。明确的法律能够给财务人员工作上的支持，让其有能力对做假账说"不"。另外，财务相关法律要明确各财务人员的工作职责和权限，做到相互分离、相互制约。法律的监督作用可以保证财务工作顺利且合法完成，防止企业员工不得不做假账的情况发生。

3）建立健全审计制度。认真考核财务人员的行为，对利润表造假进行严厉查处。同时，鼓励员工积极举报管理者强迫做假账的行为。

4）加大惩罚力度。利润表造假的情况频繁发生，其中一个重要原因就是对造假行为的惩罚力度不够。对账簿混乱、利润表造假严重的企业，可适当进行媒体曝光，给予严厉的警告，并鼓励社会大众对该企业进行严密监督，防止再出现利润表造假事件。在此过程中，更重要的是追究企业领导和管理者的责任，这不仅可以防止企业管理者强迫员工做假账，也能防止管理者不认真审核公司的利润表。

5）规范会计信息披露行为。以正式文件的形式规范会计信息披露行为，让企业没有办法且没有理由做假账。

负债过多时谨防破产风险

当债务人因不能偿债或资不抵债时，由自己或债权人诉请法院宣告破产。当企业负债过多时，后期很可能无法偿还债务，也就可能使企业面临破产的困境。对此，企业可以参考国外的"Z 分数法"提前预测企业的经营状况和破产的可能性。具体公式如下。

$$Z = 1.2R_1 + 1.4R_2 + 3.3R_3 + 0.6R_4 + 1.0R_5$$

其中，R_1 为营运资本与总资产比率（营运资本 ÷ 总资产），R_2 为盈余公积与总资产比率（盈余公积与未分配利润之和 ÷ 总资产），R_3 为收益与总资产比率（息税前利润 ÷ 总资产），R_4 为资本市价总额与长期负债比率（资本市价总额 ÷ 长期负债），R_5 为销售收入与总资产比率（销售收入 ÷ 总资产）。

Z 公式中的 5 个比率被认为最能预测企业破产可能性，因此以 Z 分数为依据对企业的财务状况或是否面临破产的问题进行判断。若 Z 分数超过 3，说明企业进行正常的经济活动比较安全；若 Z 分数低于 1.8，企业很可能面临破产的风险。为什么呢？负债过多说明企业营运资本缺乏，R_1 低；负债过多，盈余公积和未分配利润较少，R_2 低；同理，其他比率低，Z 值就低。所以，企业极可能面临破产。

如何保证报表的公允性

报表的公允性是指财务报表是否在所有重大方面反映了被审计企业的财务状况、经营成果和现金流量。对企业来说，保证报表的公允性有利于提高企业的信誉，从而争取忠实客户和消费者，更重要的是可以在行业里建立威信，促进企业顺利而快速地向前发展。那么，怎样才能保证报表的公允性呢？下面来看看具体的措施和规范。

报表的规范

报表的规范性能够在一定程度上提高报表的公允性，一份不规范的报表很显然会让人怀疑其制作的合法性或者数据真实性，产生怀疑就说明报表失去了公允性。那么报表需要哪些方面的规范呢？

（1）分类规范

对财务报表进行分类管理，具体情况如下所示。

- ◆ **报表种类：**日报、周报、月报、半年报和年报等。
- ◆ **报表名称：**根据报表内容和用途统一规范命名。
- ◆ **报表内容：**对报表的内容和用途进行简单描述。
- ◆ **报表格式：**Word、Excel 和 PPT 等。
- ◆ **统计周期：**根据企业实际情况设定合适的统计周期，可以是自然日、周和月，也可以是非自然日、周和月。
- ◆ **报表报送人：**指定专人负责报表制作、报送和归档整理工作。
- ◆ **报表接收人：**根据报表的用途和内容，设定不同的接收对象。一般情况下，内送报表接收人为内部管理人员，外送报表接收人为公司相关部门和相关机构。

（2）制作规范

报表的制作过程需要遵循一定的规范，得到的报表会具有更高的正规性，进而提高报表的公允性，具体制作规范如表 9-2 所示。

表 9-2　报表制作规范

规范项目	规范内容
格式规范	提前根据企业的统计报表汇总明细文档，制作出不同报表的规范模板，日后制作报表时严格按照规范模板来制作
内容规范	分析报表中反映的问题要清晰、详实，要跟踪并解决问题，落实问题的处理结果，对财务当期的突出事例进行重点分析。总之，内容要客观、准确而简洁，文字表述流畅到位

（3）报送规范

报表报送负责人要按照企业报表汇总明细中关于报表的统计周期、接收人和报送时间的规定，按时组织并报送各类报表，尽量不出现延误现象。企业需要提供给外部的各类工作报表，必须经过严格审阅后才能报送。审阅人一般为企业的部门总监、经理或主管。

（4）存档规范

各类报表在制作和报送完毕之后，必须按照一定的规范归档整理，便于后期查阅。

企业各类报表除报送负责人自行整理归档外，还必须按照规定的存放路径和方法进行统一归档保存，由档案负责人对所有报表进行备份。在制定存放的文件结构和路径时，区分内送报表和外送报表，比如内送报表结构和路径为"部门—报表种类—时间—报表"，而外送报表结构和路径为"报表种类—时间—报表"。

按流程做好审计工作

地方各级审计局主要负责地方政府各部门和所有企事业单位的审计监督工作。一般来说，通过审计局审核过的财务都比较具有公允性。因此，企业可以按既定流程完成审计工作，增加企业财务报表的公允性。那么，企业如何配合审计局的审计工作呢？

第一步，接收审计通知书。一般审计局在对企业实施审计的前3天会将审计通知书送到被审计企业，特殊情况时，审计小组会直接持审计通知书到企业进行审计。

第二步，配合审计。财务部将会计凭证、会计账簿、财务会计报告、现金、实物、有价证券以及与审计事项有关的文件交给审计小组审查。

第三步，查看审计报告。审计组的审计报告在报送审计机关前会征求被审计企业的意见，此时企业要仔细查看报告，看报告内容是否属实，双方协商后，由审计组提交审计报告。

第四步，等待审计机关的审计，若被查出违反国家规定的财务收支行为，要诚恳接受惩罚。

配合审计局做好企业财务审计，适当地向公众公布审计结果，让客户、消费者和合作伙伴都了解企业的财务具有很高的可信度，从而提高企业财务报表的公允性。

公司员工的职业操守良好

报表的制作离不开企业员工的努力，而且员工是第一批接触财务报表的人。要保证财务报表的公允性，必须从提升员工素质出发，毕竟员工的良好职业操守是报表具有公允性的基础。

例 9-2　职业操守的好坏与报表的公允性

小王和小周在某企业财务部工作，平时小王做事尽职尽责、正直坦率，而小周却是一个急功近利、做事不坦诚的人。虽然小王很不认同小周的行为，而小周也"瞧不起"小王的正直，可无奈的是，两人被安排到同一个小组，合作完成企业的某项财务工作。

月底了，财务部门又忙碌起来。小王和小周又开始一起完成任务，小周为了尽快完成任务，马马虎虎将凭证等经济业务进行整理并登记，完全不顾小王的劝告。几天后，财务经理把小王和小周叫到办公室，告知上月交的会计账簿出现了问题。

　　小周极力说明自己工作的认真，不可能出错，而小王却没有开口辩解，经理看出了其中的端倪，但也并未当场追问，又私下里找小王了解情况，小王不得不说出来了其中的实情。经理夸赞小王的做事态度，并强调了员工的职业操守对财务报表公允性的重要性和影响，鼓励小王继续按照自己的行事方式做好财务工作，还说明以后两人的工作完成后，由小王递交给经理，言下之意就是让小王检查工作的完成情况，保证会计账簿的真实性与合理性，然后再把账簿呈给经理。

员工的职业操守好坏，直接影响财务报表的呈现状态和效果，进而会影响报表的公允性。财务报表数据如果缺乏事实支撑，经不起他人的考究，就会引起使用者的质疑，降低报表的公允性。怎样培养员工的职业操守来保证财务报表的公允性呢？

◆ **根据职业操守品行选拔员工**：事先就对员工做出职业操守的要求，让有上进心的员工或者想要进入企业的员工主动培养自己的职业操守，以期应聘成功或受到企业管理者的夸奖与认可。

◆ **对员工进行职业操守培训**：现在大部分企业都比较注重员工的企业文化和职业技能培训，忽视了对员工职业操守的培训，导致员工在工作中经常存在侥幸心理，影响工作效果。所以，对员工进行职业操守培训是不可忽略的工作。

◆ **提高员工的自我监督和互相督促意识**：工作过程中，少不了与人合作，提高员工自身监督或互相督促的意识，可以保证工作的有效性和较高的质量，完成的工作成果会更具说服力和可信度，比如制定出来的财务报表更能获得使用者的信任。

避开财务报表陷阱

通过财务报表，管理者可以了解企业的经营状况。然而为了避免在查看报表时陷入陷阱，管理者需要识别报表存在哪些陷阱，以及学习如何避开或防止这些陷阱，让财务报表成为企业做出决策的有效参考资料，而不是完全依赖于财务报表经营企业。

如何清查公司的小金库

小金库是公司违反法律法规规定，没有将应列入企业账簿的各项资金或其他财产列明在相应账簿上所产生的资金。

企业一般用小金库的资金补贴或以奖金的方式发给员工，支付公司领导与业务无关的应酬费、为上级领导送礼或公司领导之间相互平分和白条报销。要清查公司的小金库，首先需要了解小金库的特点，具体如图 9-6 所示。

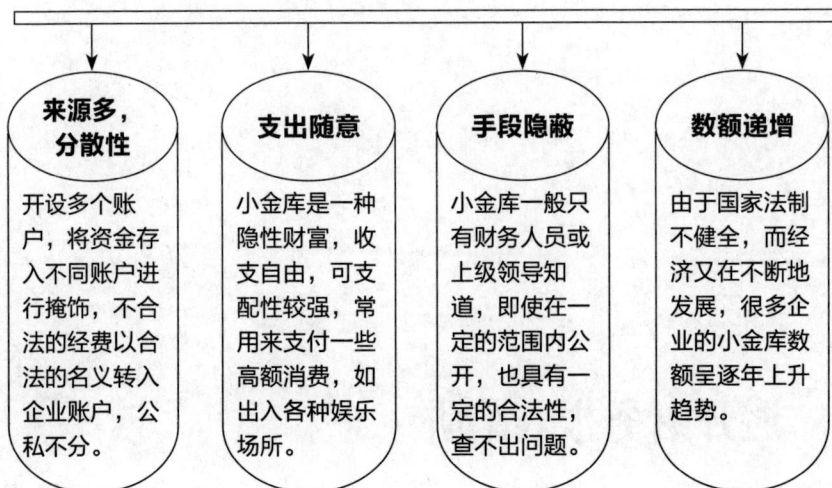

来源多，分散性	支出随意	手段隐蔽	数额递增
开设多个账户，将资金存入不同账户进行掩饰，不合法的经费以合法的名义转入企业账户，公私不分。	小金库是一种隐性财富，收支自由，可支配性较强，常用来支付一些高额消费，如出入各种娱乐场所。	小金库一般只有财务人员或上级领导知道，即使在一定的范围内公开，也具有一定的合法性，查不出问题。	由于国家法制不健全，而经济又在不断地发展，很多企业的小金库数额呈逐年上升趋势。

图 9-6

鉴于上述小金库的特点，企业要如何清查小金库来提高自身在公众心中的形象和声誉呢？

首先，管理者组织专项小组审查企业的会计凭证。主要是对企业原始凭证的审查，从凭证的时间、地点、物品和票据编号等入手。比如，公司的业务招待费，需要查看相应的会计凭证，核实最终的支付是来源于企业的银行存款还是企业的小金库。

其次，核实各类收款票据。比如公司的应收票据，核实这些票据的编号是否连续，发票的存根联与记账联的金额是否一致，已经使用的发票和未使用的发票是否连续，以此核实企业有无将相应的应收票据放入小金库的情况。

再者，审查企业内部的各种经费。主要包括项目、范围、标准、金额与实际收费是否一致，同时查看企业是否有已经收费的项目但还未入账，以及各种费用是否真的用在业务上。

最后，审查企业的银行存款及库存现金。通过银行存款日记账或现金日记账对企业的库存现金进行盘点，看是否盈余或短缺，查明相应的原因，进而确认企业是否通过小金库吸收或支付了库存现金。

账外账的检查小技巧

账外账是指企业没有在依法设置的会计账簿上，对发生的经济活动进行统一登记核算，而是私自设置了一类会计账簿进行登记，俗称"两套账"。一套账目是企业公开提供给审计局或税务局查账的账簿，称为大账；另一套账目是企业用来补充登记一些无法归集的收入或费用的，反映企业大账之外的收支，称为小账。

管理者要检查企业的账外账，需要了解账外账的资金来源和表现形式，具体内容如表 9-3 所示。

表 9-3 账外账的资金来源和表现形式

项目	要点
资金来源	一般包括纳税人（企业）为隐瞒收入而转移到小账的不正当收入、各种违规收入和截留企业的各种税费
表现形式	有存折、定期存单、未及时处理的银行存款通知单与原始单据、隐瞒资金用途的信用卡、违规报销的物资和入账的退回物资等

例 9-3　突击检查，让账外账无处可藏

某企业是一家食品公司，2018 年 10 月，在毫无征兆的情况下，公司领导层决定突击检查财务部的账务处理工作。通过财务人员所做的会计分录，查看企业的经济

活动，发现有一笔 20 万元的资金支付给了甲公司，同时在该凭证后，还附有一张银行付款凭证。

当管理者组织的查账小组通过协商，向甲公司进行核实时，发现在甲公司的应收账款的账面上却没有该业务的发生。于是又向甲公司的负责人了解，被告知其公司的应收账款是偿还了其他企业的借款。因此，公司的查账小组就这样查到了企业发生的不实支出。

同时，查账小组在检查过程中还发现内部的一份销售记录，该记录中的销售收入与企业进行纳税申报时的金额相差 30 万元，于是要求财务相关负责人打开保险箱进行检查，但被负责人以钥匙不在自己手上为由拒绝。

上述案例中出现的资金问题，很可能被企业财务人员登记为账外账，突击检查只能让账外账被暴露，但并未真正解决账外账问题，具体的解决办法可参照如下一些方法。

1）重点查证做报销凭证的领据、借据和各种专用基金、费用和营业外支出等账户。该做法可检查企业以某一经济活动为由支出资金，最后将剩余资金变为账外资金的账外账问题。

2）查账时鉴别每笔拨款的收款单位是否为直属且独立核算的单位。该技巧可以检查企业向非独立核算单位拨款做减少企业资金处理而形成账外账的问题。

3）从空白单据领用和发票填写入手，重点查证领用空白单据的序号、有关合同（协议）及销售发票的存根联和发票联。该技巧可查出企业通过一定手段截留国家收入而不入账形成的账外账问题。

4）事先了解企业可能存在账外资金的经济活动，查账时就更有针对性，让账外账的检查达到事半功倍的效果。

5）以体察员工工作环境为由，与不同的员工进行交流，从谈话过程中寻找寻蛛丝马迹，看是否存在不明显的违规违纪行为。

6）对于可能出现账外账经济活动相关的经济业务进行检查，从侧面入手，让账外账无处可躲。

7）核对资金往来相关银行账户，寻找账外账的来源。通过对比企业提供的所有银行账户和实际有资金往来的账户，查出多余的账户，这样的账户很有可能就是企业的账外账资金账户。

8）向往来客户发函询证，看是否有往来隐藏收入。

发现货币资金舞弊的常用方式

货币资金作为企业经营过程中流动性最强和控制风险最高的资产，有直接支付和随身携带等特点，灵活性可想而知。所以很容易导致舞弊行为的发生，进而不能真实地在报表中反映相关数据。

通常情况下，企业货币资金的舞弊手法有虚构职工工资、虚开票据及挂往来账等，以此来套取现金，具体内容如表 9-4 所示。

表 9-4 货币资金舞弊的手法

手法	要点
虚构职工工资	企业通过将一些并不存在的人员列入应付工资表中，从而扩大企业的工资支出，当支付实际的工资后，与工资表中相比，剩余的金额被公司套取

方式	要点
虚开票据	企业内部人员将一些无法报账的票据在财务人员处进行报账，而财务人员为了平衡报表，会虚列一笔费用实现账实相符
挂往来账	企业虚设一些往来合作公司，将企业的资金汇入这些公司，而账务处理上以往来账登记入账，再经过一定时间作为公司的坏账处理
收取差额	企业通过少开、不开发票等方式，使账目中的应收票据金额小于企业实际收款金额，从而套取其中的差额，一般发生在现金收入业务中

对管理者来说，如何帮助企业找到货币资金舞弊行为呢？方式与查证企业账外账类似，可通过查询银行对账单和银行日记账，也可以盘点现金、对报销凭据进行重点审查（发票是否按照规定填写、金额是否清晰、字迹是否涂改及报销手续是否齐全等），以及审查公司的银行存款等。

财务小贴士

判断发票是否真实时，可以从以下 5 点出发。一、发票注明的经济业务与企业的经营是否相符；二、发票的支出内容与金额是否违反常规；三、相邻的几张发票是否都为整数；四、发票上的日期与连续号码是否匹配；五、发票的内容是否填写完整，如发票的日期、品种、单位、单价和数量等是否完整填写。

另外，若发现企业在资金收支方面有时间的拖延，且没有说明相关缘由，则可能存在资金舞弊的问题，比如账外账或小金库等。通过该方法，还可以查出企业相关人员是否有挪用资金的情况。

公司在哪种情况下会进行存货舞弊

一般来说，企业财务报表造假大都体现在对企业的资产项目上，而资产造假的常用方法是对资产计价实施舞弊。在资产计价中，主要体现为对存货的计价，所以存货发生舞弊在所难免，且因为存货具有计价方法多样、种类繁杂且流动性强的特点，因此更容易发生舞弊行为。

存货舞弊可能发生在获得存货、发出存货和存货盘点等环节，具体的舞弊行为如图 9-7 所示。

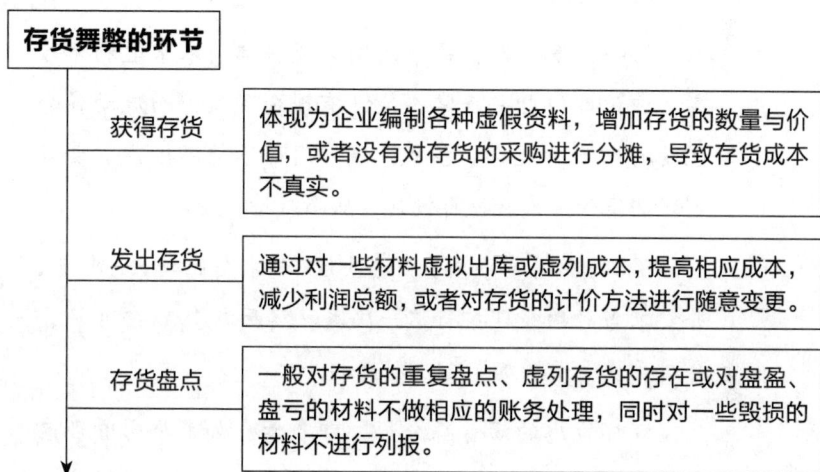

存货舞弊的环节

获得存货	体现为企业编制各种虚假资料，增加存货的数量与价值，或者没有对存货的采购进行分摊，导致存货成本不真实。
发出存货	通过对一些材料虚拟出库或虚列成本，提高相应成本，减少利润总额，或者对存货的计价方法进行随意变更。
存货盘点	一般对存货的重复盘点、虚列存货的存在或对盘盈、盘亏的材料不做相应的账务处理，同时对一些毁损的材料不进行列报。

图 9-7

除了上述与存货密切相关的活动中可能出现存货舞弊行为外，还有一些特殊情况可能存在或引发舞弊行为。当企业面临财务危机时，如供货压力或担保融资等，企业可能通过存货舞弊来积累资金。如果企业属于高新技术产业或制造业，存货舞弊的发生概率会更高。

对此，企业可以通过比较存货的增长速度和销售收入与总资产的增长速度，看出是否存在存货舞弊的可能性。如果企业存货在总资产中的比例不断增加，但存货周转率却在下降，同时企业的销售利润突然增加，最后还在会计分录中记录了一些存货的转回或关于存货的重要调整会计分录，此时就可能存在存货舞弊行为。

例 9-4　麦克森·罗宾斯公司的存货舞弊案

1938 年初，长期贷款给罗宾斯药材公司的债权人米利安·汤普森公司在审核罗宾斯公司的财务报表时，发现了两个问题：

第一，罗宾斯公司中的制药原料部门本来盈利率较高，但该部门却一反常态地没有现金积累，而流动资金也没有增加的迹象。相反，该部门还不得不依靠管理者重新调集资金来进行再投资，从而维持市场。

第二，公司董事会曾开会决议，要求企业减少存货量，并要求当时的经理执行这一决定。然而到 1938 年年底，公司存货反而增加了 100 万美元。

满怀疑虑的汤普森公司立即表示，如果公司管理者不提出表明制药原料存货实际存在的证据，就拒绝认购 300 万元美元的债券。同时，也不再予以贷款，并请求美国证券交易委员会立案调查。

通过各方审计核实，调查人员发现罗宾斯公司在 1937 年的总资产中存在 1 970.5 万美元的虚构金额，其中存货虚构 1 000 万美元。经过层层审核，最后相关会计师事务所退回历年来收取的审计费用 50 万美元，作为对汤普森公司债权损失的赔偿。

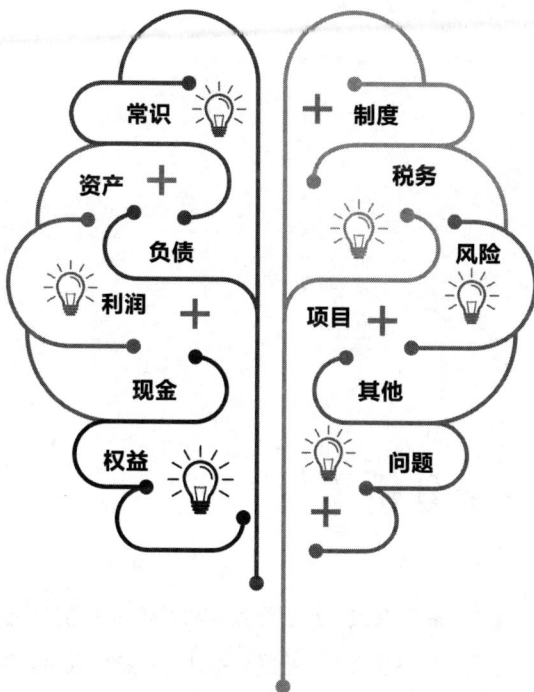

常识

资产

负债

利润

现金

权益

制度

税务

风险

项目

其他

问题

第 10 章

项目与财务密不可分

企业经营过程中，少不了要通过投资渠道赚取部分营运资金。而这一经济活动的收支也需要通过企业的财务来实现，所有与投资项目有关的金钱来往都会在财务报表中体现，目的就是要全方位地控制企业的资金运营。接下来就来了解项目与财务之间的"纠葛"。

项目投资分析工具

企业发展过程中，除了有最平常的经营活动和筹资活动外，另一大方面的经济业务就是与投资有关的活动，通常这些活动被称为项目。管理者经营企业的目的就是盈利，让企业得到发展，如果投资项目无法给企业带来收益，则投资项目这一举动就没有意义，甚至阻碍企业的进步。面对可能出现的这些情况，管理者需要对项目投资进行分析，而分析时需要借助特殊的工具。

财务角度看项目可行性——净现值法

净现值（NPV）是企业通过投资而产生的未来现金流的折现值与项目投资成本之间的差值，而净现值法可用来评价项目投资方案。其计算公式如下：

$$NPV = \sum_{t=1}^{n} \frac{C_t}{(1+r)^t} - C_0$$

公式中，NPV 为净现值，C_0 为项目投资成本（初始投资额），C_t

为 t 年现金流量，r 为贴现率，n 为投资项目的寿命周期。

若净现值为正值，说明投资方案是可以接受的；相反，若净现值为负值，理论上来讲投资方案是不能接受的。如果企业有多个互斥的项目相互竞争，则选取净现值最大的投资项目。但从实际经营过程来看，投资方案能否接受还跟公司的战略性决策有关。

例 10-1　企业通过净现值法确定投资餐饮企业的可行性

某企业在前期不断地发展过程中积累了一些资金，为了扩大该企业的规模和经营范围，管理者们决定涉猎其他行业，于是决定投资某餐饮店。

餐饮店主动找到该企业，与管理者交谈了自己的想法，餐饮店想要扩展，但缺乏资金，刚好该企业又准备扩大经营范围。于是，该企业决定先对餐饮店的经营状况进行了解，然后对投资该项目进行可行性分析。

已知餐饮店在 2017 年的税前净现金流量为 358 795 元，2018 年的税前净现金流量为 362 143 元，波动并不大。所以按照这两年的现金流量水平，计算企业投资该餐饮店的净现值。假设贴现率为 12%，而餐饮店的初始投资为 200 000 元，那么投资该项目的净现值为：

$358\ 795 \div (1 + 12\%)^1 - 200\ 000 + 362\ 143 \div (1 + 12\%)^2 - 200\ 000 = 209\ 050.86$（元）。

由于净现值为正数，且数值较大，说明企业投资餐饮店的方案是可行的，于是企业决定投资餐饮店，以期获得丰厚的投资收益。

用净现值法分析投资项目的可行性，有其优点和缺点，具体内容如图 10-1 所示。

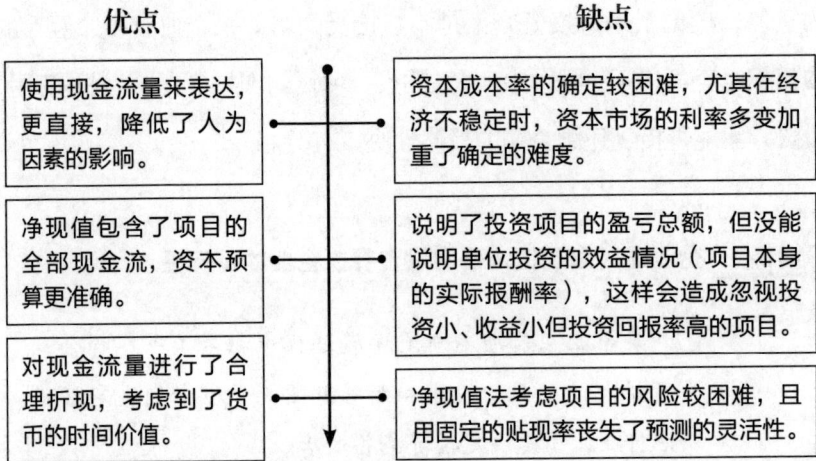

优点   缺点

优点	缺点
使用现金流量来表达，更直接，降低了人为因素的影响。	资本成本率的确定较困难，尤其在经济不稳定时，资本市场的利率多变加重了确定的难度。
净现值包含了项目的全部现金流，资本预算更准确。	说明了投资项目的盈亏总额，但没能说明单位投资的效益情况（项目本身的实际报酬率），这样会造成忽视投资小、收益小但投资回报率高的项目。
对现金流量进行了合理折现，考虑到了货币的时间价值。	净现值法考虑项目的风险较困难，且用固定的贴现率丧失了预测的灵活性。

图 10-1

由于净现值法的运用存在一定的缺陷，所有需要管理者特别注意净现值法的运用注意事项。

1）折现率的确定。净现值法虽考虑了资金的时间价值，但没有揭示方案本身可达到的具体报酬率，所以折现率的确定很重要。

2）净现值法只适用于年限相等的互斥方案的评价。

3）净现值法是假定前后各期的净现金流量均按最低报酬率取得。

4）若投资项目处于不同阶段，有着不同风险，则在计算净现值时最好分阶段采用不同折现率进行折现。

判断项目投资的财务效益——内部收益率

内部收益率法又称内部报酬率法，也就是使净现值为 0 时的折现率。

理论上来讲，内部收益率要用若干个折现率进行试算，直至找到净现值等于零或接近零的那个折现率。

内部收益率本身不受资本市场利息率的影响，完全取决于企业的现金流量，反映企业内部固有的特性。但内部收益率法只能告诉企业被投资项目值不值得投资，而不能帮助企业得知投资多少钱才值得。

财务小贴士

简单来讲，内部收益率就是使企业投资净现值为零的那个贴现率，但贴现率并不是折现率，两者有区别。贴现率是预先扣除贴现息后的比率，主要用于票据承兑贴现中；而折现率是到期后支付利息的比率，广泛用于企业财务管理的各个方面，如筹资、投资决策和收益分配等。

内部收益率法在面对投资型企业和融资型企业时，其判断法则刚好相反：对于投资型企业，当内部收益率大于贴现率时，项目适合企业投资；当内部收益率小于贴现率时，项目不值得企业投资。而对融资型企业来讲，若项目内部收益率大于贴现率时，则适合投资；若内部收益率小于贴现率，则不适合投资。

一般而言，对于企业的投资或并购，投资方不仅想知道被投资或被并购企业值不值得投资，更想要了解目标企业的整体价值。由于内部收益率法不能满足企业了解目标企业整体价值的需求，所以该方法更多是应用于单个项目投资。

由于内部收益率反映了投资项目的真实报酬，所以越来越受到企业的追捧，大都采用该指标对投资项目进行评价，其计算公式为：

$$(P/A, \text{IRR}, n) \times \text{NCF} = 1$$

其中，P/A 为年金现值系数，IRR 为内部收益率，n 为投资项目的经营期，NCF 为每年的净现金流量。计算内部收益率 IRR 时，只要通过年金现值系数表查看 P/A 值和 n，就能知道对应的 IRR 值。

例 10-2 内部收益率判断企业的财务效益

某企业准备购入一套型设备来扩充生产能力，现在有两个方案可供选择。A 方案需投资 10 000 元，使用寿命为 5 年，通过预算经营过程中存在的资金来往情况，得出每年的净现金流量为 3 000 元；而 B 方案需投资 12 000 元，使用寿命也为 5 年，而每年的净现金流量有所不同。

如果采用 A 方案，首先计算出年金现值系数为：10 000 ÷ 3 000 = 3.333。查看年金现值系数表可知，该方案的内部收益率应在 15% ~ 16%。然后，用插值法计算出该方案的内部收益率：

内部收益率			年金现值系数		
15%			3.352		
? %	$x\%$	1%	3.333	0.019	0.078
16%			3.274		

$x ÷ 1 = 0.019 ÷ 0.078$，$x = 0.244$，所以 A 方案的内部收益率为：15% + 0.244% = 15.244%。

如果采用 B 方案，由于每年的净现金流量不相等，所以需要按照不同的折现率逐次进行测算，获得折现率（内部收益率）的大概范围。不同的折现率是指两个折现率，一个使得企业的净现值大于 0，一个使得企业净现值小于 0，这样得出的折现率范围就可以用来测算企业的内部收益率。假设该企业 B 方案测算出的折现率范围为 10% ～ 15%，且对应的净现值为 1 600 和 -350，则以同样的插值法可测算出：$x = 4.102$，B 方案的内部收益率为：10% ＋ 4.102% ＝ 14.102%。

对比可知，该企业采用 A 方案购买设备比较划算，财务效益更高。

在每年现金流量不定的情况下，企业要计算出接近于 0 的相邻正负两个净现值的折现率，然后用插值法求得内部收益率。若企业还想进一步测算财务效益，可根据内部收益率测算财务内部收益率 FIRR。

如果企业在只有一个备选方案的采纳与否之间进行决策，则在计算出的内部收益率大于或等于企业的资本成本率或必要报酬率时就采纳方案，反之拒绝。如果企业在多个备选方案的互斥情况下进行决策，则选择内部收益率超过资本成本率或必要报酬率最多的投资项目方案。

内部收益率法能够把项目寿命期内的收益与其投资总额联系起来，指出项目的收益率，同时考虑了资金时间价值，反映了项目的真实报酬率，确定项目是否值得投资。而且，内部收益率法求得的内部收益率可作为企业接受借款的利率高限。但是，该方法的计算过程较复杂，而且容易忽视规模小但投资报酬率高的项目。所以，还是要将内部收益率与净现值结合起来考虑。

衡量投资回报的快慢——投资回收期

投资回收期代表企业收回投资所需的年限，回收期越短，说明项目越有利。投资回收期法又称投资返本年限法，基本选择标准是：在只有一个项目可供选择时，该项目的投资回收期要小于决策者规定的最高标准；如果有多个项目可供选择时，在项目的投资回收期小于决策者要求的最高标准的前提下，还要从中选择回收期最短的项目。

在投资项目各期现金流量相等的情况下，计算投资回收期的公式：

投资回收期＝初始投资额 ÷ 各期现金流量

如果投资项目投产后每年产生的净现金流量不等（绝大多数情况是这样），则需逐年累加，最后计算出投资回收期，具体公式：

投资回收期＝项目总投资 ÷（年收益额＋年计提折旧额＋
年无形资产摊销额）

例 10-3 由投资回报期看投资的回笼快慢

　　　　某企业近期想要进行主营业务外的项目投资，而当前面临两个项目的选择。A 项目和 B 项目的预计现金流量如表 10-1 所示。

表 10-1 A、B 项目的预计现金流量情况

现金流量（元）	第 0 年	第 1 年	第 2 年	第 3 年	第 4 年	第 5 年
A	- 100 000	20 000	30 000	50 000	50 000	50 000
B	- 100 000	30 000	40 000	40 000	50 000	50 000

　　　　由表中数据可知，A 项目刚好用了 3 年的时间将初始投资收回来，而 B 项目在第 3 年时，除了收回初始投资 100 000 元外，还多了 10 000 元的净现金流量。由此看来，

A 项目的投资回收期比 B 项目长一点，B 项目投资更有利。

但从两个方案的净现金流量增长的速度来看，A 项目增速更快，第 3 年时就能达到 50 000 元的净现金流量水平，而 B 方案从第 4 年起才达到 50 000 元的净现金流量水平。从盈利能力来看，A 项目更有优势。而对于该企业来说，希望投资回报更快速，即投资回收期更短，所以 B 方案比较有利。

除此之外，如果考虑资金的时间价值，投资项目的实际投资回收期会有所不同。

例 10-4 考虑资金时间价值后的投资回收期

某企业欲进行一项投资，初始投资额为 10 万元，项目为期 5 年，每年净流量情况如表 10-2 和 10-3 所示。

表 10-2 不考虑资金时间价值的投资回收期

项目（万元）	第 0 年	第 1 年	第 2 年	第 3 年	第 4 年	第 5 年
净现金流量	- 10	3	3	3	3	3
年末未回收的投资额	10	7	4	1	0	—

其投资回收期为：$3 + 1 \div 3 = 3.33$（年）。

表 10-3 考虑资金时间价值的投资回收期（折现率：10%）

项目（万元）	第 0 年	第 1 年	第 2 年	第 3 年	第 4 年	第 5 年
净现金流量	- 10	3	3	3	3	3
折现后现金流量	- 10	2.727	2.478	2.253	2.049	1.863
累计折现后现金流量	—	- 7.273	- 4.795	- 2.542	- 0.493	1.37

投资回收期为：$4 + 0.493 \div 1.863 = 4.26$（年）。

让项目为公司赚钱

企业投资项目的期望就是赚钱，然后促进企业发展壮大。对于盈利性企业来说，不赚钱的项目是没有投资意义和价值的。很多时候，企业的投资项目都由较高管理层的管理者决定，那么要怎样才能为企业选择合适的项目，并达到赚钱的目的呢？

如何为公司寻找生钱的项目

为公司寻找生钱的项目之前，首先要考察项目的可行性和可操作性。这就需要管理者派专人考察项目，包括项目的组成、项目生产技术方案和其他方案。

项目的组成一般包括项目涉及到的内外所有单向工程和配套工程，如生产设施、后勤、运输和生活福利设施等。考察项目生产技术方案时，主要考察工艺技术、生产方法、主要设备和测量自控装备等，具体到如下所示的一些子项目考察。

◆ 主要产品和副产品的质量标准。

◆ 生产产品或提供劳务的方式。

◆ 技术参数和工艺流程。

◆ 主要工艺设备选择。

◆ 主要原材料、燃料和动力消耗指标。

◆ 主要生产车间布置方案。

另外，还要考察项目内外运输方案、仓储方案、占地面积及其他与项目相关的事情。接着就从不同的角度出发，考察项目的可行性。

1）技术可行性。项目实施的技术是否合适，技术设计方案是否合理。

2）财务可行性。对企业投资进行资本预算，主要从资本限额投资方向考虑。看项目的财务盈利能力是否达到企业对投资收益的要求，同时要注意需要投资的金额是否超过了企业的承受能力。

3）组织可行性。查看项目实施进度计划，看其投资回收期是否达到企业的最低投资回收要求。

4）经济可行性。从资源配置的角度衡量项目的价值，看其最低投资收益率是否在企业预期的收益率之上。

5）社会可行性。分析项目对社会的影响，一般来说，对社会没有好处的项目不受待见，企业投资也不会获得理想的收益，所以企业选择时要选对社会有好处的项目。

6）预测项目可能的风险。风险的存在会影响项目的实际盈利情况，企业应当做最坏的打算，预测出来的项目投资若仍能盈利，则项目可行。

哪些投资项目不会影响现金流

有些投资项目虽然不会影响现金流量，但却会影响债权人、投资人的借贷和投资决策。这些项目一般被列入现金流量表中的"不影响现金流量的投资及融资活动"栏目里。

（1）分公司持有总公司股票（长期投资部分）

根据有关法律规定，对总公司来说，其分公司购买的总公司股票，同样看成是总公司的库藏股，是在向分公司融资。而对于分公司来说，购买总公司的股票（长期）相当于给总公司投资。

由于分公司的账务处理最后都要汇总到总公司，所以分公司购买总公司股票的行为虽属于分公司的投资项目，但并不会引起最终现金流量的变化。

（2）一年内到期的长期投资

企业对外进行长期投资且期限为一年以内。对企业来说，一年以后收到的投资本金及收益会引起大量的资金流入，企业要进行必要的揭露。但这个款项实际上是一年以后才发生其经济作用，所以并不影响本年度现金流量。

这样的投资项目只是在不同的时间段表现出影响现金流或不影响现金流，一旦不考虑时间段，其本质还是要影响现金流量。

（3）购买固定资产价款、应付工程及设备款

购买固定资产往往是大额交易，且一般在购买时无法一次性付清

所有款项，常用的方法就是赊账。这样一来，企业没有发生现金流量，而是把这笔交易登记为账上的"应付工程或设备款"。

如何中断亏损项目减少损失

项目投资过程中出现亏损的现象是正常的，管理者要做的不是斤斤计较已经出现的亏损，而是要想办法中断亏损项目，从而减少企业的投资损失。

中断亏损项目减少损失的关键是掌握中断项目的时机，让企业不至于面临严重亏损的窘境。对此，管理者可以通过盈亏平衡分析，找出盈亏平衡点，及时中断即将亏损或已经亏损的投资项目，进而减少损失。

（1）会计盈亏平衡点

该盈亏平衡点是指使企业的会计利润为零时的销售水平。一般把项目的成本分为固定成本和变动成本，且变动成本是销售量和单位变动成本的乘积，则会计盈亏平衡点可以按如下公式计算。

会计盈亏平衡点＝固定成本÷（单位售价－单位变动成本）

＝固定成本÷单位边际收益

例 10-5 通过会计盈亏平衡点找到中断项目的时机

某企业准备投资 10 万元扩建一条数控机床生产线，该项目的寿命期为 10 年，平均每年的固定成本为 2 万元，预期每台机床售价为 3 万元，单位变动成本为每台 2 万元，则其会计盈亏平衡点为：2÷（3－2）＝2（台）。

也就是说，当企业每年的销售量为2台时，可保证会计利润大于零；少于2台时便会出现会计亏损。若企业能保证10年内平均每年销售2台数控机床，即使中途出现亏损，也可继续投资，后期也能将投资资金收回；若不能保证，则需要在一开始出现亏损时就中断项目。

由单位盈亏平衡点的计算公式可知，该平衡点会随着固定成本和单位边际收益的变化而变化，如图10-2所示。

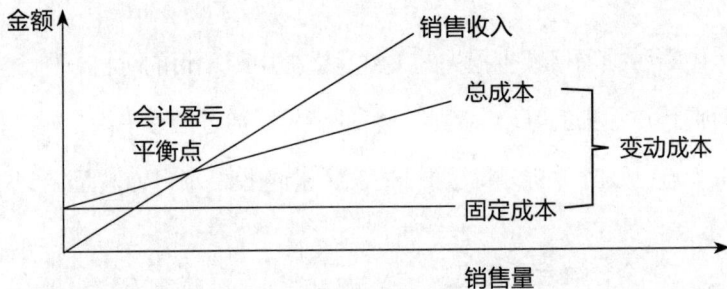

图 10-2

（2）财务盈亏平衡点

该盈亏平衡点是指使项目净现值为零时的销售水平，考虑了项目投资的机会成本，产生一个更现实的最低收益率。

计算财务盈亏平衡点时，首先估算达到盈亏平衡时所需的年均现金流量（ACF），然后推算出产生这些现金流量所需要的收入水平，最后计算出产生这些收入所需的销售量。

年均现金流量 =（销售收入 - 变动成本 - 固定成本）×（1 - 所得税税率）+ 折旧 = [（销售单价 - 单位变动成本）× 销售数量 - 固定成本] ×（1 - 所得税税率）+ 折旧 = 初始投资 ÷ 年金现值系数

例 10-6　通过财务盈亏平衡点找到中断项目的时机

　　某企业准备投资 10 万元扩建一条数控机床生产线，该项目的寿命期为 10 年，设备按直线法计提折旧，且到期后没有残值，平均每年的固定成本为 2 万元（含 1 万元的折旧），预期每台机床售价为 3 万元，单位变动成本为每台 2 万元，公司所得税税率为 25%，资本成本率为 10%。那么，则其财务盈亏平衡点的计算过程如下：

　　年均现金流量 $= 10 \div P_{10\%,\ 10} = 10 \div 6.145 = 1.63$（万元），因此企业的财务盈亏平衡点为：$1.63 = [（3 - 2）\times$ 销售数量 $- 2] \times（1 - 25\%）+ 1$，即销售数量 $= [（1.63 - 1）\div（1 - 25\%）+ 2] \div 1 = 2.84$（台）。说明当企业预计销售能力在每年 3 台以上时，项目在出现亏损后可以继续投资，因为不管怎样，10 年后企业的净现值都会大于 0；如果企业预计销售能力达不到每年 3 台，项目一旦出现亏损就应该中断投资，这样可减少后期更大的损失。

　　由此可见，财务盈亏平衡点更符合企业实际经营过程中的需求，考虑了投资过程中可能变化的很多因素，对企业的投资决策更有指导意义，其中的关系如图 10-3 所示。

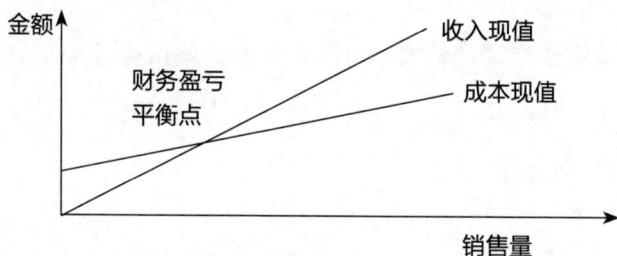

图 10-3

项目团队的组建和财务管理

在企业决定投资某项目或某些项目时，除了要从项目本身出发考虑其可行性和投资收益外，还要为确定好的项目选择合适的人才，从而组建成一个完整的项目团队，这样可以保证项目的正常盈利，甚至提高项目的投资收益。并且，为了实时掌握投资项目的运营情况，管理者需要时刻做好财务管理工作，包括监督、发现问题和想出解决投资项目运营困难的方法等。

如何找到与项目匹配的人才

任何项目都有其独特的运行方式，要让项目更好地发展，需要有匹配的人才实施并执行。作为管理者，要为项目找到匹配的人才，促进项目达到预期效果。

一个人不可能独自完成一个项目，因此管理者在为项目寻找匹配人才时，一般要组建一个项目团队，大家共同协作完成项目。而为项目找到匹配的人才，需要考虑如下因素。

◆ **角色和职责**：先确定项目所需的岗位和技能，确定目标人员的选择范围。

◆ **能力**：首先要明确项目的开展需要员工具备的能力，然后找到具备这些能力的员工。

◆ **可用性**：哪些人员有时间？选中的人什么时候有时间？

◆ **经验**：目标人员是否从事过类似或相关的工作？在那期间的表现如何？

◆ **兴趣**：进行初期调查，看这些目标人员是否愿意参与到项目工作中，绝不能强求员工进入项目，否则会影响项目后期发展。

◆ **费用**：向目标人员说明参与项目的报酬，让人员自行决定是否参与项目，防止员工在项目进行中途因为报酬的原因离开项目团队，进行影响项目的进度。

◆ **项目组织关系**：以形象的关系图表示各目标人员的关系，考虑职责、技能和能力多余的情况，筛选出多余的人员。

这些是从细微的、个性化方向着手，为项目找寻匹配人才，而从整个项目的正常运行方向来看，又需要注意下列所示的一些原则。

第一，根据项目范围和预算，确定项目团队所需的人数。项目团队的组建不能脱离企业对项目的人力成本预算，即使项目在运行过程中可能需要很多人才，但最初阶段可以只保证最主要的人员到位。

第二，优先考虑内部选拔。一般来说，管理者在组建项目团队时会都会优先考虑内部员工，这样不仅节省招聘时间，还能节省了解人才能力的时间，让项目能在最短的时间内启动。

第三，人员没有必要一次性到位，优先保证第一阶段需求。人员如果一次性到位，很可能造成一些项目成员在某阶段无事可做，浪费人力资源，还增加项目的运行成本。在项目开展前，保证第一阶段的人员需求，然后在第一阶段快要结束时准备第二阶段所需人才，做到人才既不闲置也不与项目进展脱节。

时刻跟进项目投入资金的情况

管理者虽然不用时时刻刻监督项目的进度，但也应该定期对项目的实施情况有全面的了解，其中最重要的就是投入资金的问题。投入资金是否足够？资金是否面临闲置？是否有资金用于其他不重要的事情上？这些情况都可能导致项目运行受到阻碍而不能按预期效果完成。

在跟进项目投入资金时，管理者可以从现金流量表和项目进度报告着手分析投入资金的使用情况。

1）对比企业现金流量表与项目进度报告中的资金使用情况，看两者之间关于项目支出和收益等的数据是否对应相符。

2）查看项目进度报告中关于各种资金的使用情况，调整项目的实施细节，让资金用在最重要的部分。

3）了解项目预期资金的剩余情况，预测剩余资金是否能够支持项目到完成时刻。若不能支持到完成时刻，要及时确定完成项目还需要多少资金，然后自己根据缺乏的实际情况制定后续资金的补给途径或方式，比如借贷或融资等。

4）若在项目进行不久就出现资金缺乏的情况，管理者需要重视资金的使用情况。若正常，则要进行项目可行性分析，看项目继续开展下去需要企业耗费多少资金，超出企业承受能力的话，需要考虑停止项目运行；若不正常，要重新对项目的资金使用进行规划，并严格控制，管理者做好资金使用监督工作，防止项目人员或其他关联人员无故动用项目资金。

5）关注项目在运行过程中是否有可观的经济收入，这些收入是否能弥补项目资金的缺乏。如果可以，则管理者不必停止过度使用资金的项目。

跟进项目投入资金，不仅要看报告展示的项目资金使用情况，还要从了解其他信息的角度全面掌握项目资金的使用，如表 10-4 所示。

表 10-4 项目进度报告包含的内容

内容	工作情况	跟进资金使用情况
项目基本情况	主要介绍项目的具体涉及内容，如项目的规模、人员变动和涉及到的使用资源等	管理者从这些方面看资金使用是否合理，且预测是否会影响项目重要环节的资金使用
项目实施情况	包括项目进展所处的准确阶段、已达到的任务或效果、项目运行或开展的具体速度、项目实施过程中是否有扩展的小项目及已经顺利解决的问题等	从这些方面，管理者可以了解项目的实际进展速度和资金使用情况，判断资金的使用效率，进而对项目的实施过程进行必要的调整
存在的困难和问题	列出项目实施过程中存在的、还未得到解决的问题或困难，如资金短缺等	从这些困难和问题中分析产生的原因是否是资金支持不到位，然后做出投入资金调整
项目更改记录	主要是项目进展过程中各种事项的变动，如资金、目标、速度和质量等	管理者从更改记录中了解项目的维护工作，同时防止项目存在的问题没有及时解决的情况出现，尤其是资金问题，规避资金使用不当的风险

其他还有一些特殊的部分，需要企业根据自身投资项目的具体情况进行调整。总的来说，管理者不能对项目的投入资金抱着一种"没有就补上，多余就不管"的心态，要让资金的使用更加合理。

项目投资会涉及哪些会计科目

要对项目投资进行财务管理，不得不做的事就是了解项目投资过程中可能涉及的会计科目，项目投资过程中各种因素的变化都会引起相应会计科目和对应数据的改变。了解会计科目，可以对号入座地进行财务管理，如表 10-5 所示。

表 10-5 项目投资活动可能涉及的科目及分析

科目	分析
在建工程	若企业投资固定资产的建设，如厂房、生产线、其他建筑物以及工程物资等，因为建设是一个过程，所以会涉及"在建工程"这一科目
原材料	企业投资项目涉及到原材料的进货
固定资产	当企业投资项目的在建工程完工后，项目涉及的工程将计入"固定资产"科目，同时固定资产清理相关的账目也要计入该科目
无形资产	当企业投资项目是产权、技术专利、商标或品牌等，将用到"无形资产"科目进行资产确认
库存现金	企业对投资项目的支出使用库存现金或收到款项放入库存现金
银行存款	企业对投资项目的支出使用银行存款支付或收到投资回报存入银行账户
应付票据及应付账款	企业进行项目投资时，需要支出的资金可能不会用现金支付。遇到赊账情况时，就会用到"应付票据及应付账款"科目
应付职工薪酬	项目的投资离不开工作人员，而员工参与项目应该获得回报，此时体现在工资上，所以会涉及"应付职工薪酬"这一科目

科目	分析
长期借款	企业没有多余的现金用于项目投资的开支,因此需要向银行等金融机构借款,从而会涉及"长期借款"科目
长期应付款	企业向非金融机构借款来进行项目投资,其中包括专项应付款
现金流入(流出)	项目开展过程中,各种散乱的、细微的现金开支和收取情况,会通过现金流量表中的"现金流入(流出)"科目来体现
应交税费	项目投资过程中会有获取收益的时候,此时投资收益会被征收一定的税,因此会涉及"应交税费"科目
管理费用	在项目投资过程中,会有专门的管理人员工资或涉及管理工作的费用开支,此时将通过"管理费用"来记录开支情况
财务费用	项目进行中,可能有贷款利息支出和相关手续费支出,这些都会体现在"财务费用"这一科目上
资本公积	在项目投资过程中,会有投资者看重项目的盈利前景而决定入股企业,此时会导致企业的实收资本超过注册资本,多出的部分将计入"资本公积",从而影响这一会计科目的数据变化

除了表 10-5 中所示的一些会计科目外,企业项目投资对现金流量表中的各项数据的影响最明显,比如下面的一些经济事项。

◆ 收回投资收到的现金。

◆ 取得投资收益收到的现金。

◆ 收到其他与投资活动有关的现金。

◆ 投资支付的现金。

◆ 支付其他与投资活动有关的现金等。

如何提高投资项目的盈利能力

投资项目的盈利能力是企业管理者最关心的问题,项目如果不能为企业带来可观的收益，就没有投资的价值。那么，管理者要做些什么事情来主动提高项目的盈利能力呢？

1）慎重选择投资项目。在选择项目进行投资时，就要根据前面介绍的一些方法和指标对项目进行严格的审查，从而选择盈利能力强的项目，为项目后期的运作打好基础。

2）加强成本管理。管理者要求项目经理组织项目参与人员做好预算，制定合同条款，思考并发现合同中的问题，如合同中可能隐藏的各种风险、矛盾条款和不清条款等。同时，利用好社会资源，选择合适的施工方案，降低项目成本。

3）缩短投资回收期。项目投资回收期越长，说明其盈利能力不佳，所以导致企业投资资金要很长时间才能回收。而回收期越短，说明企业可以在很短的时间内把投出去的资金收回来，从而证明盈利能力强。

4）完善项目的运作流程。顺畅的运作流程可以帮助项目在预期的时间内获得投资收益，同时减少不必要的经济损失。

5）提高项目参与人员的工作效率。员工的工作质量会影响投资项目的运作，所有员工都积极努力地做好项目，说项目盈利能力不强都没人相信。

6）提高管理者自身的分析和决策能力。管理者在整个企业的发展过程中起到带领和引导作用，在项目投资获益期间也是一样。管理者需要时刻关注项目的运行方向和大致进度，进而对项目的盈利、进展和风险等做出及时的分析，同时给出明确的决策调整，保证项目能在有利的指挥和执行下提高盈利能力。

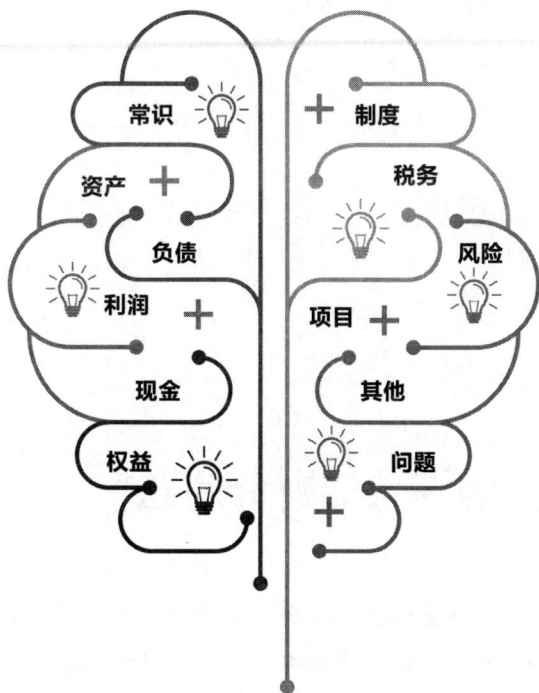

常识

资产

负债

利润

现金

权益

制度

税务

风险

项目

其他

问题

第 11 章

公司并购、重组、破产和清算

一个企业在不断发展的过程中，有可能面临并购、重组、破产和清算等问题。这些事情都会影响企业的资本结构，所以与财务工作息息相关。另外，这些事情的发生关系着股东的切实利益，所以是管理者必修的财务知识。

公司并购涉及的财务问题

有的企业为了扩展业务和公司规模，会"吞掉"同行企业或者关联企业，达到资本结构优化和规模扩展的目的。而对于被并购的企业来说，因为自身无力经营或者想要寻求强大的"靠山"，最终甘愿被并购。这其中会涉及双方的利益问题，这一利益满足被并购者的资金需求，同时不超过并购企业的扩展成本预算。由此可看出，并购也会涉及企业的财务问题。

公司并购形式

并购就是两家公司或多家公司合并，而有些并购还表现为"收购"或"接管"，此时被并购的企业会受到并购企业的控制。

并购其他企业时，管理者了解并购的形式，可以有效降低并购成本，最大可能优化企业自身的资本结构。而被其他企业并购时，管理者了解并购的形式，可以找到利于自身企业的并购方法，从而使自己和企业在被并购时也能获得预期利益。

公司并购的形式有很多，根据不同的划分方法可以将并购的形式划分为如表 11-1 所示的一些。

表 11-1 企业并购的各种形式

划分依据	并购形式	简述
概念	吸收合并	也称兼并，一家公司吸收另一家或多家公司加入本公司，被吸收方解散，并取消原法人资格，宣告停止，办理注销登记。并购公司要承接被吸收公司的所有资产和负债，同时办理变更登记手续，继续享有法人资格
	新设合并	两家或多家公司合并成一家新公司，原来各家公司解散，取消原法人资格，办理注销登记。合并后的新公司要承接所有公司的全部资产和负债，办理登记手续
	收购	一家公司为了对另一家公司进行控制，用现金、非现金资产或股权购买另一家公司的股权或资产。被收购公司的法人地位不消失
	接管	体现在一家公司的控制权变更，是一种比收购概念更大的并购方式
行业	横向并购	两个或两个以上同行业公司之间进行并购，并购前双方时竞争对手，并购的目的是消除竞争，扩大市场份额，增强公司的市场竞争力。一般是优势公司兼并劣势公司，但有时也为了避免恶性竞争和实现更合理的资源配置，两个实力相当的公司进行并购，该并购形式容易导致垄断竞争
	纵向并购	企业与其供应商或客户之间的并购，双方处于统一产业链的上下游，经营业务具有互补性，通过这种并购可实现纵向产业一体化，加强生产经营过程中各个环节的配合度，缩短生产经营周期，节约费用。该形式的并购容易整合，有利于提高公司整体经营效率
	混合并购	并购双方在生产经营活动上没有直接关系，并购目的是扩大生产经营范围，降低长期经营一个行业所带来的特定行业风险，同时实现多元化经营，分散投资风险

划分依据	并购形式	简述
出资方式	购买资产	企业使用现金购买被收购公司的全部资产，一般属于吸收合并。被收购公司成为收购公司的一部分，且取消原法人资格，对产权关系和债权债务关系较清晰的公司来说，该形式不会遗留纠纷，比较适合非上市公司
	购买股票	企业通过出资购买被收购公司的股票，要求被收购公司必须是上市公司。该形式会使股票价格飙升，致使收购成本激增
	股票换资产	企业向被收购公司发行本公司的股票，从而交换被收购公司的资产。该形式下，双方必须签订协议，收购公司统一承担被收购公司的债务责任，而被收购公司统一解散公司，并将持有的收购公司股票分配给原来的股东
	股票换股票	企业直接向被收购公司的股东发行本公司股票，以交换其所持有的被收购公司的股票。一般来说，交换股票的数量至少要达到能够控制被并购公司的持股比例才能达到并购目的。被收购公司的原股东成为并购公司的股东，而并购公司成为被并购公司的股东，实现对被并购公司的控制和重大影响
程序	善意并购	收购公司与被收购公司双方通过友好协商达成并购协议，之后必须提交给各自的股东大会，进行表决，通过后才能生效
	非善意并购	也称敌意收购，收购公司并不直接向目标公司提出并购要求，而是在资本市场上通过大量收购目标公司的股票实现并购，该并购方式极有可能遭到被收购公司的抵制
是否利用杠杆并购	杠杆并购	收购公司仅利用少量自有资本而主要以被收购公司的资产和将来收益做抵押，筹集大量资本用于收购。该方式造成高度负债，通常筹资额会占收购总价的70%以上
	非杠杆并购	收购公司主要利用自有资本对目标公司进行收购，该形式并非绝对不进行借贷筹资，只是借贷金额较少，收购公司凭借自身强大的实力进行收购

公司并购程序

公司并购是一种经济行为，也是一种法律行为，期间会涉及到很多财务问题，为了并购双方各自的利益，管理者需要明确并购的一般程序，如图 11-1 所示。

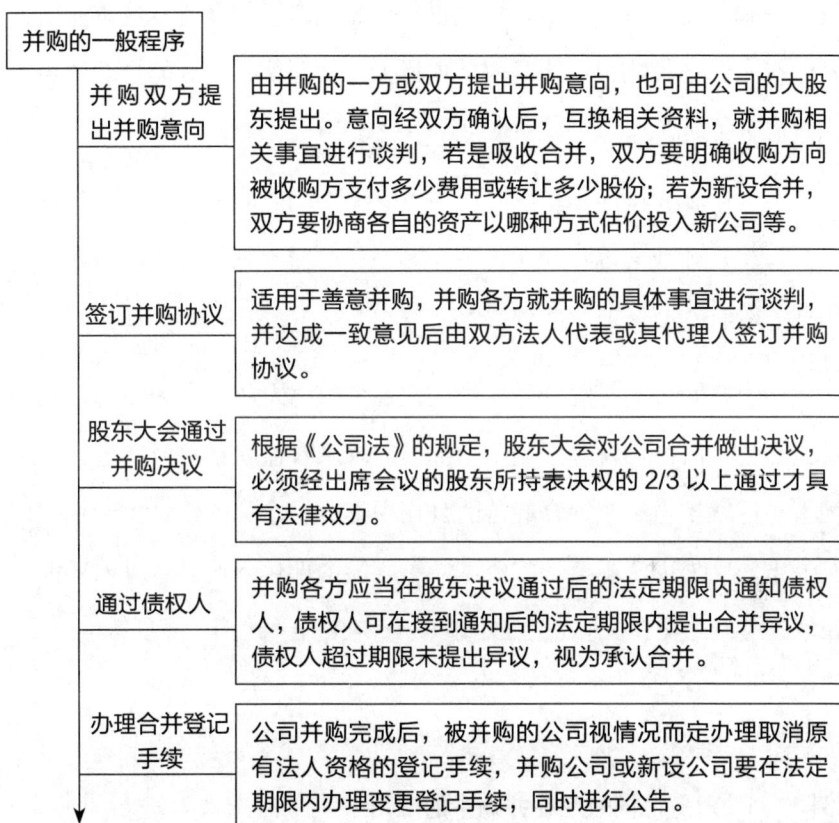

并购的一般程序	
并购双方提出并购意向	由并购的一方或双方提出并购意向，也可由公司的大股东提出。意向经双方确认后，互换相关资料，就并购相关事宜进行谈判，若是吸收合并，双方要明确收购方向被收购方支付多少费用或转让多少股份；若为新设合并，双方要协商各自的资产以哪种方式估价投入新公司等。
签订并购协议	适用于善意并购，并购各方就并购的具体事宜进行谈判，并达成一致意见后由双方法人代表或其代理人签订并购协议。
股东大会通过并购决议	根据《公司法》的规定，股东大会对公司合并做出决议，必须经出席会议的股东所持表决权的 2/3 以上通过才具有法律效力。
通过债权人	并购各方应当在股东决议通过后的法定期限内通知债权人，债权人可在接到通知后的法定期限内提出合并异议，债权人超过期限未提出异议，视为承认合并。
办理合并登记手续	公司并购完成后，被并购的公司视情况而定办理取消原有法人资格的登记手续，并购公司或新设公司要在法定期限内办理变更登记手续，同时进行公告。

图 11-1

并购与财务的协同效应

现实生活中，很多企业的并购都属于混合并购。而对于企业来说，本来管理能力就不可能在短短的几年时间里增长太快，更别说混合并购后的企业能达到在短时间内提高管理效率的效果。

企业纯粹的混合并购，很有可能是为了财务协同效应。而财务协同效应是指并购在财务方面给企业带来收益，比如财务能力提高、合理避税和预期效应。很多时候是收购企业把自身的低资本成本的内部资金投资于被收购企业的高效益项目上，从而使并购后的企业资金使用效益有所提高。

财务协同效用理论认为，由于交易成本和股利的税后因素，公司内部筹资和外部筹资存在成本上的差异，而通常外部筹资的成本大于内部筹资的成本。

通过并购形成的混合经营公司，各个部门无法留存多余的盈利和现金流量，而公司就会根据各个部门的未来收益前景对资本进行重新配置，这就相当于在混合经营的公司中形成一个"内部资本市场"，把通常属于外部资本市场的资本供给职能内部化。通过这种内部资本市场的资源分配，可有效克服外部筹资存在的各种约束，降低筹资成本，提高公司价值。

例 11-1　财务协同效应在并购中的应用

甲企业靠虚构盈利欺骗证管机构，于 2006 年某月在上海证券交易所上市，由于上市后仍然处于亏损状态，最终被证监会查处。而 2009 年某月，公司股票被停牌，接着就被乙企业相中。2012 年 4 月，乙企业与甲企业的主要债权人丙企业协商，在当地政府的支持下，乙企业成功对甲企业实行了并购。

> 2013 年月末，甲企业已将 30% 的股份转让给乙企业，2014 年，乙企业共持有甲企业 49% 的股份，是甲企业最大的股东。2016 年的第二季度，甲企业的经营开始出现好转，年底实现了净利润约 2 000 万元。2018 年，上海证券交易所正式发出通知，让甲企业恢复上市。

乙企业对甲企业的收购是一起典型的"借壳上市"过程，这是一种低成本、易成功而便捷的上市方式。通过从证券市场上募集资金来扩大发展，使企业获得更多收益，取得财务协同效应，这些收益主要来自以下几方面。

◆ 通过并购甲企业，无形中增加了乙企业的营业收入，同时由于规模经济的作用，乙企业的单位经营成本得到降低。所以并购以后，乙企业的利润有显著增长。

◆ 中国的上市公司一般是国家或地方政府积极扶持的企业，所以在税收上享受优惠政策。

◆ 借壳成功后，买壳公司一般会想方设法对壳公司注入优质资产，使其尽快恢复配股资格，以期从配股中融资，资产得到重组，壳公司的股份增值，买壳公司因此会获得较大利得。

如何评估公司的并购行为具有价值

公司的并购行为具有价值，就说明被并购的公司具有价值。所以，评估公司的并购行为是否具有价值就要评估被并购企业本身的价值。评估被并购企业的价值时，可采用成本法、市场比较法、现金流量法和换股并购估价法等方法。下面具体介绍成本法评估被并购企业的价值，其中会涉及到账面价值法、市场价值法和清算价值法。

（1）账面价值法

以会计账簿中记录的公司净资产的价值作为公司的价值，这样比较客观，不受人为因素的影响。但这种方法属于静态估值，没有考虑到资产价值的变化和资产的收益情况，有一定的局限性。

所以，采用该方法对被并购公司进行价值评估时，主要适用于一些简单的并购活动，尤其适用于资产的账面价值与实际市场价值偏离不大的非上市公司。

（2）市场价值法

在公平竞争市场上，由并购双方在自愿协商的基础上确定的交易价值。该价值是指自愿并购双方在各自理性行事且未受任何强迫的情况下，评估被并购公司在基准日进行正常公平交易的价值估计数额。

相对于账面价值法，市场价值法的优点是考虑了资产实际价值的变化，且以公平竞争的市场环境下的资产交易为假设，更能让人接受。

（3）清算价值法

清算价值是被并购公司处于被迫出售或快速变现等非正常市场条件下的价值估计数额。通过清算价值，并购公司可以衡量并购行为是否可行，是否能从并购中获得收益。

该方法主要适用于陷入财务困境的企业的价值评估，尤其适用于想要在并购行为发生时就获得明显收益的并购企业。

重组对公司财务的影响

重组就是企业改变自己的组织形式、经营范围或经营方式，主要涉及的事项有出售或终止企业的部分经营业务、对企业的组织结构进行较大调整以及关闭企业的部分营业场所等，或者迁移营业活动所在的地区范围。因此，企业重组会对财务造成一定的影响，管理者要想做好财务工作，必须要了解企业重组与财务的关系。

公司重组的方式

企业正常的重组行为，目的是对公司的资源进行重新组合和优化配置，从而实现公司的战略目标。正常的重组包括扩张重组和收缩重组，扩张重组是扩大公司经营规模和资产规模；收缩重组是企业对现有经营业务或资产规模进行缩减，主要方式有资产剥离、公司分立、股权出售和股份置换等方式。下面主要来了解资产剥离和公司分立两种方式。

（1）资产剥离

企业将其部门或固定资产等出售给其他经济主体，以获得现金或有价证券。该做法没有减小企业资产的规模，只是资产的形式发生改变。但从经营业务角度看，实现了经营规模的缩减。

例 11-2　剥离不良资产，提高经营效益

某远洋运输集团公司的市场规模具有压倒性优势，但随着经济的发展，其业务面临着激烈的竞争和挑战，2018 年经济效益处于极速滑坡状态。为了克服在竞争中遇到的困难，将海外业绩不良的经营部门出售给其他企业，而自己的企业开始着手发展物流，单独成立了一个较大的物流部门。

由于剥离了企业中不良的经济业务部门，转战到有很好发展前景的物流业，该运输公司的业绩慢慢回升，经营效益也开始有所增长。

看到企业重组带来的好处，管理者打算在以后的日子里，陆续将不良资产进行剥离，最好能实现从远洋运输到内陆物流的过渡，进而保持企业的经营效益。

（2）公司分立

这是企业收缩经营规模的另一种方式，是一个公司依法分成两个或两个以上公司的经济行为。公司分立是指原公司分割成的两个或两个以上公司，各自具有法人资格，而原公司解散；派生分立是原企业不解散，但要办理变更登记手续，同时注册资本减少。

企业可以通过折现现金流量法计算出企业分立前后的价值，从而进行分立的财务可行性分析。

例 11-3 财务可行性分析决定企业是否应该分立

某公司为了提高企业的营运效率，经董事会研究决定，将公司分立为甲乙两个企业。经过预测，分立前的公司在今后 10 年的经营活动中产生的现金净流量的现值 1 500 万元，分立后甲乙公司 5 年的各年现金流量如表 11-2 所示。从第 6 年开始甲公司每年现金流量为 80 万元，而乙公司每年现金流量为 90 万元，假定市场利率为 10%，在分立过程中没有分立费用。

表 11-2 甲乙公司前 5 年的现金净流量

项目	第 1 年	第 2 年	第 3 年	第 4 年	第 5 年
甲公司(万元)	50	60	65	70	75
乙公司(万元)	60	65	70	76	82
合计	110	125	135	146	157

分立后甲乙公司的价值如下（查复利现值表）：

甲乙公司价值 $= 110 \times 0.909 + 125 \times 0.826 + 135 \times 0.751 + 146 \times 0.683 + 157 \times 0.621 + 170 \times (0.564 + 0.513 + 0.467 + 0.424 + 0.386) = 902.02$（万元）

比较企业分立前后的价值可知，分立前公司价值为 1 500 万元，比分立后多（1 500 - 902.02）= 597.98（万元）。所以，从财务的角度考量，该公司分立是不可行的。

公司重组程序

由于企业重组的原因或目的有所不同，因此程序也会有差异，下面具体介绍企业兼并重组的一般流程，如图 11-2 所示。

1 被兼并企业进行清产核资，清理债权债务，做好产权界定。

2 双方提出可行性报告，征得被兼并企业的债权人或董事会同意。

3 双方就兼并形式、资产债权债务担保的处置办法及职工的安置等进行协商。

4 需企业所在地政府提供优惠政策的，应由地方政府提出审查意见。

5 同级人民政府对兼并做出决定，特殊行业的兼并要经相关部门审批。

6 修改兼并协议，最终由双方法定代表人签署兼并协议。

7 实施兼并重组，办理资产划转工商登记和税务登记等手续。

图 11-2

与兼并重组相反的分立重组，其分立程序包括 5 个步骤：首先，企业提出分立意见；其次，制订分立重组计划；再次，签订分立协议；接着，股东大会通过分立重组决议；最后，办理分立登记手续。

重组过程涉及会计科目的变化

重组的过程涉及组织结构的变化和资本结构变化，因此重组的过程中会导致会计科目的数据发生改变，具体会涉及哪些会计科目呢？

1）固定资产、库存现金和银行存款。当企业进行资产剥离时，原企业的固定资产将减少，相应的库存现金或银行存款会增加。

2）可供出售金融资产。当被重组企业是上市公司时，重组过程会涉及到股票的买卖，此时会影响可供出售金融资产数据。

3）实收资本和资本公积。当企业进行兼并重组或分立重组时，由于企业规模发生变化，所以实收资本也会随之改变，进而改变资本公积。一般情况下，兼并重组会使兼并后的公司的实收资本和资本公积增加，而分立重组会使原来企业的实收资本和资本公积减少。

4）应付票据及应付账款、应收票据及应收账款等。若企业是重组方，则可能会向被重组方赊账（兼并或分立时需要重组方支付的费用），进而影响应付票据及应付账款科目；若企业是被重组方，则可能收到来自重组方的账款或票据，进而影响对自身企业的应收票据及应收账款科目产生影响。

5）未分配利润。当企业被重组而面临解散时，将会考虑分配给股东的未分配利润的多少，在财务报表中也会体现出变化。

6）财务费用。重组的过程涉及很多手续的办理，所以会有手续费支出，即财务费用科目会发生变化。

7）管理费用。重组过程会有很多既不是期间费用，也不是财务费用的开支，这些开支一般计入管理费用，因此管理费用科目会在重组过程中发生改变。

当企业规模太大，导致效率不高、效益不佳时，企业应当剥离出部分亏损或成本、效益不匹配的业务；当企业规模太小、业务较单一、导致风险较大时，应当通过收购或兼并适时进入新的业务领域，开展多种经营，以降低整体风险。

公司破产和财产清算

企业由于各种原因不能清偿到期债务，为了多方利益考虑，从而通过破产来清偿债务。而企业破产将伴随着重整、和解或清算等法律程序，使债权债务关系得到调整，让企业原来的债权人公平受偿。企业破产是经济条件下的一种客观经济现象，经营不好的企业都可能面临破产。因为破产关乎"偿债"，因此与财务管理密不可分。

什么情况下企业要宣告破产

企业要宣告破产，必须具备两个基本特征：一是企业面临破产必须是实际存在的事实状态；二是面临破产必须是符合法律规定的事实状态。那么，具体在什么情况下企业会宣告破产呢？

◆ 企业法人不能清偿到期债务，且资产不足以清偿全部债务或明显缺乏清偿能力。

◆ 企业请求和解不成立或和解被废止。

◆ 重整程序终止。

财务小贴士

重组是在公司经营困难时发生的，也可以在企业破产重整之后进行重组；而重整必然发生在企业破产之后。另外，重组失败后还可想其他办法或方案引入资金，企业不一定要破产；而企业重整失败后就会进行破产程序。

现代破产制度包含了 3 个基本程序，即重整、和解和破产清算程序。其中，重整程序与和解程序可统称为破产重组，这 3 个基本程序与破产之间的关系如图 11-3 所示。

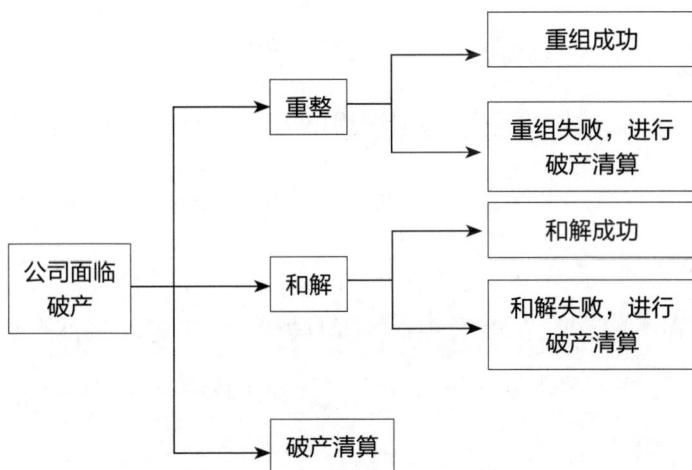

图 11-3

破产时各财务结构的界定和确认

企业破产时，各财务结构的界定和确认属于破产清算环节的工作，主要有财产、债权、费用和共益债务等的界定和确认。各种财务结构的界定和确认有利于企业做好破产清算工作，防止企业利益和股东等各方利益受损。

（1）破产财产的界定与确认

破产财产是指依法在宣告破产后，可依照破产程序进行清算和分配的企业全部财产。界定并确认为破产财产的资金要满足 3 个条件：第一，必须是破产企业法人可以独立支配的财产；第二，必须是在破产程序终结前属于破产企业的财产；第三，必须是依照破产程序可以强制清偿的债务人的财产。而根据《破产法》的规定，破产财产由下列财产构成。

1）宣告破产时企业经营管理的所有财产。

2）破产企业在宣告破产后至破产程序终结前所取得的财产。

3）应当由破产企业行使的其他财产权利，如专利权、著作权等。

4）担保物的价款，超过企业担保债务数额的，超过的部分属于破产财产。

5）在法院受理破产案件前6个月到破产宣告日期间，破产企业隐匿、私分、无偿转让和非法出售的财产，经过追回后属于破产财产。

6）破产企业与其他企业联营时投入的财产和应得的收益。

破产财产确认后，一般要变卖为货币资金，便于清偿债务。而破产财产应采用公开拍卖的方式出售，对破产财产中的整套设备或生产线，应尽量整体出售，确定无法整体出售的再进行分散出售。

（2）破产债权的界定与确认

破产债权可分为有限破产债权和普通破产债权，对破产人的特定财产享有担保权的债权人，则对该特定财产享有优先受偿的权利，该部分债权即为优先破产债权。

普通破产债权是在破产宣告前成立的，对破产人发生的、依法在规定的申报期内申报确认且只能通过破产程序由破产财产中得到公平清偿的债权。在界定和确认普通破产债权时，主要有如表 11-3 所示的标准。

表 11-3 普通破产债权的构成

序号	普通破产债权
1	破产宣告前成立的无财产担保的债权以及放弃优先受偿权的有财产担保的债权
2	破产宣告前没有到期的债权视为已到期债权的债权，在减去未到期利息后可界定为普通破产债权
3	破产宣告前成立的有财产担保的债权，超过担保品价款而未受偿的部分将作为普通破产债权
4	债权人在破产企业有债务时，其债务可在破产清算之前抵销，但抵消部分既不能作为优先破产债权，也不能作为普通破产债权
5	破产企业还没有履行合同的责任，而合同的对方当事人又因管理者解除合同受到损害的，损害赔偿额将被界定和确认为普通破产债权
6	为破产企业提供保证的人，因为代替破产企业清偿债务而形成的担保债权是普通破产债权
7	债务人是委托合同的委托人，而受托人不知道债务人被法院裁定破产的事实，继续处理委托事务的，受托人因此产生的债权
8	债务人是票据的出票人，在债务人被法院裁定破产后，该票据的付款人继续付款或承兑的，付款人因此产生的债权

根据法律规定，破产企业欠职工的工资、医疗、伤残补助、抚恤费用、欠职工的应当划入职工个人账户的基本养老保险、医疗保险、应当支付给职工的补偿金和欠缴国家的税款等债权，一般不列入普通破产债

权范围，但可优先于普通破产债权得到清偿。而在破产宣告后的利息
与债权人为了自身利益而参加破产程序支出的费用等不能确认为破产
债权。

（3）破产费用和共益债务的界定与确认

破产费用是指在破产案件中，为破产债权人的共同利益而支出的
费用。法院受理破产申请后发生的下列费用即为破产费用。

- ◆ 破产案件的诉讼费用。
- ◆ 管理、变价和分配债务人财产时产生的费用。
- ◆ 管理人执行职务的费用、报酬和聘用工作人员的费用。

共益债务是指企业在破产程序中为了全体债权人共同利益而负担
的各种债务总称。法院受理破产申请后发生的下列债务为共益债务。

- ◆ 因破产企业请求债权人履行双方均未履行完毕的合同时产生的
债务。
- ◆ 破产企业的财产受到无因管理而产生的债务。
- ◆ 破产企业获得不当利得而产生的债务。
- ◆ 破产企业的相关人员执行职务导致人为损失而产生的债务。
- ◆ 破产企业继续经营而应支付的劳动报酬和社会保险费。

（4）破产财产的分配

当破产财产全部确认和拍卖、破产债权全部被界定和确认以及破
产费用和共益债务总额计算出来后，要进行破产财产的分配。分配方
案要由破产企业的债权人会议通过，再经法院裁定后执行。

破产财产在优先清偿破产费用和共益债务后，再依照如图 11-4 所

示的顺序进行清偿。

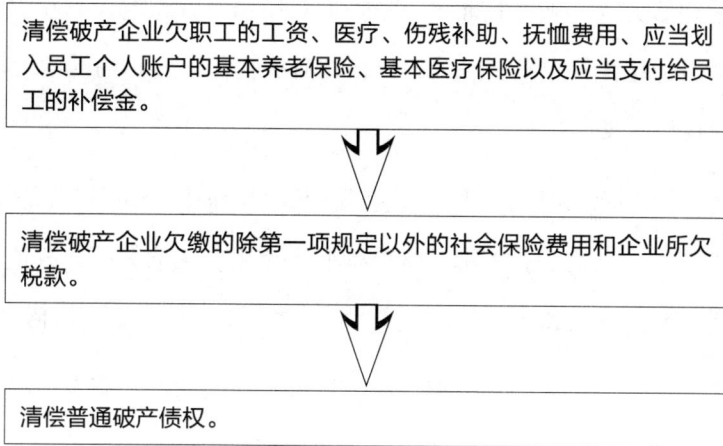

清偿破产企业欠职工的工资、医疗、伤残补助、抚恤费用、应当划入员工个人账户的基本养老保险、基本医疗保险以及应当支付给员工的补偿金。

清偿破产企业欠缴的除第一项规定以外的社会保险费用和企业所欠税款。

清偿普通破产债权。

图 11-4

在破产财产清偿时，前一项债权得到全额偿还以后才能对后一项债权进行清偿。如果破产财产不足以清偿同一顺序的求偿权时，需要按照一定的比例进行分配。

破产清算的程序

破产清算作为一种法律行为，有其基本的处理程序，具体步骤如下。

第一步，提出破产申请。可由债务人（破产企业）向法院提出，即自愿破产；也可由破产企业的债权人提出，即非自愿破产。期间要提交破产申请书和有关证据，申请书要载明申请人和被申请人的基本情况、申请目的、申请的事实和理由以及法院认为应当载明的其他事项。

第二步，法院受理破产申请。法院接到破产申请后要进行受理与否的审查，一般来说，法院应当从收到破产申请的当天起 15 日内裁定是否受理。债权人提出破产申请的，法院应当从收到申请的当天起5日内通知债务人（破产企业），债务人对申请有异议的，应在收到法院通知当天起7天内向法院提出异议，而法院要在异议期满当天起10日内裁定是否受理。

第三步，指定破产管理人。法院受理破产申请后指定破产管理人，这一管理人可以是由相关部门、机构的人员组成的清算组，或依法设立的律师事务所、会计事务所及破产清算事务所等社会中介机构。

第四步，债权人申报债权。法院受理破产申请后，确定债权人申报债权的期限，该期限将从法院发布受理破产申请公告当天起计算，最短30天，最长3个月。债权人应在法院确定的债权申报期限内向破产管理人申报债权，管理人收到债权申报材料后登记造册，对申报的债权进行审查，同时编制债权表。

第五步，召开债权人会议。债权人会议由依法申报债权的所有债权人组成，该会议将决定债务人在破产期间的重大事项。第一次债权人会议由法院召集，且在债权申报期限到期日起15天内召开。债权人会议上的决议需要由出席会议的、有表决权的债权人过半数通过，且这些债权人代表的债券额占无财产担保债权总额的1/2以上才行。另外，债权人会议可决定设立债权人委员会，负责监督债务人财产的管理和处分、破产财产分配、提议召开后续债权人会议和债权人会议委托的其他职权。

第六步，法院宣告债务人破产。法院对符合破产条件的企业下发破产宣告裁定书，正式宣告债务人破产。法院应在破产宣告裁定做出之日起5天内告知债务人和破产管理人，自裁定做出之日起10日内通知债权人并予以公告。

第七步，处置破产财产。管理人在法院宣告债务人破产后，接管破产企业，开展清产核资和资产评估等工作，对破产财产和债权进行认定，清理、回收、管理和处分破产企业的财产，并且代表破产企业参加诉讼和仲裁活动。还要及时拟订破产财产变价方案，提交债权人会议进行表决，通过后及时变价出售破产财产。必要情况下，管理人可组织破产企业继续进行生产经营活动。

第八步，分配破产财产。破产财产变价处置后，管理人要及时拟定破产财产分配方案，提交债权人会议进行表决。方案通过后，由管理人将该方案提请法院裁定和认可，然后由管理人执行分配方案。

第九步，结束破产清算程序。管理人完成最后的破产财产分配后，要及时向法院提交破产财产分配报告，并提请法院裁定结束破产清算程序。法院应从收到管理人结束破产清算程序的申请之日起 15 天内做出是否结束破产清算程序的裁定。裁定结束的，要予以公告，而管理人要在破产清算程序裁定结束之日起 10 天内，持法院结束破产清算程序的裁定，去破产企业的原登记机关办理注销登记。

重整不等于重组

重整与重组都是在企业面临重大财务危机、债务清偿出现问题时进行的企业管理工作，通过重整或重组调整债权债务关系，帮助企业能够继续经营或清偿所有债务。

但重整和重组不是一个概念，两者之间有明显的区别，下面就来详细了解这两者的不同之处，如表 11-4 所示。

表 11-4 重整与重组的区别

项目	重整	重组
本质不同	是一个严谨的法律概念，其依据在于《企业破产法》的明文规定，内涵、程序、效率和后果均由法律明确规定	不是一个法律概念，而是一个约定俗成的称谓，即法律没有针对重组做出任何规定
司法保护程度不同	法律提供了一定的司法保护，如阻止司法冻结和法院执行、阻止担保人行使担保权、限制取回权人行使取回权及限制企业股东行使股权等	因为不是法律程序，所以不存在司法保护的情形。比如，无法有效阻止司法冻结和法院执行
自主性不同	由法院主导，属于法庭内的重整，受到法律框架的约束，如债权人的清偿顺序和重整时间等，都必须按照法律规定执行	股东、债权人之间的协商都是自愿的，没有任何强制性，如谈判时间和债权人的清偿率等都是自由确定的
计划方案的通过条件不同	方案并不需要所有权益人同意，根据企业破产法的规定，只需要满足表决人数和代表的债权额达到一定数量或比例即可，有些特殊状况下，即使没有达到一定数量或比例，法院也会强制通过	该方案完全属于自愿，必须取得所有债权人的同意，否则重组方案对表示不同意的债权人无效
实施成本不同	该程序属于诉讼程序的一种，所以有诉讼成本，同时也会有收益。比如，企业进入重整后，债务停止计算利息等	不存在法律成本，但实际操作过程中，也会存在各种费用开支
对企业经营现状的影响不同	企业破产法赋予管理人对尚未履行完毕的合同享有解除权，企业无需对客户承担违约责任，帮助企业解除所有不利的、无益的和成本大的合同，改善经营环境	企业重组时，即使没有达成一致意见，对各方当事人的权利义务也没有任何影响，但重组有效可以改善企业的经营状况
时间效率不同	重整的每一个环节都有严格的时间限制，提高各方当事人的办事效率	资产重组的期限由各当事人的自由意志决定，没有特别的时间限制

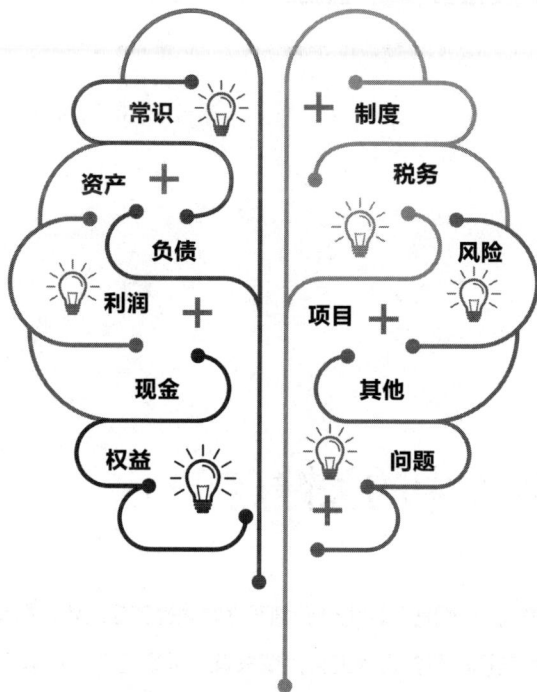

第 12 章
管理者经常遇到的财务问题

作为管理者，了解财务知识的细节固然重要，但最关键的是要学会从整体局面掌控企业的财务现状。同时，从全局出发分析企业发展的有利因素和不利影响，进而做出对企业大局发展有帮助的决策，这也能帮助管理者查漏，真正从各个方面做好企业管理。

财务管理中的关键点

对管理者来说，要想把管理工作做到面面俱到确实很困难，尤其是财务管理。一般来说都是抓住财务管理的重点或关键点采取行动，这样可以把握企业财务工作的重点，防止出现重大财务问题。那么，企业管理者要掌握的财务管理关键点有哪些呢？

老板要对哪些重点资产进行管理

资产管理的重点是通过提高资产的可利用率来增加收益，通过优化资源结构来降低成本，从而提高企业的经济效益和市场竞争力。管理者在进行资产管理时，重点对固定资产进行管理，比如机器设备和生产线等，同时要辅助管理某些流动资产，如存货、库存现金或银行存款等。

固定资产管理是财务资金管理的一个重要组成部分，管理好固定资产是管理者的责任，管理者可以从如下几点实施固定资产管理工作。

1）固定资产规范化管理。管理者要组织企业各部门员工共同参与和配合固定资产管理，形成上下联动，提高重点资产管理效率。

2）建立健全规章制度。以制度明确相关人员的责任，以责任加强管理，真正落实岗位责任制，注重钱物分管的原则。固定资产还要有专门的实物管理部门，负责固定资产的购置、处置、调配和报损，实物部门根据"谁使用、谁保管、谁负责"的原则，明确负责人。

3）实施固定资产卡片管理制度。建立固定资产卡片和标签制度，一物一标签，责任人要承担相应物资损失或丢失赔偿责任。

4）做到有据可询。固定资产的增减变动最好通过书面形式进行记录，让管理者自己或相关负责人在后期查账时能有据可询。

5）做好定期管理工作。固定资产管理是一个长期的动态过程，需要管理者组织相关人员进行定期管理工作，包括固定资产清理、报废、保养和修理等，做到灵活变通。

总的来说，管理者加强企业资产管理时，可以从下面 3 个点着手。

◆ 规范完善资产管理制度，将管理责任落实到每个部门，直至员工身上。

◆ 建立资产账目，相关资产进行明确的标识，保证账物相符。

◆ 定期且及时地清查资产，确保资产和账目的有效性。

资产管理的关键流程

企业资产的管理流程实际上就是资产的确认、使用、报废、处置、调拨、盘点和清算等，为了规范资产管理流程，企业可以建立系统审批流程，而资产管理流程的具体操作如图 12-1 所示。

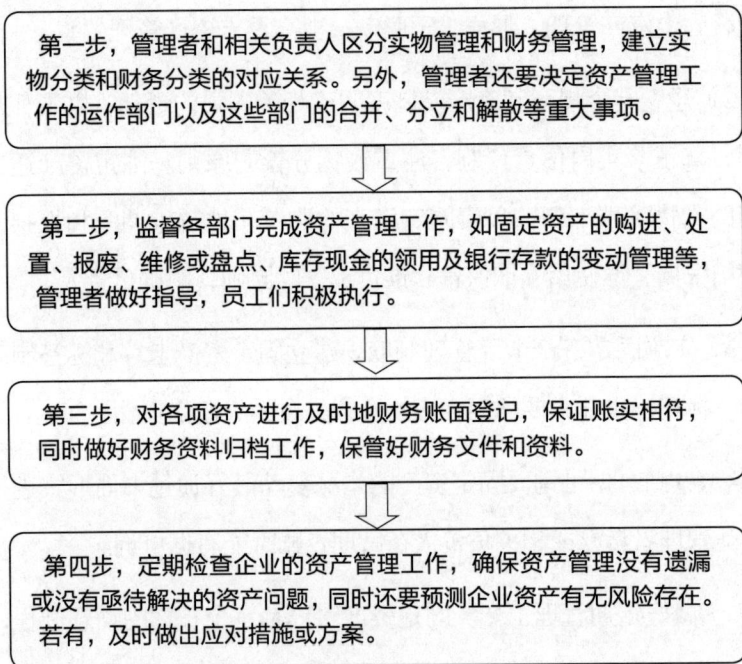

第一步，管理者和相关负责人区分实物管理和财务管理，建立实物分类和财务分类的对应关系。另外，管理者还要决定资产管理工作的运作部门以及这些部门的合并、分立和解散等重大事项。

第二步，监督各部门完成资产管理工作，如固定资产的购进、处置、报废、维修或盘点、库存现金的领用及银行存款的变动管理等，管理者做好指导，员工们积极执行。

第三步，对各项资产进行及时地财务账面登记，保证账实相符，同时做好财务资料归档工作，保管好财务文件和资料。

第四步，定期检查企业的资产管理工作，确保资产管理没有遗漏或没有亟待解决的资产问题，同时还要预测企业资产有无风险存在。若有，及时做出应对措施或方案。

图 12-1

上图所示的是资产管理的大致环节，而具体实施过程中的细节问题，要根据企业自身实际情况进行相应调整或增减。

管理者如何控制成本

成本是企业制定产品价格的基础，是计算企业盈亏的依据，是管理者经营决策的支撑，同时还是衡量工作业绩的重要指标。

控制企业的经营成本，可以提高自身在市场中的竞争力，让产品或服务在市场竞争中占据优势。管理者要从大局出发，制定相关的成本制度，让员工在坚持和实施这些制度的过程中达到控制成本的目的。

成本控制的内容非常广泛，一般可以从成本形成过程和成本费用分类这两个角度加以考虑。从过程来看，产品投产前要对产品设计成本、加工工艺成本、物资采购成本、生产组织方式、材料定额与劳动定额水平等进行控制，制造过程中要对原材料、人工、能源动力等费用支出进行控制，流通过程中要对产品包装、厂外运输和广告促销等费用进行控制；从分类来看，要对原材料成本、工资费用、制造费用和企业管理费等进行控制。那么，从成本控制工作的大局出发，具体要如何实施控制呢？

首先，成本控制要从年度计划开始。企业要学会制作全年计划，对接下来一年的开支等进行总预算，给后期工作一个成本标尺，从而达到控制成本的目的。

其次，不在全年计划范围内的开支要进行专项审批。企业的全年计划对成本等的预算是针对企业的常用项目，而在经营过程中实际可能遇到不在全年计划范围内的费用开支。此时，要控制经营成本，就要对这些开支进行专项审批，同时做好账务登记，最后汇总到财务报表中，管理者通过报表了解成本真实的发生额。

最后，成本控制要做好细节。既要着眼于企业发展的大事，也不能忽视不起眼的小事。成本控制需要企业全员参与，养成不浪费一张纸、不浪费一滴水、随手关掉灯的好习惯。学会使用可以利用的旧物，适当提出减少支出增加回报的建议等。

例 12-1 控制成本，全员有责

　　某企业经营装饰建材生意，内部有销售部门、财务部、人事行政部和档案管理室等。因为企业意识到，客户不会为企业的奢侈买单，所以在很多办公用品上都是适用而不奢华。

　　总经理及以上职位的管理层人员的办公桌材质与普通员工的办公桌材质一样，而且所有人都使用 1.5 元 / 支的签字笔，并且由人事行政部统一采购，各级人员领用时做好信息登记。

　　考虑到平时开会的频率不高，所以会议室只有一个。在会议时间冲突的时候，部门成员就在自己的工作区域开会，这样不仅节省了设立办公室的成本，还能给开会的员工一种不一样的氛围，这样就激发员工的工作积极性和工作的创意性。

　　但公司并没有因为控制成本而减少员工的报销额，主要实行的办法是，员工实际会支取的开支是多少就报多少，报多就返还给公司，报少就让公司补给，只不过公司会在其中起到监控作用，防止员工"乱花钱"。

　　除此之外，该企业宣传"节俭"的工作做得很到位，大部分员工都能随手关灯、关电及关水，从生活点滴处为企业控制经营成本。

　　该企业不仅在这些细小的事情上把成本控制得很好，而且还组建了高效的生产和研发团队，员工们也会从企业利益出发尽可能降低产品生产成本。

　　正因如此，该企业每年都节省了大部分成本，所以

在同行业中占了绝对的优势。同等水平的盈利空间，因
为成本比其他企业低，所以最终的销售价格也就比较低，
这样让客户感受到产品或服务的物美价廉，促使生意越
做越好。

企业成本控制不在于如何限制员工的行为来减少开支，而是要保证
每一项费用的支出都用在实处。但是企业老板要明白，钱不是越省越好，
有些钱老板一定不能省，如公司重要岗位的人才聘用花费、新技术研发
费用以及提供售后服务发生的开支等。企业的经营不是从形式上获得客
户的认可，如办公环境特别好，而是从客户的角度出发，将绝大多数成
本投入用在对客户的服务上，企业自身的需求适用就好，不必奢侈。

另外，企业管理还必须能看懂成本控制表单，如月产品成本计算
表、生产成本核算表、成本差异汇总表和产品生产费用分摊表等，这
样才有利于发现隐性成本，为成本控制工作扫除一大障碍。经营过程中，
这些隐性成本通常不会表现在具体的财务数据上，因此难以被发现和
重视，如企业自己投入的资金的利息、信息和指令失真会给企业带来
损失的可能性、员工工作效率低下以及管理层决策失误带来巨额成本
增加等，都属于隐性成本。由此可见，提高企业的资金利用率、信息
指令的及时准确性、员工效率和决策可靠度等，都有助于控制隐性成本，
这样成本控制工作又可精进一步。

明确投资性房地产和固定资产的区别

很多人以及很多企业的管理者都会认为公司的房产属于固定资产。
但随着新会计准则的颁布，公司旗下的房产并不都属于固定资产，主

要根据这些房产的用途进行区分。如果将房产进行出租收取租金，则该房产为投资性房地产，若是企业自身经营使用，则房产就是企业的固定资产。

（1）投资性房地产

投资性房地产主要包括已出租的土地使用权、持有并准备增值后转让的土地使用权和已出租的建筑物。而为生产产品、提供劳务或经营管理提供场所的房产不属于投资性房地产，而属于企业的固定资产。下面从投资性房地产的特点来认识企业的该特殊固定资产。

◆ 投资性房地产不用于销售。用于销售以获取差价的房地产，企业应确认为"存货"，而不是投资性房地产。

◆ 投资性房地产的实际使用寿命较长，企业及管理者要对其后续支出或处置进行充分的考量。

◆ 企业为了出租或资本增值而持有的土地使用权才确认为投资性房地产，而企业持有的、自用或用于销售的土地不是投资性房地产，而应确认为无形资产。

◆ 企业持有投资性房地产的目的不是为了耗用，而是为了赚取长期的租金收益或取得资本增值。

投资性房地产要按照成本进行初始计量，而后续计量既可采用成本模式，也可采用公允价值模式，但同一企业只能采用一种计量模式对所有投资性房地产进行后续计量。

（2）固定资产

固定资产的范围较广，包括企业自用的房屋、建筑物、机器、机械、运输工具、设备和生产线等，其具有如下所示的特点。

1）固定资产的价值一般较大，使用时间较长，能长期且重复地参与生产过程。

2）在生产过程中会发生磨损，但不改变其本身的实物形态，而是根据其磨损程度，逐步将自身价值转移到产品或服务中去。

3）在购置或建造固定资产时，需要支付大笔的货币资金，这种投资是一次性的，但投资的回收却要通过固定资产折旧来分期进行。

固定资产也是按照成本进行初始计量，而初始计量时也会因为固定资产的取得方式不同而有所差异。其后续计量主要通过计提折旧的方式来实现，其中要重点确定折旧的时间范围。综上所述，投资性房地产和固定资产的主要区别如表 12-1 所示。

表 12-1 投资性房地产与固定资产的区别

项目	投资性房地产	固定资产
持有目的不同	为了投资，如出租土地使用权。因此，企业会从该类房产中获得切实的收益	为了生产产品或提供劳务，无法收获切实的收益，只是企业用于经营的房产
范围不同	仅包括可以促使资金收益流入企业、为企业带来利益的房产	既包括生产经营和办公用的房产，也包括生产所需的机器设备、生产线和提供服务要用到的房产
核算方法不同	可采用成本模式，也可采用公允价值模式	只能采用成本模式

不能忽视的无形资产价值

过去的企业和管理者都很容易忽视公司的无形资产价值，认为只有有形资产才是企业的"底子"和家当。然而，在实际经营过程中，越来越多的企业认识到无形资产的重要性，比如商标权、专利权和人才等。这些资产虽然看不见摸不着，但却能为企业带来经济流入，所以其价值是不容忽视的。

广义的无形资产包括货币资金、应收账款、金融资产、长期股权投资、专利权和商标权等，因为它们没有实物形态。但财务会计上通常将无形资产做狭义理解，主要包括专利权、商标权或品牌等。

例 12-2 无形资产也有其存在的价值

中国的某饮料生产销售企业 A 与法国的某企业 B 曾签署了一份商标权使用合同，"中方将来可以使用××商标在其他商品的生产和销售上，而这些产品项目已经提交给 A 企业和其合营企业的董事会进行考察……"说明中方的 A 企业与法国的 B 企业共同控制商标的使用权，如果 A 企业要使用自己的商标生产和销售产品，必须经过 B 企业同意或与 B 企业合资。

签约过后不久，A 企业建立了一批与 B 企业没有合资关系的公司，到 2018 年，这些公司的总资产已达 60 亿元，当年利润更是达到了 10 亿元之多。B 公司看着眼红，便以当年商标使用合同中的"不许可除 A 企业和 B 企业合资外的公司使用商标"为由，要求强行收购这几家由 A 企业员工集资持股成立的、与 B 企业没有合资关系的公司。而对于 A 企业来说，这几家公司相当于自己的子公司，并不是商标使用合同规定之外的公司，所以不打算同意 B 企业的强行收购想法，双方闹上法庭。

由上述案例可知，商标权这一无形资产的重要性和其内在的价值。因为内在价值，所以才会引发争夺商标权和维护商标权的事情。有些无形资产的价值可以用数字来衡量，而有些虽然不能对其价值做出准确的估量，但确实具有看不着摸不到的价值。

1）"客户关系"是企业最为重要的无形资产之一，是能否有效地对客户群进行管理的关键点。从财务的角度来看，企业的"客户关系"这一无形资产会影响企业的运营策略和发展战略。

2）无形资产对技术创新有促进作用。企业竞争体现在市场竞争上，而市场竞争体现在商品上，商品竞争体现在技术上，技术竞争则体现在无形资产产权保护上，技术创新都会以无形资产为核心。

3）知识经济时代不断发展，产业不断向技术密集型和智力密集型转化，像专利技术、产品设计和品牌效应等无形资产，其作用越来越突出。很多著名的企业家表示，要保证不断增多的存量资本在应用中具有不断上升的资本生产率，就必须具备较好的技术知识和技能。

4）无形资产体现一个企业的形象。如产品的设计、外形、包装、名称和商标等，在具有一定影响力的情况下成为企业的无形资产，这些资产会提高企业在客户和消费者心目中的形象，扩大企业知名度。

5）品牌效应是获得忠实消费者的有利武器。对消费者来说，买知名品牌的商品是一种省事、可靠且风险低的方法。尤其在大众消费品领域，面对众多的商品和服务提供商，消费者无法通过具体的方法比较产品或服务本身的价值来做出买卖决定，此时品牌就会引领消费者快速做出自认为稳妥的选择。

如何判断公司财务结构是否合理

管理者要判断公司财务结构是否合理，可以从三大比率入手，即负债比率、所有者权益比率和长期资产适合率，从而轻松得出结论。

（1）负债比率

负债占资产的比率，主要分析公司负债比率是否合理，是过高还是吸收资金的程度不够，主要依据的公式如下。

$$负债比率 = 总负债 \div 总资产 \times 100\%$$

（2）所有者权益占资产比率

判断企业对债权人的利益保证度的高低，确认企业资金是否大部分由所有者提供。该比率与负债比率之和为1，主要依据的公式如下。

$$所有者权益比率 = 所有者权益 \div 总资产 \times 100\%$$

（3）长期资产适合率

查看企业的固定资产是否由流动负债来负担，反映企业的偿债能力，一般适合率在 100% 以上比较好，依据的公式如下。

$$长期资产适合率 = （所有者权益 + 长期负债） \div 固定资产净额 \times 100\%$$

管理者常遇到的这些"不懂"

多智者必有不知时，能力再强、知识再渊博的人，也会有不懂的东西或问题。作为企业的管理者，虽然格局要比普通员工高很多，但也并不是无所不知、无所不晓，在管理企业的过程中也总会遇到一些不懂的问题，此时要做的是正视它们，而不是不管不顾。

老板不懂票据管理

票据管理，顾名思义是指对生产经营活动中产生的所有票据进行管理的工作。该工作比较细致，其性质与企业管理者所站的角度不同，管理者一般站在统御全局的角度，不会过多干涉票据管理、原材料管理和办公用品管理等这些小细节。因此，容易使老板不同票据管理。

即使管理者需要懂票据管理，也是从大局观进行了解并监督，具体有如下所示的一些。

◆ 票据有哪些

企业管理者要了解业务可能涉及的票据包括汇票、本票、支票和各种财务凭证。

◆ 什么是票据权利和票据责任

票据权利是指持票人向票据债务人请求支付票据金额的权利，包括付款请求权和追索权；票据责任是指票据债务人向持票人支付票据金额的义务。无民事行为能力或限制民事行为能力的人在票据上签章的，其签章无效，但不影响其他签章的效力。以欺诈、偷盗或者胁迫等手段取得票据的，或者明知有前列情形，出于恶意取得票据的，不得享有票据权利。持票人因重大过失取得不符合本法规定票据的，也不得享有票据权利。

◆ 票据不得伪造、变造

票据上记载事项应当真实，不得伪造、变造。伪造、变造票据上的签章和其他记载事项的，应当承担法律责任。票据上有伪造、变造的签章的，不影响票据上其他真实签章的效力。票据上其他记载事项被变造的，在变造之前签章的人，对原记载事项负责；在变造之后签章的人，对变造之后的记载事项负责；不能辨别是在被变造之前或者之后签章的，视同在变造之前签章。

◆ 发票的印制

增值税专用发票由国务院税务主管部门确定的企业印制；其他发票按照国务院税务主管部门的规定，由省、自治区、直辖市税务机关确定的企业印制。禁止私自印制、伪造、变造发票。

◆ 发票的管理

不符合规定的发票，不得作为财务报销凭证，任何单位和个人有权拒收。任何单位和个人不得有这些虚开发票行为：为他人或自己开具与实际经营业务情况不符的发票；让他人或自己开具与实际经营业务情况不符的发票；介绍他人开具与实际经营业务情况不符的发票。

开具发票的单位和个人应当按照税务机关的规定存放和保管发票，不得擅自损毁。已经开具的发票存根联和发票登记簿，应当保存 5 年。保存期满，报经税务机关查验后销毁。

◆ 指定专门管理票据的人

大企业通常都有专门的资料管理室，将时间久远的资料和财务凭证等置于资料室统一保管。但中小型企业可能涉及的资料没有大企业多，因此可不用专门设置资料管理室，在财务部指定专人负责票据管理即可。

管理者不懂控制企业库存

控制企业库存是对制造业或服务业生产、经营全过程中的各种物品、产成品及其他资源进行管理和控制，使储备保持在经济合理的水平。

库存控制要考虑的方面很多，如销量、到货周期、采购周期和特殊季节特殊需求等。库存控制需要利用信息化手段，每次进货都需要记录下来，要有盘库功能，要有生产计划，根据生产计划和采购周期安排采购。员工要懂的是实物库存控制，主要是针对仓库的物料进行盘点、数据管理、保管和发放等。

而企业管理者要从广义的角度对库存实施管控，通过优化整个需求与供应链管理流程，合理设置 ERP 控制策略，并辅之以相应的信息处理手段和工具，实现在保证及时交货的前提下尽可能降低库存水平，减少库存挤压与报废、贬值的风险。各级管理者要做的事情如下所示。

◆ **战略层：**要从企业战略目标出发，制定供应链总体运作策略，明确供应商策略关系、产能规划物流供应商关系和经销商策略关系，建立供应链绩效体系。

◆ **策略层：**要优化供应链整体计划，进行采购策略供应商管理、生产过程优化、需求预算灌流、客户订单履行与服务管理以及产品分销网络与仓储运输管理优化等。

例 12-3 做好供应链流程体系的建立与优化，库存控制更轻松

某公司在创立初期，市场很好，产品卖出去不成问题，所以管理者们很关注产品设计。后来，有了好的产品，公司管理者还要关心如何卖得更多，所以就开展了连锁体系，大大提升了销量。连锁体系建立后，有了很多竞争对手，如何在竞争中获胜，如何使消费者愿意购买公司的产品，这些又称为了公司的工作重点。此时，管理者又开始关注品牌。

大约过了一年，管理者们将公司的品牌打响，但却发现供应跟不上了，终端需求货物，而公司却无法及时供应，尤其在旺季对畅销品的供应上。同时，与供应不足相对应的是公司的库存也在大量增加，存在很大的风险，滞销产品过了季节就很难销售出去。这种现实挑战使得该公司在之后的几年都不敢跑得太快。

另外，随着客户需求的多样化，公司加急订单、特殊需求的订单量在整体订单量中所占的比例明显增加。然而订单的实现在供应链中是连续的，加急订单、特殊需求订单势必会给供应链的内部实现部门，如物流、仓储等带来业务波动，使得前后部门的配合越来越难。

对此，高层管理者开始不断加强内部整合，尤其是供应链相关部门。但由于最近几年公司发展速度很快，库管、质管等严重缺人，培养又需要时间，因此，新人需要学习与磨合，老员工工作繁忙，这不得不引起管理者的思考，决心建立和优化供应链流程体系。

管理者们觉得，公司可通过流程牵引建立供应链中端到终端的流程，把这些流程细化至流程手册的细度。而手册中包括所有参与流程运作的岗位有多少个节点需要操作，如何操作，逻辑关系如何，有几个节点需要标准化的表单，表单中的各个数据如何获得、如何填写，有几个节点需要判断，审批或判断的依据是什么，通过什么样的形式可加快判断并防范业务风险，哪些节点操作频率很高等。将这些节点的实现放在信息化平台上，实现效率提升和工作留痕，避开人工判断容易出现的问题。

沿着流程重新审视各个部门的责任切分，建立前后台职责更清晰、协作更流畅的供应链运作体系，精细化后台部门各岗位的技能要求，培养、提升企业核心能力。

不懂现金流的价值

很多管理者都应该常常听说"现金流"这一概念，但真正能明白是什么的人可能并不多。对企业来说，现金流就是现金流量，是在一定会计期间按照现金收付实现制，通过进行一定经济活动而产生的现金流入、现金流出及其总量情况。

现金流与企业的关系如同血液与人体的关系，它决定企业的价值创造能力。企业只有拥有足够的现金（库存现金和银行存款等现金等价物）才能从市场上获取各种生产所需要素，为价值创造提供必要的前提。从长期的实践经验不难看出，现金流具有如下 3 方面的价值。

◆ 决定价值创造

现金流是企业生产经营活动的第一要素，保障企业有足够的现金购买原材料、辅助材料和机器设备等，支付劳动工资和其他费用，同时通过销售收回现金，这样的现金流入、流出才能实现价值的创造。

◆ 反映企业的盈利质量

现金流比利润更能说明企业的收益质量，相关指标恰好能弥补权责发生制确定的利润指标在反映企业收益方面容易导致一定"水分"的不足，剔除企业可能发生坏账的因素，使投资者、债权人等更能充分、全面地认识企业的财务状况。

◆ 决定企业的生存能力

企业生存是创造价值的基础，传统反映偿债能力的指标往往会掩盖企业经营中的一些问题。实际上，经营活动的净现金流量与全部债务的比率（现金流量比率）就比资产负债率更能反映企业偿付全部债务的能力，现金性流动资产与筹资性流动负债的比率就比流动比率更能反映企业短期偿债能力。

没钱怎么办，有钱怎么花

对企业管理者而言，财务管理工作无非就是考虑"没钱了怎么办？"和"有钱应该怎么花？"等问题。也就是说，管理者的财务工作重心就是保证企业有充足的资金用于生产经营，同时让资金得到充分的利用，不让资金闲置或贬值。那么，管理者需要明确的财务管理理念有哪些？可以通过什么措施来实现运营资金充足、合理有效利用资金的目的？

忽视预算，用款无序

有些企业经营收益好，但仍旧嚷着没有钱，为什么呢？很大可能是管理者忽视了预算工作，导致用款无序。总的来说，企业的预算工作都围绕资金预算进行，主要从投资预算和经营预算两大方向开展。

（1）投资预算

企业的投资预算是对固定资产的购置、改建、改造、更新，在可行性研究的基础上对何时进行投资、投资多少、资金来源、获得收益期限、投资回报率、每年的现金净流量、需要多少时间回收全部投资等进行预测，制定出不同的预算方案，并进行方案优选。

做好投资预算，可以减少不必要的资金花费，将投资资金用在刀刃上，提高投资项目收获高收益的可能性。

（2）经营预算

企业在某一时期为实现经营目标而编制的计划，该计划描述了在该时期发生的各项基本活动的资金、数量标准。大致包括销售预算、生产预算、直接材料采购预算、人力资源预算、间接成本预算（如制造费用、行政管理费用、销售费用和财务费用等预算）、经营损益预算和现金流量预算等。

经营预算的工作量很大，涉及的面较广，必须逐一开展，各部门做好与本部门相关的预算工作，其间要注意部门预算工作之间的衔接问题，做到不重复计划某项开支或收入。公司高层要组织制定预算管理制度，规范预算管理工作中的人员行为和各项实施标准。

没钱才需要融资吗

很多管理者都在企业面临资不抵债的情况下才选择融资，以此来度过财务危机。但企业真的只有在没钱的时候才需要融资吗？答案显然是否定的。

在第二、三章讲述资产负债表时就证明，企业适当融资可以增加自身的资本投资收益，因为企业向金融机构或其他金融公司贷款经营，而自身资金用于投资其他收益率更高的项目，就可获得可观的投资收益。所以，融资不仅能使企业避免因为投资而缺乏营运资金，还能让企业在几乎算是没有后顾之忧的情况下进行高回报投资。

例 12-4　通过融资扩大企业规模

广州市一家中小型的模具公司在当地小有名气，其产品远销海外，很多客户都是经济市场中的大公司。

该模具公司主要生产某品牌车的座椅模具，由于厂房的限制，目前能够做出来的模具还没有达到理想的规模，这让公司的老板江先生很是头疼。

虽然公司的平均年产值可达到 2 000 万元，但这个数字已经停留了两三年了，要想企业有更大的发展，就必须扩大厂房和生产线等的规模。虽然企业有足够的运营资金，但如果将这笔钱用于扩大企业规模，很可能造成企业资金链断裂，所以最好的办法就是融资。

由于江先生的企业在金融机构中的信誉很好，加上企业保持着每年都获利的经营成果，走完相关程序后，江先生的公司就获得了银行提供的 80 万元贷款。

3 个月后，扩建的厂房和生产线便开始投入使用，令人高兴的是，在扩大企业规模以后的第一个季度内，总体产值就比往年同期增长了 100 万元。

由于规模扩大，盈利额增加，企业决定将自有资金的一部分用于投资较高收益项目，以期获得额外的投资收益。这样一来，既扩大了企业规模，又增加了收益。

管理者如何利用好财务杠杆

财务杠杆又称筹资杠杆或投资杠杆，它主要影响企业的息税后利润，而不是息税前利润；而息税前利润率会影响财务杠杆系数。

杠杆系数＝普通股每股利润变动率 ÷ 息税前利润变动率

＝基期息税前利润 ÷（基期息税前利润－基期利息）

对于同时存在银行借款、融资租赁且发行优先股的企业来说，可按以下公式计算财务杠杆系数。

财务杠杆系数＝息税前利润 ÷ [息税前利润－利息－

融资租赁租金－优先股股利 ÷（1－所得税税率）]

财务杠杆系数越大，表明财务杠杆作用越大，财务风险也越大；系数越小，杠杆作用越小，财务风险也越小。管理者利用好财务杠杆，可以使每元盈余所分担的固定财务费用减少，从而起到资金的合理配置与使用的作用。

例 12-5　财务杠杆实现合理化收益与合理化财务风险

某企业的资产负债表中明确记载了长期借款和应付账款等负债项目。在企业财务管理中，财务杠杆的产生是因为在企业资金总额中，负债筹资的资金成本是固定的，而引起的固定利息支出使企业的股东收益具有可变性，且变化幅度会大于息税前收益变化的幅度。由此，该企业分析出了以下两种合理化效益。

1. 资本结构不变，含息净余额变动。资本结构一定的情况下，支付的负债利息固定，使含息净余额增大，则单位含息净余额所负担的固定利息支出就会减少，相应地，净余额就会以更大的幅度增加，这时就可获得财务杠杆利益；反之，使含息净余额减少，单位含息净余额所负担的固定利息支出会增加，净余额以更大的幅度减少，不能合理获利。

2. 含息净余额不变，资本结构变动。在含息净余额一定情况下，使含息资产余额率大于负债利息率，可利用负债的一部分归属净资产，使负债占总资金来源的比重越大，净资产余额率越高，则财务杠杆效益越大；若含息资产余额率小于负债利息率，用部分净资产的积累去支付负债利息就会使财务杠杆产生负效应，此时负债占总资金来源的比重越大，净资产余额率反而越低。

该企业考虑到财务杠杆不仅带来收益，还会带来比正常财务风险更大的风险。所以决定采用适度负债的方法获得财务杠杆效益，同时降低财务风险。

一笔钱怎么重复使用

对于企业来说，一笔钱的重复使用一般是指一段时间内资金的周转。要达到理想的重复使用效果，就需要提高资金周转率，即占用尽可能少的资金来获得尽可能多的销售收入。

例如，企业一年的销售收入总额为 3 000 万元，按年平均占有的固定资产（原值）和流动资金总额为 1 500 万元计算，则 3 000 万元一年内可使用两次，每次使用的天数为 180 多天。那么，管理者需要掌握的提高资金周转率的方法有哪些呢？如表 12-2 所示。

表 12-2 提高资金周转率的方法

方法名称	合理做法
制订要货计划	业务负责人做出一份下个周期（周、旬、月或季等为单位）市场货物需求量和重要客户要货频率与次数的分析报告，由仓库管理员结合现有库存状况进行部分产品要货量调整，再由财务人员根据上期或去年同期实际销售数据和财务资金状况进行修正，最后由经销商或零售商组织负责人进行通盘考虑与核定
配送管理	及时发出库存，减少订单产品的库存期，并且尽可能在企业每月的结账期之前解决库存问题
账期管理	保持客户的实际结账期在合同账期的正常偏差区间内，比如合同约定账期为 45 天，账期尾部恰逢十一假期，因此客户实际结账期最多为 50 天，此间的 5 天偏差是能接受的，若大于 5 天就不行。也就是说，企业要避免客户拖延付款的理由产生
社会库存的控制	社会库存是指下游客户向企业赊销的产品。很多企业认为，社会库存越多，陈列效果越好，可以为企业增加销售机会，但忽略了社会库存会影响资金的回转率，所以管理者需要带领企业制定出合适的社会库存
执行促销	卖得越快，资金回转率越高。合理加价配合促销手段，增加销量。促销过程中，投入一分不能省，资源一分不能贪，否则促销的结果很可能使企业亏本
巧妙处置残滞库存	经销商或零售商的手中可能出现残滞库存，即在有效的时间内没有将进购的商品卖完。残滞库存不能积压，对于企业来说，回收残滞库存有很大的风险，所以不太愿意进行回收。此时，经销商或零售商要以合理的价格尽快将残滞库存变现
品项管理	不同产品的资金回转率不同，因此需要进行差异管理，保证资金投向的有效性。比如季节性产品，其资金回收周期也具有季节性，企业在提高资金周转率时，要充分考虑产品的季节性，将要用到资金的时期尽可能划分到销售旺季

提高一笔资金的周转率，就可以使该笔资金在较短的时间内重新回到公司手里，然后用这笔资金继续进行各种经济活动，达到重复使用的效果，为企业创造更多收益。

好现象不一定有好结果

商场如战场，古时候的将军都知道"居安思危"的道理，现在的企业管理者也应该明白，不能被表面现象蒙蔽双眼，否则很容易"安乐死"。在企业经营过程中，一些好的现象并不代表企业会收获一个好结果，有时只是暂时的表象，其中可能蕴含较大的问题。因此，管理者要时刻保持警惕，要明白，好现象不代表有好结果，一定要透过现象看到问题的本质。

回报率高的公司会破产吗

这里所说的回报率是指资产回报率，也就是企业总体的生意回报。大多说人都知道，获取利润的能力（利润率）和货物的周转速度（周转率）都是与盈利相关的因素。而企业要怎样才算做到真正盈利呢？这就不得不提及资产回报率，计算公式和推理过程如下。

$$资产回报率 = 利润率 \times 周转率$$

$$\frac{净利润}{收入}（利润率）\times \frac{收入}{总资产}（周转率）$$

$$\frac{净利润}{总资产}（总资产回报率）$$

　　如果总资产回报率下降，可通过该推理过程找到具体原因，即是利润率下降或是周转率下降。通常情况下，总资产回报率＝息税前利润÷总资产。

　　如果仅仅只是利润率下降，资金周转率没有减小，则不能说明企业资金营运能力弱，加之利润率只是降低，并没有出现亏损现象，所以公司不一定会面临破产。若是利润率相对稳定，资金周转率下降，说明企业经营效率没有问题，只是可能出现大量的应收账款，此时只要做好坏账准备，或者积极督促客户交纳货款，企业面临破产的可能性也会很小。但如果两个比率同时下降，且没有做出及时的应对措施，企业面临破产的可能性将急剧上升。

　　与此同时，管理者还可关注股东权益回报率，因为股东权益回报率与总资产回报率有着一定的关联。

股东权益回报率＝净利润÷股东权益

股东权益回报率÷总资产回报率＝总资产÷股东权益

总资产÷股东权益＝权益乘数

　　所以，股东权益回报率＝总资产回报率×权益乘数，细分其中的推理过程如下。

$$\frac{\text{净利润}}{\text{总资产}} \text{（总资产回报率）} \times \text{权益乘数}$$

$$\frac{\text{净利润}}{\text{收入}} \text{（利润率）} \times \frac{\text{收入}}{\text{总资产}} \text{（周转率）} \times \frac{\text{总资产}}{\text{股东权益}} \text{（权益乘数）}$$

$$\frac{\text{净利润}}{\text{股东权益}} \text{（股东权益回报率）}$$

由上述推理过程可看出，与总资产回报率相比，股东权益回报率的决定因素又多了一个"权益乘数"。也就是说，利润率、周转率和权益乘数的变化都会引起股东权益回报率的变动。

当股东权益回报率高时，不能说明企业利润率一定在增加，也不能说明企业资金周转率较高，更不能表明企业有一个比较理想的权益乘数。因为当利润率的增长比例大于周转率或权益乘数的下降比例时，股东权益回报率也会表现为增大。

回报率高，说明企业利用资产获得利润的能力强，但并没有突出表现企业现金流量状况。因此，不能排除回报率高时出现资金链断裂的情况发生，而资金链断裂大多数时候会是企业破产的危险信号。

资产越多不代表公司实力越雄厚

很多人认为，公司的注册资金越多，实力越雄厚。该说法没错，但并不准确，因为注册资金越多，不代表企业经营不会亏损，更不代表企业经营能力会很强。

例 12-6　丰富的注册资金也抵不过连续亏损

　　某公司在 2008 年进行工商注册时，注册资本为 1 亿元，而且这 1 亿元全部都已到了公司的账上，即是企业成立的资本金。

　　截至 2010 年，这两年时间里获得了一些利润。但因为经营存在问题，从 2011 年开始，公司连续大额亏损，到第 10 年（2018 年）末，企业的净资产只有 1 000 万元。但这并不影响注册资本是 1 亿元的事实。然而，该公司在 2018 年末的时候还有 6 000 万元的银行贷款没有还。也就是说，该企业 2018 年年底时，净资产只有 1 000 万元，而债务却有 6 000 万元，造成了明显的资不抵债。

　　此时，银行为了防止进一步损失，向法院提起对该公司的破产清算申请。

　　由上述案例可知，企业是否破产与注册资本无关，而且企业最初注册资本雄厚，并不代表其日后的经营能力强大，即使注册资本过亿，也可能因为经营不善而导致亏损，严重时甚至面临破产。

　　注册资本只是企业成立时营业执照上核定的资本金额，若后期不增资也不减资，注册资本将一直保持不变，是一个静态值。

　　所谓的资不抵债，是指净资产变现后不能完全偿还债务。而净资产一般是指所有者权益，即股东（投资者）投入公司的资本金的价值，该价值会随着企业经营状况的变化而变动，是一个动态值。

　　自 2014 年工商注册改革后，注册公司实行认缴制，注册资本就只是一个认缴承诺，跟公司的实力雄厚与否没有一点关系。

资产规模的大小只是评价企业实力的一个静态指标，然而企业经营是一个动态过程，需要从其他很多方面评判公司的实力。

◆ **营业收入**：代表了企业的经营能力，营业收入越高，说明企业创造的经济价值越大，对市场的影响力也越大。

◆ **市场份额**：一般情况下，市场份额越大，企业对市场的定价权就越高，越能从市场发展中获益。

◆ **企业利润率**：比营业收入更能反映企业的经营能力，因为营业收入大并不代表企业在赚钱；相反，营业收入大而没有可观的利润，说明企业经营管理存在问题。利润率高，说明企业可以充分利用资金，单位资金产生的收益高。

◆ **企业品牌**：品牌是企业的无形资产，要想企业有长远的发展，品牌的建立是一个有效的手段。品牌能够带来商品的溢价，是一个企业的重要投资。

◆ **人员规模**：在一个企业中，特别是高层次人才的数量，代表了公司的人力资源状况。人员规模过小，公司难以快速发展，人员规模过大，企业管理会更加复杂，重点就是人才结构的合理化设计，人才结构合理才能真正发挥人力资源的威力。

负债越少对公司不一定有利

大多数人都把负债简单地理解为"欠债"，认为负债越多，表示企业对外借的钱越多，从而会担心企业偿还不起债务。

在财务管理中，有一个经常出现的比率——资产负债率，它是一项衡量公司利用债权人的资金进行经营活动能力的指标，也反映债权人向企业发放贷款的安全程度。

企业的资产负债率一般不高于 70%，若高于这一水平，企业面临高负债率，说明股东（所有者）提供的资本与企业借入的资本相比，所占的比重较小。因此，企业的经营风险就会主要由债权人承担。而且，这一比率越高，说明企业偿还债务的能力越差。

但是，资产负债率并不是越低越好。该比率太低，说明企业的经营者比较保守，缺乏进取精神。而且，如果银行长期借款的利率低于资产报酬率，企业可以利用举债经营取得更多利益。这时，如果管理者思想保守，没有让企业抓住举债经营的盈利机会，对企业发展来说是重大损失。

不仅如此，若企业负债很少，想要以自有资产完成所有经济活动，避免负债给企业带来风险，这样会增加企业运营负担，还会出现资金周转不灵的困境。相比偿还不了债务的风险，企业可能会提前面临破产危机，弄巧成拙。

所以，管理者在查看财务报表时，不要以为企业负债少就是好现象，恰恰需要管理者提高警惕，企业可能会在经营后期遇到的资金问题。最需要做的就是，制定资金补充或备用计划与方案，避免遇到资金短缺问题时来不及采取措施而错过挽救公司的最佳时机。

另外，管理者不能光看资产负债率的表面，要深入到数据背后，查明负债率过高或过低的原因，然后对症下药，制定应对措施，将资产负债率控制在合适的范围内，改善企业经营现状。比如，负债率过高，可能是企业过度举债，或者生产成本过高；而负债率过低，可能是企业经营过于保守，或者是企业经营能力较好，资金周转灵活等。

读 者 意 见 反 馈 表

亲爱的读者：

感谢您对中国铁道出版社的支持，您的建议是我们不断改进工作的信息来源，您的需求是我们不断开拓创新的基础。为了更好地服务读者，出版更多的精品图书，希望您能在百忙之中抽出时间填写这份意见反馈表发给我们。随书纸制表格请在填好后剪下寄到：北京市西城区右安门西街8号中国铁道出版社综合编辑部 张亚慧 收（邮编：100054）。或者采用传真（010-63549458）方式发送。此外，读者也可以直接通过电子邮件把意见反馈给我们，E-mail地址是：lampard@vip.163.com。我们将选出意见中肯的热心读者，赠送本社的其他图书作为奖励。同时，我们将充分考虑您的意见和建议，并尽可能地给您满意的答复。谢谢！

– –

所购书名：＿＿＿＿＿＿＿＿＿＿＿＿＿＿＿＿＿＿＿＿＿＿

个人资料：

姓名：＿＿＿＿＿＿＿＿ 性别：＿＿＿＿＿＿＿ 年龄：＿＿＿＿＿＿ 文化程度：＿＿＿＿＿＿＿

职业：＿＿＿＿＿＿＿＿ 电话：＿＿＿＿＿＿＿＿＿＿ E-mail：＿＿＿＿＿＿＿＿

通信地址：＿＿＿＿＿＿＿＿＿＿＿＿＿＿＿＿＿＿＿＿ 邮编：＿＿＿＿＿＿＿

– –

您是如何得知本书的：

□书店宣传 □网络宣传 □展会促销 □出版社图书目录 □老师指定 □杂志、报纸等的介绍 □别人推荐
□其他（请指明）＿＿＿＿＿＿＿＿＿＿＿＿＿＿＿＿＿＿＿＿＿＿＿＿＿＿

您从何处得到本书的：

□书店 □邮购 □商场、超市等卖场 □图书销售的网站 □培训学校 □其他

影响您购买本书的因素（可多选）：

□内容实用 □价格合理 □装帧设计精美 □带多媒体教学光盘 □优惠促销 □书评广告 □出版社知名度
□作者名气 □工作、生活和学习的需要 □其他

您对本书封面设计的满意程度：

□很满意 □比较满意 □一般 □不满意 □改进建议

您对本书的总体满意程度：

从文字的角度 □很满意 □比较满意 □一般 □不满意
从技术的角度 □很满意 □比较满意 □一般 □不满意

您希望书中图的比例是多少：

□少量的图片辅以大量的文字 □图文比例相当 □大量的图片辅以少量的文字

您希望本书的定价是多少：

本书最令您满意的是：

1.
2.

您在使用本书时遇到哪些困难：

1.
2.

您希望本书在哪些方面进行改进：

1.
2.

您需要购买哪些方面的图书？对我社现有图书有什么好的建议？

您更喜欢阅读哪些类型和层次的理财类书籍（可多选）？

□入门类 □精通类 □综合类 □问答类 □图解类 □查询手册类

您在学习计算机的过程中有什么困难？

您的其他要求：